대바늘 손뜨개
강아지 인형

잭이라는
이름으로 알려진
나의 오빠,

시몬에게
이 책을 바칩니다.

애견가와 니터를 위한 19가지 강아지 인형

대바늘 손뜨개 강아지 인형

수 스트라트포드 지음 · 배정은 옮김 · 이은주 감수

터닝
포인트

애견가와 니터를 위한 19가지 강아지 인형

대바늘 손뜨개 강아지 인형

2016년 1월 20일 초판 1쇄 인쇄
2016년 1월 28일 초판 1쇄 발행

지은이	수 스트라트포드
옮김이	배정은
감수	이은주
펴낸이	정상석
기획	윤보라
편집	문희언
편집 디자인	앤미디어
표지 디자인	이지선
일러스트	홍수정
도안	배정은
펴낸 곳	터닝포인트
등록번호	2005. 2. 17 제6-738호
주소	서울시 마포구 동교로27길 53 지남빌딩 308호
대표전화	(02) 332-7646
팩스	(02) 3142-7646
홈페이지	www.diytp.com
ISBN	978-89-94158-85-3 (13630)
정가	16,500원

내용 및 원고 집필 문의   diamat@naver.com
(터닝포인트는 삶에 긍정적 변화를 가져오는 좋은 원고를 환영합니다.)

이 도서의 국립중앙도서관 출판예정도서목록(CIP)은 서지정보유통지원시스템 홈페이지 (http://seoji.nl.go.kr)와 국가자료공동목록시스템(http://www.nl.go.kr/kolisnet)에서 이용하실 수 있습니다.(CIP제어번호: CIP2016000977)

같이 산책 가실래요?

감사의 말

〈더 니팅 허트(The Knitting Hut)〉 팀과 멋진 가족의 도움과 지지가 없었다면 저는 이 책을 쓸 수 없었을 겁니다.

부지런히 강아지 샘플을 떠 준 수잔 에드워드와 밥 데이비스에게 특별한 감사를 전합니다. 집안 전체에 늘어놓은 뜨개 강아지들을 참아준 인내심 있는 나의 가족과 인형들이 본인들 것이라고 생각하지 않아 준 우리집 애완견 헥터와 헤티에게도 감사를 표합니다.

멋진 사진들로 강아지들을 생동감 있게 표현해 준 가레스와 로디에게도 감사를 전합니다. 세부적인 것에 신경 써주고 탁월한 뜨개 기술을 지닌 재키 에드워드에게도 감사하고 싶네요. 항상 솔직한 의견을 주는 퍼피에게도 특별한 감사를 전합니다.

CONTENTS

머리말

꼭 껴안고 싶은 귀여운 강아지들을 만들기 위해 아이디어를 떠올리고 뜨는 일은 정말 즐거웠습니다. 모든 강아지들에게는 각각 고유의 특징들이 있지요. 저는 이 인형들이 사람들을 미소 짓게 한다는 것이 좋아요. 생식적인 '종'이 아니라 '특징'이 다른 강아지들이지만, p.67에 있는 치와와와 p.162에 있는 킹 찰스 스패니얼과 같은 인기 있는 종류의 강아지 몇 마리도 넣었습니다. 강아지들을 더 생동감 있게 만들어 줄 수 있는 실로 선택했고, 디자인을 쉽게 응용할 수 있어서 여러분만의 개성을 살린 강아지를 만들 수 있을 거예요.

작품을 뜨기 전에 시간을 들여 이 책에 소개된 대바늘 기호와 뜨개 기법을 읽어 보세요. 여러분의 강아지가 더욱 더 특별해 보일 수 있는 비법이 소개되어 있습니다. 제가 사용하는 코 만들기 기법(코 사이에 걸린 실을 끌어올려 뜨는 것)은 영문 손뜨개 용어가 있는 페이지에 설명되어 있습니다. 거의 티나지 않게 코를 늘리기에 좋은 방법입니다.

여러분에게 익숙할 3개의 대바늘을 이용하여 코막음을 하는 〈대바늘로 떠서 잇기〉 기법을 사용했습니다. 뜨개지 끝에서 솔기를 정말 깔끔하게 마무리해 주는 방법이고, 꿰맬 솔기가 1개 줄어든다는 의미도 있지요!

8

대바늘 준비되었나요.
여기 우리가 왔어요!

뜨개를 마무리할 때에 실을 조금 남겨 두고 자르세요. 조각들을 꿰맬 때 쓰거나 코를 뜨고 남은 실로 입을 수놓을 수 있어 유용합니다. 이렇게 하면 실의 마무리 매듭과 새로운 실을 연결하는 수고를 덜 수 있습니다.

또 다른 유용한 아이디어는 각 조각을 다 뜨고 나면 바로 강아지에 연결하는 것입니다. 조각이 많을 때는 모든 조각을 다 떠 놓고 나면 각 뜨개지가 어떤 것인지 헷갈릴 수 있기 때문입니다.

손바느질로 마무리하면서 강아지의 특성을 살릴 수 있으므로 손바느질에 시간을 충분히 들이는 것이 좋습니다. 눈은 꿰매기 전에 시침핀으로 자리를 미리 잡아 두기를 권합니다.

이 책에는 p.63에 있는 테리어와 p.171에 있는 포옹 강아지와 같이 상대적으로 초보자들에게 적합한 작품들도 있어서 모든 니터들을 위한 강아지가 모여 있다 자부합니다.

모든 강아지늘은 뼈다귀가 필요합니다. 그래서 여러분의 장난감 강아지들을 위한 뼈다귀, 그릇, 줄 소시지까지도 소개하고 있습니다.

저는 이 책에 있는 모든 강아지 인형을 만드는 작업이 좋았습니다. 그들의 표정이 저를 미소 짓게 만들었지요. 각 강아지들은 서로 다릅니다. p.49에 있는 복슬복슬 털 많은 개는 복슬복슬한 털 덕분에 제가 특별히 예뻐한답니다. p.129에 있는 데인저 도그는 제 얼굴에 항상 미소를 짓게 해서 좋아하고요. 당신이 누구를 고르든지 당신만의 특별한 강아지를 만들면서 즐기기를 바랍니다.

뜨개실과 도구

이 책에 소개된 강아지를 만드는 데 사용한 뜨개도구 소개와 함께 실과 바늘, 다른 뜨개도구들을 어떻게 사용하는지에 대한 설명도 실었습니다.

뜨개실 :

실은 만들고자 하는 강아지의 특징에 맞게 선택합니다. 하지만 다른 실을 사용해서 완전히 독창적인 강아지를 만들 수도 있습니다. 실의 단사수(4ply, 8ply 등)와 실의 두께(sportweight, Aran, laceweight 등)를 보면 그 실로 떴을 때 어느 정도의 두께가 될지 가늠할 수 있습니다. 원작과 비슷한 실이지만 실의 중량이 다른 경우에는 사용하는 실에 적합한 홋수의 바늘을 사용해야 합니다. 그래야 강아지에 솜을 넣었을 때 모양이 틀어지지 않고, 스티치 사이로 솜이 빠져나오는 것을 방지할 수 있습니다.

코와 같은 디테일을 위해 작은 양이 필요한 경우를 제외하고는 각 작품마다 사용된 실의 종류와 색상, 실 길이(미터)가 적혀 있습니다. 대부분의 작품에서 검은색 실(4ply, fingering)이 디테일한 부분을 위해 조금씩 필요하므로 1볼만 있으면 여러 작품을 뜨는 데에 충분할 것입니다.

뜨개바늘 :

이 귀여운 캐릭터들을 만들기 위해서는 어떤 종류의 대바늘을 사용해도 상관없습니다. 작은 작품이나 콧수가 적은 조각에서는 일반 막대바늘보다 길이가 짧은 장갑용 대바늘을 사용하는 것이 편합니다. 마커링이 필요한 경우에는 도안의 도입부에 적었습니다.

안전핀 :

안전핀은 강아지를 뜨는 도중에 일부 코들을 '쉼코'로 걸어두고, 다른 일부만 가지고 뜨개를 진행하는 경우에 사용합니다. 안전핀을 사용해 본 적이 없어도 걱정하지 않아도 됩니다. 그냥 바늘에 걸린 코들을 꼬이지 않게 있는 그대로 안전핀에 옮겨 두기만 하면 되니까요. 다시 도안에서 안전핀에 걸린 코들을 이어 뜨라고 하면 모든 코를 대바늘에 그대로 옮긴 후 뜨면 됩니다. 안전핀이 없다면 대신 남은 실에 걸어두어도 됩니다.

솜 :

강아지 인형을 장난감으로 가지고 노는 경우에는 사용하는 솜이 아이에게 안전한지 확인해야 합니다. 솜이 덩어리지지 않도록 솜을 넣기 전에 미리 풀어 주어야 강아지를 완성했을 때 울퉁불퉁해지지 않습니다. 몇몇 강아지는 몸통이나 팔, 다리에 PP알갱이를 넣습니다. 안전을 위해서 PP알갱이를 넣을 때에는 천으로 된 자루에 알갱이를 넣어 알갱이들이 빠져나오지 않도록 하고, 솜을 채우기 전에 PP알갱이를 팔이나 다리, 몸통에 넣습니다. PP알갱이를 사용할 때는 도안 도입부에 적어 놓았습니다.

돗바늘, 봉제용 바늘 :

강아지 조각을 연결할 때에는 돗바늘을 사용합니다. 바늘의 사이즈는 실의 굵기에 따라 다릅니다. 실이 굵을수록 바늘귀가 큰 바늘이 필요합니다. 꿰매다가 실을 당길 때에는 뜨개지의 근처에서 당겨야 합니다. 그래야 실이 늘어나거나 끊어지지 않습니다. 몇몇 도안에서는 수를 놓거나 작은 인형눈을 꿰맬 때 일반 봉제용 바늘을 사용하기도 합니다. 봉제용 바늘이 필요한 경우에는 도안의 도입부에 적었습니다.

와이어 :

강아지 모양을 잡을 때에는 와이어를 사용합니다. 주로 1.5mm 두께의 것을 사용합니다.

가위 :

모든 뜨개 작업에 꼭 필요한 도구입니다. 대바늘 케이스 안에 쏙 들어가는 작은 가위를 찾아보세요. 인형의 팔, 다리, 몸통 조각의 실을 자를 때 사용합니다. 가위가 날카롭고 잘 드는지 확인하세요.

단추와 단추눈 :

몇몇 강아지는 눈을 만들 때 단추눈을 사용합니다. 안전을 위해 단단하게 고정되었는지 꼭 확인하세요. 당신이 만든 강아지에 적당한 크기로 골라 사용하면 됩니다. 강아지 인형을 장난감으로 가지고 놀 때는 검은색 실로 수를 놓을 수도 있습니다. 프렌치노트 스티치(p.23 참고)가 단추눈을 대체하기에 가장 좋습니다.

대바늘 기호와 뜨개기법

+ 서술형 도안을 보고 뜨는 경우

서술형 도안은 지금 뜨고 있는 면을 기준으로 합니다. 겉면과 안쪽면 상관없이 도안에 적혀 있는 그대로 뜨면 됩니다.

+ 그림 도안을 보고 뜨는 경우

그림 도안은 겉면을 기준으로 그립니다. 겉면은 기호대로 뜨고 안쪽면은 기호와 반대로 뜹니다.

1 | 시작코 만들기(cast on)

모든 편물의 기본이 되는 코를 만드는 방법입니다.

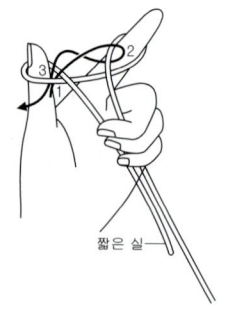

❶ 1에서 바늘을 넣어 2에서 실을 걸고 3에서 빼낸 후 손가락을 뺍니다. 짧은 실은 만들 치수의 약 3배 정도 길이로 잡습니다.

❷ 전 단계에서 만든 첫 코를 위쪽으로 두고 그림과 같이 실을 잡습니다.

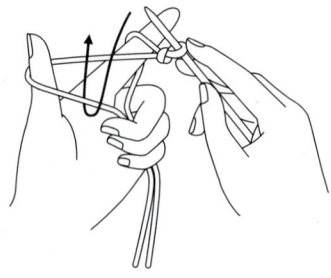

❸ 화살표 방향대로 바늘을 넣어 실을 겁니다.

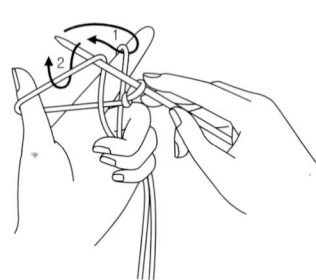

❹ 1에서 화살표 방향대로 바늘을 넣어 실을 걸고 2에서 화살표 방향으로 나옵니다.

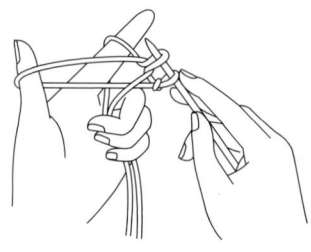

❺ 그림과 같은 상태에서 엄지를 뺀 후 짧은 실 쪽을 잡아당깁니다.

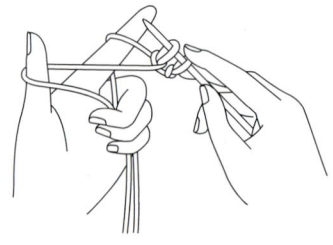

❻ 코가 만들어지면 ❷와 같이 다시 잡고 ❷~❺를 반복하면서 원하는 코를 만듭니다.

참고 (▷) 실 연결하기
(▶) 실 자르기

2 | 코 만들기(겉뜨기 방법, cast on)

뜨는 도중에 단의 시작 부분에서 코를 만들 때 사용합니다.

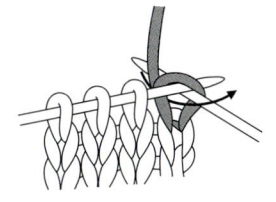 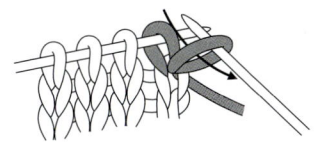 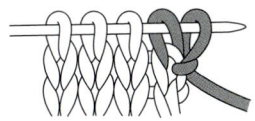

❶ 첫 번째 코를 겉뜨기로 뜬 후, 왼쪽 바늘에서 빼지 않습니다.

❷ 오른쪽 바늘에 걸린 코를 화살표 방향으로 왼쪽 바늘에 겁니다.

❸ 1코 만들기가 완성되었습니다. 필요한 콧수만큼 ❶ ~ ❷ 과정을 반복합니다.

3 | 겉뜨기(k)

l	

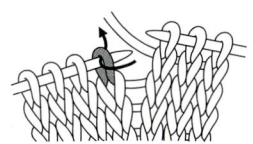 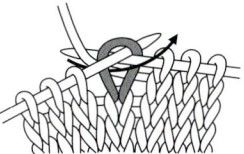  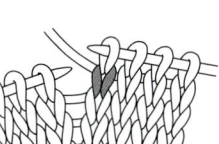

❶ 실을 뒤쪽으로 놓고 오른쪽 바늘을 앞쪽에서 넣습니다.

❷ 바늘에 실을 걸어서 앞쪽으로 끌어냅니다.

❸ 겉뜨기가 완성되었습니다.

4 | 안뜨기(p)

―	

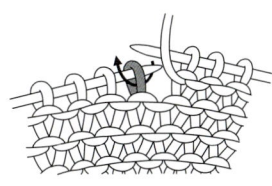 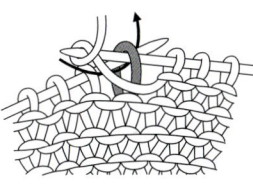 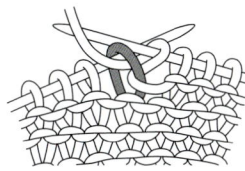

❶ 실을 앞쪽으로 놓고 오른쪽 바늘을 뒤쪽에서 넣습니다.

❷ 바늘에 실을 걸어 화살표 방향으로 끌어냅니다.

❸ 안뜨기가 완성되었습니다.

메리야스뜨기: 겉면에서는 겉뜨기로만 뜨고 안쪽면에서는 안뜨기로만 뜹니다.

가터뜨기: 겉면과 안쪽면에서 계속하여 겉뜨기로만 뜹니다.

5 | 2코 모아뜨기(k2tog)

콧수를 줄일 때 사용합니다.

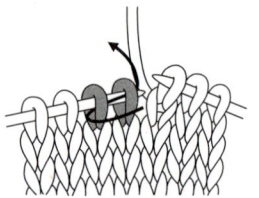 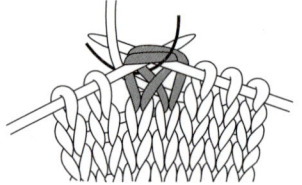 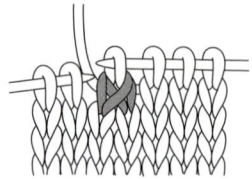

❶ 오른쪽 대바늘을 화살표 방향으로 넣어 2코를 한번에 꿰냅니다.

❷ 바늘에 실을 걸어서 빼내고 2코를 한꺼번에 겉뜨기로 뜹니다.

❸ 2코 모아뜨기가 완성되었습니다.

6 | 안뜨기로 2코 모아뜨기(p2tog)

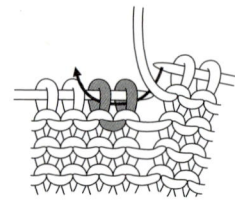 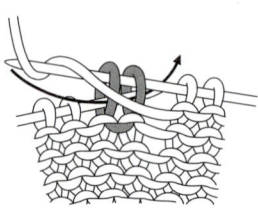 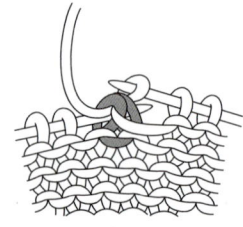 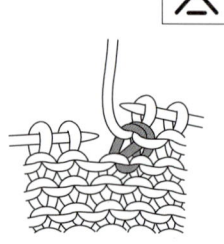

❶ 오른쪽 대바늘을 화살표 방향으로 넣어 2코를 한 번에 꿰냅니다.

❷ 그림처럼 실을 걸어 화살표 방향으로 실을 빼냅니다.

❸ 2코를 한꺼번에 안뜨기로 뜹니다.

❹ 안뜨기로 2코 모아뜨기가 완성되었습니다.

7 | 오른코 모아뜨기(ssk)

뜨지않고 오른쪽 바늘로 이동

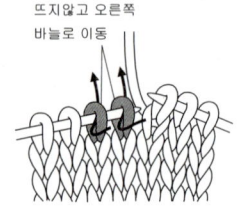 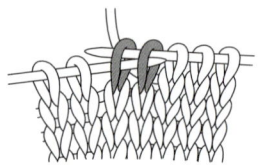 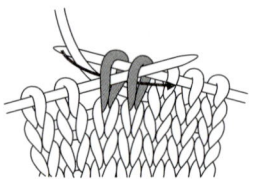 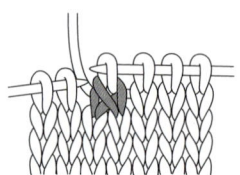

❶ 겉뜨기 방향으로 바늘을 넣어 1코를 오른쪽 바늘로 옮기고, 다시 같은 방향으로 바늘을 넣어 두 번째 코도 오른쪽 바늘로 옮깁니다.

❷ 오른쪽 바늘로 옮긴 2코를 있는 그대로 왼쪽 바늘로 옮깁니다. 이렇게 하면 2코의 앞뒤가 바뀝니다.

❷ 2코의 뒤쪽으로 바늘 넣어서 2코를 한꺼번에 모아뜹니다.

❷ 오른코 모아뜨기가 완성되었습니다.

또는 안쪽면에서 안뜨기로 2코 모아 꼬아뜨기

왼쪽 바늘에 있는 2코에 한꺼번에 뒤쪽으로 바늘을 넣어 안뜨기로 모아뜹니다.

8 | 2코 모아 꼬아뜨기(k2togtbl)

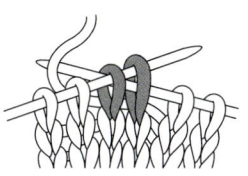 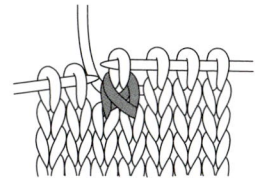

❶ 왼쪽 바늘에 있는 2코 뒤쪽으로 바늘을 한꺼번에 넣어 모아 뜹니다.

❷ 2코 모아 꼬아뜨기가 완성되었습니다.

9 | 오른코 3코 모아뜨기(sl, k2tog, psso)

뜨지않고 오른쪽 바늘로 이동

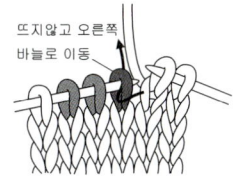 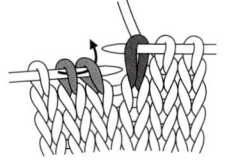 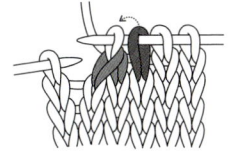 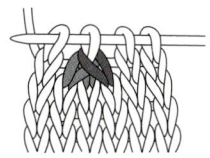

❶ 오른쪽 바늘에 왼쪽 1코를 옮깁니다.

❷ 화살표 방향으로 바늘을 넣어 2코를 한꺼번에 겉뜨기로 뜹니다.

❸ 옮겨 놓은 1코로 모아 뜬 코를 덮어씌웁니다.

❹ 오른코 3코 모아뜨기가 완성되었습니다.

10 | 왼코 3코 모아뜨기(k3tog)

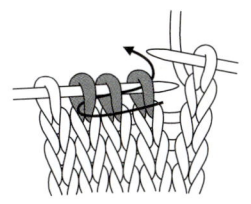 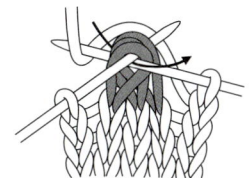 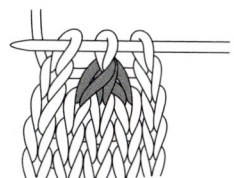

❶ 왼쪽 바늘에 있는 3코를 화살표 방향대로 한꺼번에 뜁니다.

❷ 실을 걸어 3코를 한꺼번에 겉뜨기로 뜹니다.

❸ 왼코 3코 모아뜨기가 완성되었습니다.

또는 안쪽면에서 안뜨기로 오른코 3코 모아뜨기

❶ 오른쪽 바늘에 안뜨기 방향으로 1코를 옮긴 후, 다음 2코를 한꺼번에 안뜨기로 모아뜹니다.

❷ 옮겨 놓은 1코로 모아 뜬 코를 덮어씌웁니다.

11 | 안뜨기로 왼코 3코 모아뜨기(p3tog)

뜨는 도중에 단의 시작 부분에서 코를 만들 때 사용합니다.

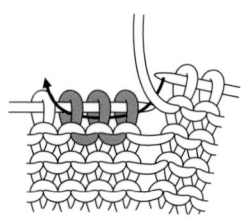
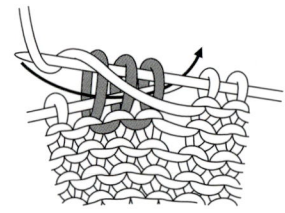
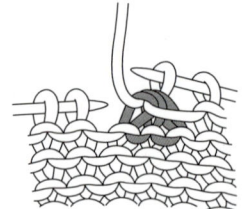

❶ 왼쪽 바늘에 있는 3코를 화살표 방향대로 한꺼번에 뜹니다.

❷ 실을 걸어 3코를 한꺼번에 안뜨기로 뜹니다.

❸ 안뜨기로 왼코 3코 모아뜨기가 완성되었습니다.

12 | 감아코 만들기

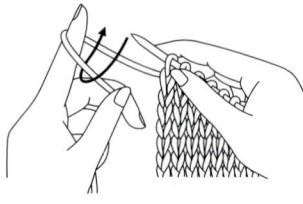
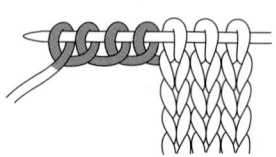

❶ 그림과 같이 실을 잡고 화살표 방향대로 실을 건 후, 왼손 검지를 뺍니다.

❷ ❶을 4번 반복하면 감아코 4코 가 완성됩니다.

13 | 1코 만들기(M1)

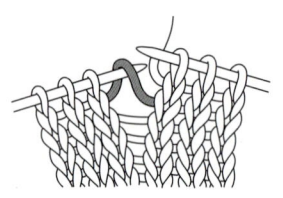
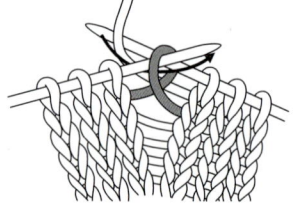
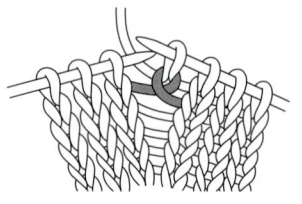

❶ 코와 코 사이에 걸린 실에 왼쪽 바늘을 앞에서 뒤로 통과시켜 겁니다.

❷ 걸어 올린 실의 뒷부분으로 오른쪽 바늘을 넣어 겉뜨기합니다.

❸ 1코 만들기가 완성되었습니다.

14 | 1코 늘리기(kfb)

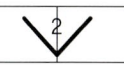

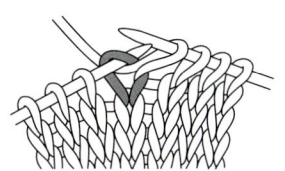 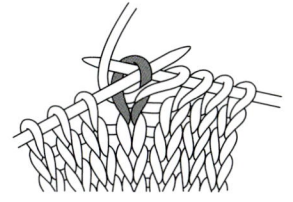

❶ 겉뜨기를 한 번 한 후, 왼쪽 바늘을 빼지 않습니다.

❷ 같은 코의 뒤쪽에 바늘을 넣어 겉뜨기를 한 번 한 후, 왼쪽 바늘에서 코를 뺍니다. 1코가 2코로 늘어납니다.

또는 안뜨기로 1코 늘리기(pfb)

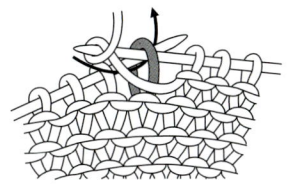 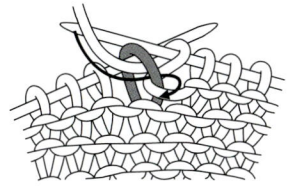 

❶ 안뜨기를 한 번 한 후, 왼쪽 바늘을 빼지 않습니다.

❷ 왼쪽 바늘을 빼지 않은 채 같은 코의 뒤쪽으로 바늘을 넣습니다.

❸ 안뜨기를 한 번 한 후, 왼쪽 바늘에서 코를 뺍니다. 1코가 2코로 늘어납니다.

15 | 2코 늘리기(kfbf)

❶ 겉뜨기를 한 번 한 후, 왼쪽 바늘을 빼지 않습니다.

❷ 같은 코의 뒤쪽에 바늘을 넣어 겉뜨기를 한 번 한 후 바늘을 빼지 않습니다.

❸ 같은 코의 앞쪽에 바늘을 넣어 겉뜨기를 한 번 한 후 왼쪽 바늘에서 코를 뺍니다. 1코가 3코로 늘어납니다.

또는 안뜨기로 2코 늘리기(pfbf)

❶ 안뜨기를 한 번 한 후 바늘을 빼지 않습니다.

❷ 같은 코의 뒤쪽에 바늘을 넣어 안뜨기를 한 번 한 후 바늘을 빼지 않습니다.

❸ 같은 코이 앞쪽에 바늘을 넣어 안뜨기를 한 번 한 후 왼쪽 바늘에서 코를 뺍니다. 1코가 3코로 늘어납니다.

16 | 걸러뜨기(sl)

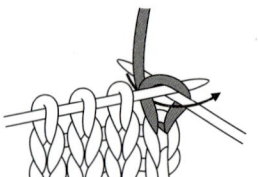

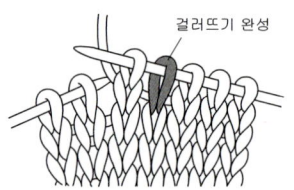

❶ 겉뜨기 방향으로 바늘을 넣어 1 코를 뜨지 않고 오른쪽 바늘로 옮 깁니다.

❷ 다음 코를 겉뜨기로 뜹니다.

17 | 꼬아뜨기(ktbl)

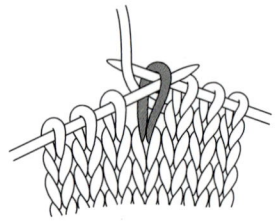

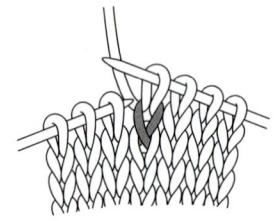

❶ 그림과 같이 코의 뒤쪽으로 바 늘을 넣어 겉뜨기로 뜹니다.

❷ 꼬아뜨기가 완성되었습니다.

18 | 안뜨기로 꼬아뜨기(ptbl)

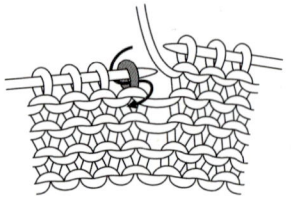

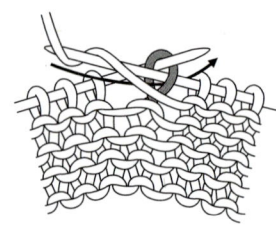

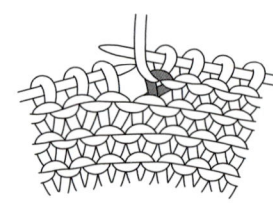

❶ 그림과 같이 코의 뒤쪽으로 바 늘을 넣습니다.

❷ 안뜨기로 뜹니다.

❸ 안뜨기로 꼬아뜨기가 완성되었 습니다.

19 | 바늘비우기(yo)

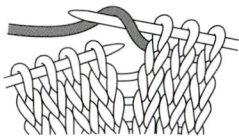 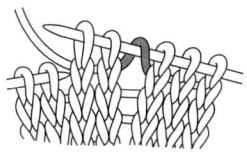 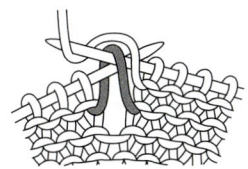 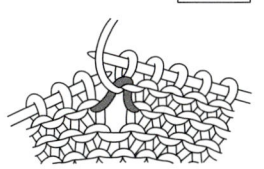

❶ 오른쪽 바늘 앞쪽에서 실을 겁니다.

❷ 다음 코부터는 원래 뜨던 대로 뜹니다.

❸ 다음 단에서 앞단에서 걸었던 코를 안뜨기로 뜹니다.

❹ 바늘비우기가 완성되었습니다.

20 | [3단 아래 코를 끌어올려 겉뜨기로 2코 모아뜨기] 3회 반복(K3B)

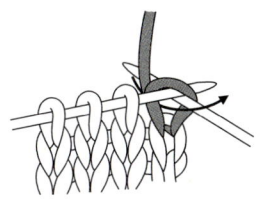 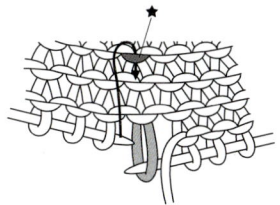 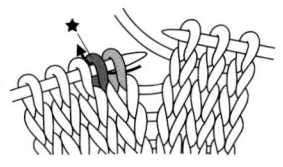

❶ 겉뜨기 방향으로 바늘을 넣어 1코를 뜨지 않고 오른쪽 바늘로 옮깁니다.

❷ 뜨개지를 뒤집어서 왼쪽 바늘로 3단 아래에 있는 코를 끌어 올립니다.

❸ 옮겼던 코를 다시 왼쪽 바늘로 옮긴 후, 화살표 방향대로 바늘을 넣어 끌어올린 코와 함께 겉뜨기로 꼬아 뜹니다. ❶~❸ 과정을 2번 더 반복하면 완성됩니다.

또는 안쪽면에서 [3단 아래 코를 끌어올려 안뜨기로 2코 모아뜨기] 3회 반복(P3B)

21 | 오른코 위 2코 교차뜨기(C4F)

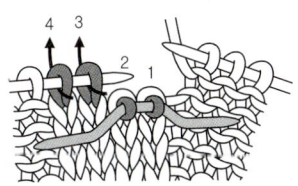 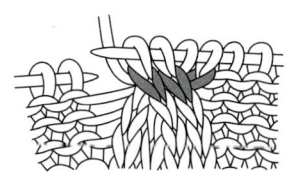

❶ 꽈배기바늘에 1, 2 코를 옮겨 끼워 앞으로 젖힌 후 3, 4 코를 겉뜨기로 뜨고, 꽈배기바늘에 옮겨 놓은 1, 2를 겉뜨기로 뜹니다.

❷ 오른코 위 2코 교차뜨기가 완성되었습니다.

22 | 되돌아뜨기(Wrap and turn)

이 기법은 단의 중간에서 뜨개지를 뒤로 돌려 진행할 때 뜨개지에 구멍이 생기지 않도록 하기 위한 방법입니다.

겉뜨기 단에서 되돌아뜨기

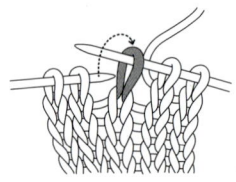 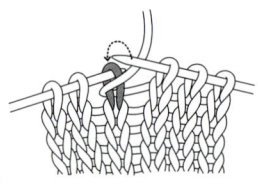

안뜨기 단에서 되돌아뜨기

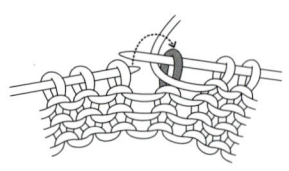 

❶ 왼쪽 바늘에 걸린 다음 코를 안뜨기 방향으로 오른쪽 바늘에 옮깁니다.

❷ 실을 뒤에서 앞으로 가지고 가고, 오른쪽 바늘에 걸린 코를 다시 왼쪽 바늘로 옮깁니다. 코에 실이 가로로 걸려 있습니다. 편물을 뒤로 돌립니다.

❶ 왼쪽 바늘에 걸린 다음 코를 안뜨기 방향으로 오른쪽 바늘에 옮기고, 실을 앞에서 뒤로 가지고 갑니다.

❷ 오른쪽 바늘에 걸린 코를 다시 왼쪽 바늘로 옮기고, 편물을 뒤로 돌립니다.

〈 되돌아뜨기(Wrap and turn)의 정리 〉

겉뜨기 단에서 정리하기

정리단에서 되돌아뜨기한 부분에 이르면 걸러뜬 코와 감싼 코를 한꺼번에 겉뜨기로 떠야 구멍이 생기지 않습니다.

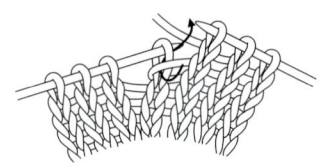

안뜨기 단에서 정리하기

정리단에서 걸러뜬 코와 감싼 코를 한꺼번에 안뜨기로 꼬아떠야 겉면에서 감싼 코가 보이지 않고 깔끔하게 떠집니다.

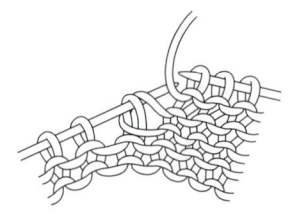

23 | 페어아일 기법(Fair Isle technique)

페어아일 기법은 2가지 색상으로 배색할 때 이용하는 기법으로 배색 콧수가 적은 경우에 사용합니다. 사용하지 않는 실은 작업물의 뒤쪽에 두었다가 필요한 경우 끌어서 사용합니다. 배색실의 간격이 5~6코보다 많은 경우에는 메인과 서브를 한 번씩 꼬아주면서 떠야 작업물의 뒷면에 코가 늘어지는 것을 방지할 수 있습니다. 이때 실을 느슨하게 엮으면서 떠야 앞면에서 더 깔끔하게 보입니다.

24 | 코줍기

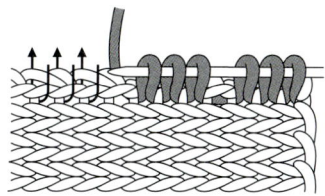

❶ 첫 번째 코와 두 번째 코 사이에 화살표 방향으로 바늘을 넣어 실을 잡아 빼면서 코를 만듭니다.

25 | 코막음(cast off)

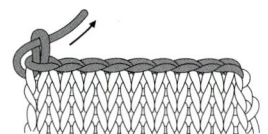

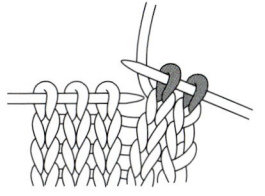 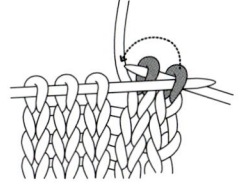 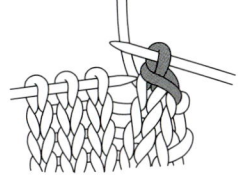

❶ 처음 2코를 겉뜨기로 뜹니다.

❷ 왼쪽 바늘의 끝으로 오른쪽 바늘의 앞쪽 코를 화살표 방향으로 덮어씌웁니다.

❸ 덮어씌운 모습입니다.

❹ 겉뜨기를 뜨고 앞쪽 코를 덮어씌우는 과정을 반복하고, 마지막 코는 실을 자르고 코 안으로 실을 넣어 당깁니다.

26 | 대바늘로 떠서 잇기

일부 강아지의 머리는 코부터 시작해서 뒤통수로 이어 뜹니다. 코막음하는 단이 머리의 뒤통수가 됩니다. 이 방법을 써서 코막음을 하면 정말 깔끔하게 마무리될 뿐 아니라 꿰맬 솔기가 1개 줄어듭니다. 이 기법을 강아지 다리에 사용할 수도 있습니다. 그런 경우에는 도안에 적어 놓았습니다.

❶ 남은 코를 2개의 바늘에 반으로 나눈 후 겉면끼리 마주보도록 접습니다. 바늘에 걸린 2개의 뜨개지를 연결할 때는 뜨개지의 겉면끼리 마주보도록 놓습니다.

❷ 세 번째 바늘을 이용하여 각 바늘에 걸린 첫 코들을 한꺼번에 겉뜨기로 뜹니다.

❸ 각 바늘에 걸린 다음 코들을 한꺼번에 겉뜨기로 뜹니다. 일반적인 코막음과 같은 방법으로 오른쪽 바늘에 걸린 첫 코로 두 번째 코를 덮어씌웁니다.

❹ 위와 같은 방법으로 모든 코를 코막음할 때까지 끝까지 반복합니다. 다른 솔기를 꿰매기 전에 겉면이 겉으로 오도록 뒤집습니다.

27 | 돗바늘 마무리

바늘에 코가 걸려 있는 경우

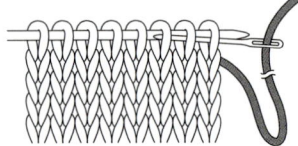

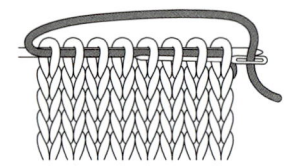

❶ 실을 잘라내고 돗바늘에 실을 끼운 후, 바늘에 걸려 있는 모든 코를 통과시킵니다.

❷ 다시 한 번 돗바늘을 통과시킨 후 잡아당겨 조여줍니다.

시작단 부분의 마무리

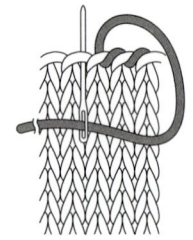

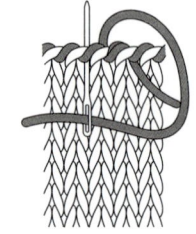

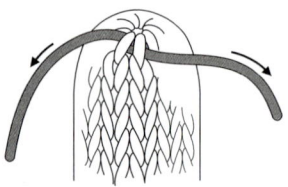

❶ 시작단의 모든 코를 그림과 같이 아래에서 위로 통과시킵니다.

❷ 처음 통과했던 부분의 2~3코에 한 번 더 통과시킨 후 세게 잡아당겨 닫습니다.

❸ 완성된 모습입니다.

28 | 아이코드(I-code)

아이코드를 만들려면 장갑용 바늘에 시작코를 만듭니다. 또는 단뜨기(=평면뜨기)로 진행한 후에 솔기끼리 꿰매어 같은 효과를 낼 수도 있습니다.

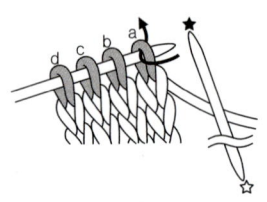

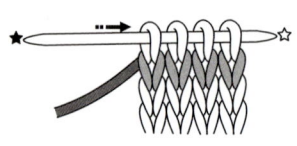

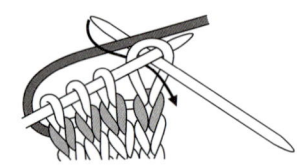

❶ a, b, c, d 순서대로 겉뜨기 합니다.

❷ 순서대로 뜨고 나서 바늘의 오른쪽으로 코를 밉니다.

❸ 첫 코에 바늘을 넣고, 왼쪽에 있는 실을 잡아당겨 겉뜨기로 끝까지 뜹니다. 실을 잡아당길 때에는 코 사이가 벌어지지 않도록 세게 당깁니다. 원하는 길이가 될 때까지 같은 방법으로 반복합니다.

29 | 옆 솔기 꿰매기(Mattress Stitch)

2개의 뜨개지의 옆 솔기를 가장 깔끔하게 연결할 수 있는 방법입니다. 꿰맨 후 솔기가 거의 티나지 않으며 솔기가 전혀 두껍지 않습니다.

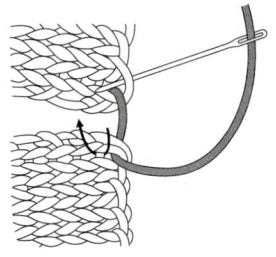 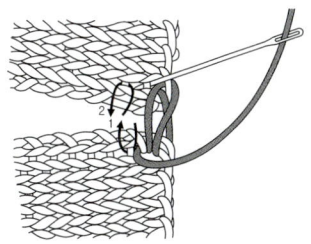

❶ 작업물의 겉면이 위로 오도록 2개의 뜨개지를 나란히 놓고 시작합니다. 뜨개지의 1단에 있는 첫 번째 코와 두 번째 코 사이에 가로로 걸려있는 실에 바늘을 통과시킵니다. 반대쪽 뜨개지에서 이 과정을 반복합니다.

❷ 위의 과정을 2.5cm 가량 일렬로 진행합니다. 실을 솔기 방향(위쪽)대로 부드럽게 잡아당기면 두 조각이 연결되는 것을 볼 수 있습니다. 위와 같이 솔기의 끝까지 반복합니다.

30 | 코모양 만들기

강아지 인형을 만들다가 어떤 때는 코의 끝이 '뾰족하다'는 것을 발견했을 겁니다. 아래 사진처럼 코의 끝을 모으면 훨씬 나은 모양을 얻을 수 있습니다. 그 위에 뜨개로 뜬 코를 꿰매면 코들이 모인 부분은 가려집니다.

❶ 사진처럼 머리 솔기 끝까지 꿰맨 후, 끝에서 2~3단을 남긴 채 둘레를 홈질합니다.

❷ 2~3단을 안으로 밀어 넣고, 실을 부드럽게 당겨서 코들을 모아 모양을 만듭니다.

❸ 실을 단단하게 고정하고 남은 실은 자릅니다.

31 | 프렌치노트 스티치(French knots)

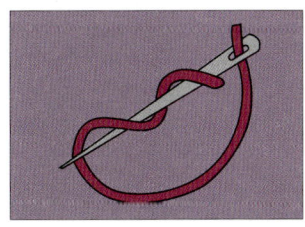 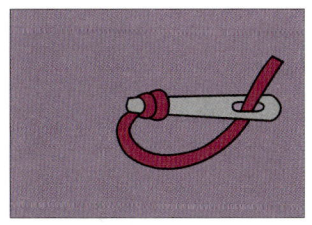 

❶ 작업물의 앞쪽으로 바늘을 뺀 후 바늘에 실을 두 번 감습니다.

❷ 바늘에 고리가 잘 유지되도록 손가락으로 누른 채로 바늘을 뺀 후, 바늘을 작업물의 뒤편으로 통과시킵니다.

❸ 매듭이 지도록 실을 당긴 후에 작업물의 뒷면에서 실을 마무리합니다.

영문
손뜨개 용어

beg   시작하다

CC   배색

cm   센티미터

C4F   오른코 위 2코 교차뜨기

       ① 다음 2코를 꽈배기바늘에 옮긴 후 작업물의 앞에 놓는다.

       ② 다음 2코를 겉뜨기로 뜬다.

       ③ 꽈배기바늘에 걸려 있는 2코를 겉뜨기로 뜬다.

foll   다음

GS   가터뜨기

in   인치

K   겉뜨기

K2tog   2코 모아뜨기

K2togtbl   2코 모아 꼬아뜨기

K3B   [3단 아래 코를 끌어올려 겉뜨기로 2코 모아뜨기] 3회 반복

       ① 다음 코를 오른쪽 바늘로 옮긴다.

       ② 3단 아래에 있는 코를 끌어올려 오른쪽 바늘로 옮긴 코와 함께 겉뜨기로 꼬아뜬다.

       ③ 다음 2코도 위와 같이 반복한다. 이렇게 하면 뜨개지가 '접힌' 효과가 난다.

Kfb   (겉뜨기로) 1코 늘리기

       ① 왼쪽 코의 앞쪽에 바늘을 넣어 겉뜨기를 1번 한 후 코를 빼지 않는다.

       ② 같은 코의 뒤쪽에 바늘을 넣어 겉뜨기를 1번 한 후 왼쪽 바늘에서 코를 뺀다. 겉뜨기 1코가 2코로 늘어난다.

Kfbf   (겉뜨기로) 2코 늘리기

       ① 왼쪽 코의 앞쪽에 바늘을 넣어 겉뜨기를 1번 한 후 코를 빼지 않는다.

       ② 같은 코의 뒤쪽에 바늘을 넣어 겉뜨기를 1번 한 후 코를 빼지 않는다.

       ③ 같은 코의 앞쪽에 바늘을 넣어 겉뜨기를 1번 한 후 왼쪽 바늘에서 코를 뺀다. 겉뜨기 1코가 3코로 늘어난다.

M   마커링

M1   1코 만들기

       ① 왼쪽 바늘을 앞에서 뒤로 넣어, 코 사이에 걸린 실을 끌어올린다.

       ② 오른쪽 바늘로 끌어올린 실을 겉뜨기로 꼬아뜬다.

       ③ 다음 단에서는 진행하던 방법으로 겉뜨기 또는 안뜨기한다. 매우 깔끔하게 코가 만들어진다.

MC   메인 색

P   안뜨기

P2tog   안뜨기로 2코 모아뜨기

       ① 안뜨기로 2코를 한꺼번에 뜬다.

P2togtlb	① 안뜨기로 2코 모아 꼬아뜨기
	② 안뜨기로 2코를 한꺼번에 꼬아 뜬다.
P3B	[3단 아래 코를 끌어올려 안뜨기로 2코 모아뜨기] 3회 반복
	① 다음 코를 오른쪽 바늘로 옮긴다.
	② 3단 아래에 있는 코를 끌어올려 오른쪽 바늘로 옮긴 코와 함께 안뜨기한다.
	③ 다음 2코도 위와 같이 반복한다.
Pfb	안뜨기로 1코 늘리기
	① 왼쪽 코의 앞쪽에 바늘을 넣어 안뜨기를 1번 한 후 코를 빼지 않는다.
	② 같은 코의 뒤쪽에 바늘을 넣어 안뜨기를 1번 한 후 왼쪽 바늘에서 코를 뺀다. 안뜨기 1코가 2코로 늘어난다.
PM	마커링 끼우기 (Place Marker)
psso	걸러뜬 코로 덮어씌우기
rem	남아 있는
rep	반복한다
RH	오른손
RS	겉면 (Right Side)
sl	걸러뜨기 (Slip)
sl1, k2tog, psso	오른코 중심 3코 모아뜨기
	① 첫코는 걸어뜬다.
	② 다음 2코를 한꺼번에 겉뜨기로 뜬다.
	③ 처음에 걸러뜬 코로 겉뜨기한 코를 덮어씌운다. 겉뜨기 3코가 1코로 줄어든다.
SM	마커링을 왼쪽 바늘에서 오른쪽 바늘로 옮긴다
SS	메리야스뜨기 (Stocking Stitch)
ssk	오른코 모아뜨기
	① 첫 코를 겉뜨기 방향으로 걸러뜨고, 두 번째 코도 겉뜨기 방향으로 걸러뜬다.
	② 걸러뜬 2코를 왼쪽 바늘로 옮긴다. 이렇게하면 2코의 앞뒤가 바뀐다.
	③ 2코를 한꺼번에 겉뜨기로 꼬아뜬다.
st(s)	코 (들)
tbl	꼬아뜨기 (Through Back Loop)
	① 코의 뒤쪽에 바늘 넣어 뜬다.
tog	함께
w&t	되돌아뜨기 (p.20의 뜨개기법 참고, Wrap and Turn)
WS	안쪽면 (Wrong Side)
yo	바늘비우기 (Yarn Over)

1. 옷 입은 강아지 Dress-up Dogs

이 귀여운 강아지 한 쌍은 털이 많은 부클레 얀(bouclé yarn)으로 떠서 촉감이 매우 좋습니다. 해적무늬 스웨터는 〈페어아일(p.20)〉 기법을 사용해서 떴고 인어의 꼬리는 탈부착이 가능합니다.

준비물
- 알파카 부클레 얀(10ply, Aran) 60m
- 검은색 실(4ply, fingering) 약간
- 장난감용 구름솜
- 인형눈: 검은색 6mm 단추눈 2개
- 검은색 면사와 봉제용 바늘

바늘
- 대바늘 4.5mm(영국 7호, 미국 7호)
- 대바늘 2.75mm(영국 12호, 미국 2호)

게이지
- 대바늘 4.5mm와 알파카 부클레 얀(10ply, Aran)을 사용하여 메리야스뜨기로 10cm=18~20코

완성 크기
- 머리끝부터 발바닥까지 길이: 18cm

⚠ 주의
이 강아지들은 메리야스뜨기로 뜹니다. 각 조각들을 꿰맬 때에는 안뜨기로 뜬 면이 더 복슬거리므로 안뜨기면을 겉면으로 사용합니다. 위에 제시된 준비물은 강아지 1마리를 뜨기 위한 양입니다. 옷을 만들기 위한 준비물은 뒤쪽 도안에 소개되어 있습니다.

몸통(안뜨기면이 겉면이 된다)
알파카 부클레 얀(10ply, Aran)과 대바늘 4.5mm를 사용하여 시작코 14코를 만든다.

- 1단: 겉뜨기 3코, 1코 늘리기, 겉뜨기 6코, 1코 늘리기, 겉뜨기 3코(총 16코)
- 2단: 안뜨기 4코, 안뜨기로 1코 늘리기, 안뜨기 6코, 안뜨기로 1코 늘리기, 안뜨기 4코(총 18코)
- 3단: 겉뜨기 4코, 1코 늘리기, 겉뜨기 8코, 1코 늘리기, 겉뜨기 4코(총 20코)
- 4단: 안뜨기 5코, 안뜨기로 1코 늘리기, 안뜨기 8코, 안뜨기로 1코 늘리기, 안뜨기 5코(총 22코)
- 5단: 겉뜨기 5코, 1코 늘리기, 겉뜨기 10코, 1코 늘리기, 겉뜨기 5코(총 24코)

- 6단: 안뜨기 6코, 안뜨기로 1코 늘리기, 안뜨기 10코, 안뜨기로 1코 늘리기, 안뜨기 6코(총 26코)
- 7단: 겉뜨기 6코, 1코 늘리기, 겉뜨기 12코, 1코 늘리기, 겉뜨기 6코(총 28코)
- 8단: 안뜨기 7코, 안뜨기로 1코 늘리기, 안뜨기 12코, 안뜨기로 1코 늘리기, 안뜨기 7코(총 30코)
- 9~20단: 메리야스뜨기 12단
- 21단: 겉뜨기 6코, 2코 모아뜨기, 겉뜨기 14코, 2코 모아뜨기, 겉뜨기 6코(총 28코)
- 22단: 안뜨기 1단
- 23단: 겉뜨기 6코, 2코 모아뜨기, 겉뜨기 12코, 2코 모아뜨기, 겉뜨기 6코(총 26코)
- 24단: 안뜨기 1단
- 25단: 겉뜨기 4코, [2코 모아뜨기] 2회 반복, 겉뜨기 10코, [2코 모아뜨기] 2회 반복, 겉뜨기 4코(총 22코)
- 26단: 안뜨기 3코, [안뜨기로 2코 모아뜨기] 2회 반복, 안뜨기 8코, [안뜨기로 2코 모아뜨기] 2회 반복, 안뜨기 3코(총 18코)
- 27단: 겉뜨기 2코, [2코 모아뜨기] 2회 반복, 겉뜨기 6코, [2코 모아뜨기] 2회 반복, 겉뜨기 2코(총 14코)
- 28단: 안뜨기 1단

모든 코를 코막음한다.

머리(안뜨기면이 겉면이 된다)
알파카 부클레 얀(10ply, Aran)과 대바늘 4.5mm를 사용하여 시작코 14코를 만든다.

- 1~6단: 겉뜨기로 시작하여 메리야스뜨기 6단(안뜨기로 끝남)
- 7단: 겉뜨기 5코, [1코 늘리기] 4회 반복, 겉뜨기 5코(총 18코)
- 8단: 안뜨기 1단
- 9단: 겉뜨기 5코, [1코 늘리기] 8회 반복, 겉뜨기 5코(총 26코)
- 10~12단: 메리야스뜨기 3단
- 13단: 겉뜨기 5코, [2코 모아뜨기] 8회 반복, 겉뜨기 5코(총 18코)
- 14단: 안뜨기 1단
- 15단: 겉뜨기 5코, [2코 모아뜨기] 4회 반복, 겉뜨기 5코(총 14코)
- 16단: 안뜨기 1단

〈대바늘로 떠서 잇기(p.21)〉 기법으로 3개의 대바늘을 사용하여 코막음한다.

다리(2개, 안뜨기면이 겉면이 된다)

알파카 부클레 얀(10ply, Aran)과 대바늘 4.5mm를 사용하여 시작코 8코를 만든다. 겉뜨기로 시작하여 길이가 4cm 될 때까지 메리야스뜨기로 뜨는데, 마지막 단은 안뜨기로 끝낸다.

- 다음 단: 겉뜨기 3코, 1코 만들기, 겉뜨기 2코, 1코 만들기, 겉뜨기 3코(총 10코)
- 다음 단: 안뜨기 4코, 1코 만들기, 안뜨기 2코, 1코 만들기, 안뜨기 4코(총 12코)
- 다음 단: 겉뜨기 5코, 1코 만들기, 겉뜨기 2코, 1코 만들기, 겉뜨기 5코(총 14코)
- 다음 단: 안뜨기 6코, 1코 만들기, 안뜨기 2코, 1코 만들기, 안뜨기 6코(총 16코)
- 다음 단: 겉뜨기 7코, 1코 만들기, 겉뜨기 2코, 1코 만들기, 겉뜨기 7코(총 18코)

메리야스뜨기로 3단 뜬다.
〈대바늘로 떠서 잇기(p.21)〉 기법으로 대바늘 3개를 사용하여 코막음한다.

팔(2개, 안뜨기면이 겉면이 된다)

알파카 부클레 얀(10ply, Aran)과 대바늘 4.5mm를 사용하여 시작코 7코를 만든다. 겉뜨기로 시작하여 길이가 3cm 될 때까지 메리야스뜨기로 뜨는데, 마지막 단은 안뜨기로 끝낸다.

- 다음 단: [겉뜨기 1코, 1코 만들기] 6회 반복, 겉뜨기 1코(총 13코)

메리야스뜨기로 5단 뜬다.

- 다음 단: [2코 모아뜨기] 3회 반복, 겉뜨기 1코, [2코 모아뜨기] 3회 반복(총 7코)

안뜨기로 1단 뜬 후, 모든 코를 코막음한다.
마무리할 실을 남긴 채 실을 자른다.

늘어진 귀(2개)

가터뜨기로 뜬다.
알파카 부클레 얀(10ply, Aran)과 대바늘 4.5mm를 사용하여 시작코 5코를 만든다.
3cm 될 때까지 가터뜨기로 뜬다.

- 다음 단: 겉뜨기 1코, 1코 만들기, 1코 남을 때까지 겉뜨기, 1코 만들기, 겉뜨기 1코(총 7코)

겉뜨기로 2단 뜬다.

- 다음 단: 겉뜨기 1코, 2코 모아뜨기, 겉뜨기 1코, 2코 모아뜨기, 겉뜨기 1코(총 5코)

겉뜨기로 1단 뜬다.
모든 코를 코막음한다.

코

검은색 실(4ply, fingering)과 대바늘 2.75mm를 사용하여 시작코 3코를 만든다.

- 1단: 안뜨기 1단

- 2단: 겉뜨기 1코, 1코 만들기, 겉뜨기 1코, 1코 만들기, 겉뜨기 1코(총 5코)
- 3~4단: 메리야스뜨기 2단
- 5단: 안뜨기로 2코 모아뜨기, 안뜨기 1코, 안뜨기로 2코 모아 꼬아뜨기(총 3코)
- 6단: 오른코 중심 3코 모아뜨기(총 1코)

입을 수놓을 만큼 충분히 실을 남기고 자른다. 남은 코 사이로 실을 뺀 후 잡아당겨 마무리한다.

꼬리

알파카 부클레 얀(10ply, Aran)과 대바늘 4.5mm를 사용하여 시작코 6코를 만든다.
길이가 3cm 될 때까지 메리야스뜨기로 뜬다.
마무리할 실을 남긴 채 실을 자르고 돗바늘에 끼운 후, 남은 코 사이로 통과시키고 단단히 잡아당겨 마무리한다.

연결하기

❶ 몸통을 연결하기 위해서 안쪽면(안뜨기면)이 겉면이 되고 코막음한 단이 아래로 가도록 놓은 후, 몸통의 뒷솔기를 감침질한다. 이 솔기가 뒷중심선이 된다. 진행하면서 솜을 채우고, 아래쪽 솔기는 좌우로 닫아서 감침질한다.

❷ 머리를 연결하기 위해서 코막음한 단이 머리의 뒷부분이 되도록 놓고, 옆솔기가 머리 아래로 가도록 두고 꿰맨다(안쪽면이 겉면이 된다). 진행하면서 솜을 채운다. 시작단의 코를 모아서 코 모양을 만든다. 머리를 끝내려면 〈코 모양 만들기(p.23)〉를 참고하여 작업한다.

❸ 작품 사진을 참고하여 눈의 위치에 검은색 6mm 단추눈을 핀으로 고정한 후 꿰맨다. 눈의 안쪽과 머리의 아랫단을 1땀씩 꿰맨 후 실을 아래쪽으로 약간 잡아당겨 고정한다. 2번째 눈도 같은 방법으로 작업한다. 이렇게 하면 눈이 훨씬 더 사실적으로 보인다.

❹ 코를 얼굴의 정면에 꿰매고 남은 실을 사용하여 코의 끝에 입을 수놓는다.

❺ 작품 사진을 참고하여 귀의 위치를 잡아 꿰맨다.

❻ 완성된 머리를 몸통에 시침핀으로 고정한 후 꿰맨다.

❼ 다리는 안쪽면이 겉면이 되도록 반으로 접는다. 옆솔기를 꿰매면서 솜을 채워 넣는다. 솔기가 다리의 뒷부분이 된다. 위쪽 솔기를 좌우로 닫아서 꿰맨다. 두 번째 다리도 같은 방법으로 작업한다.

❽ 팔의 코막음한 단에 남아 있는 실을 사용하여 옆솔기를 꿰맨다. 진행하면서 솜을 약간 채운다. 두 번째 팔도 같은 방법으로 작업한다.

❾ 팔의 옆솔기가 겨드랑이 안쪽으로 오도록 몸통의 옆면에 시침핀으로 고정한 후 꿰맨다.

❿ 작품 사진을 참고하여 몸통에 다리를 시침핀으로 고정한 후 꿰맨다.

⓫ 꼬리의 마지막 단에 남아 있는 실을 사용하여 솔기를 꿰매고 몸통의 엉덩이에 꼬리를 고정한다.

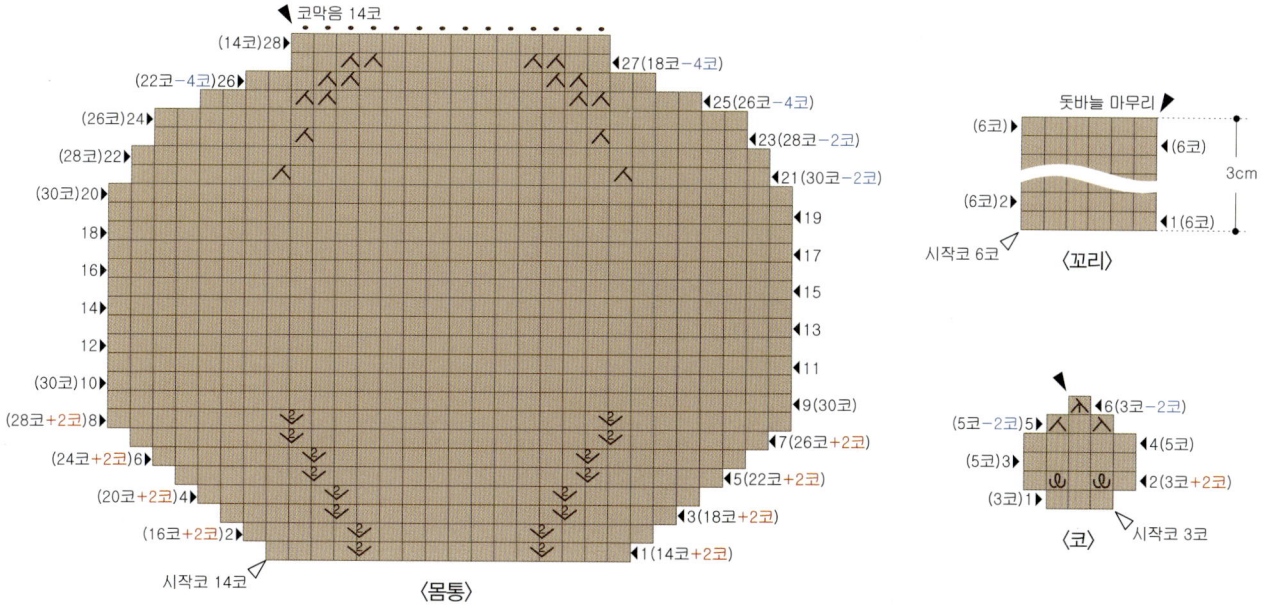

코막음 14코
(14코)28
(22코-4코)26 ▶
(26코)24 ▶
(28코)22 ▶
(30코)20 ▶
18 ▶
16 ▶
14 ▶
12 ▶
(30코)10 ▶
(28코+2코)8 ▶
(24코+2코)6 ▶
(20코+2코)4 ▶
(16코+2코)2 ▶
시작코 14코
〈몸통〉

27(18코-4코)
25(26코-4코)
23(28코-2코)
21(30코-2코)
19
17
15
13
11
9(30코)
7(26코+2코)
5(22코+2코)
3(18코+2코)
1(14코+2코)

돗바늘 마무리 ▶
(6코) ▶
(6코)2 ▶
시작코 6코
〈꼬리〉
◀(6코)
◀1(6코)
3cm

(5코-2코)5 ▶
(5코)3 ▶
(3코)1 ▶
시작코 3코
〈코〉
◀6(3코-2코)
◀4(5코)
◀2(3코+2코)

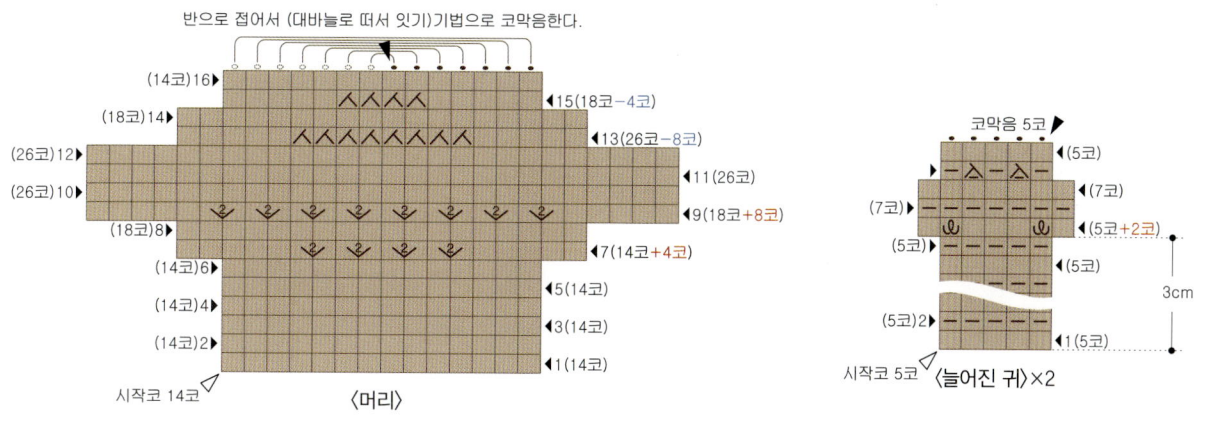

반으로 접어서 (대바늘로 떠서 잇기)기법으로 코막음한다.
(14코)16 ▶
(18코)14 ▶
(26코)12 ▶
(26코)10 ▶
(18코)8 ▶
(14코)6 ▶
(14코)4 ▶
(14코)2 ▶
시작코 14코
〈머리〉

15(18코-4코)
13(26코-8코)
11(26코)
9(18코+8코)
7(14코+4코)
5(14코)
3(14코)
1(14코)

코막음 5코 ▶
(5코) ▶
(7코) ▶
(5코) ▶
(5코)2 ▶
시작코 5코 〈늘어진 귀〉×2
◀(5코)
◀(7코)
◀(5코+2코)
◀(5코)
◀1(5코)
3cm

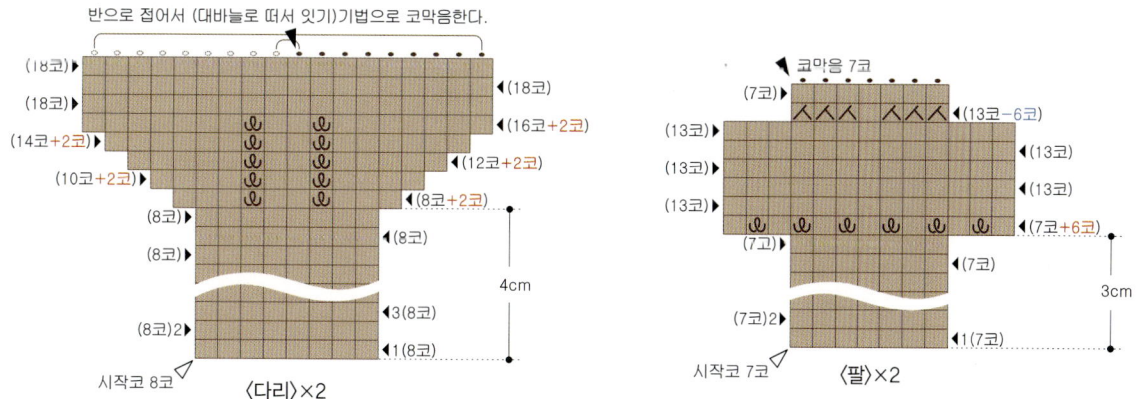

반으로 접어서 (대바늘로 떠서 잇기)기법으로 코막음한다.
(18코) ▶
(18코) ▶
(14코+2코) ▶
(10코+2코) ▶
(8코) ▶
(8코) ▶
(8코)2 ▶
시작코 8코
〈다리〉×2

◀(18코)
◀(16코+2코)
◀(12코+2코)
◀(8코+2코)
◀(8코)
◀3(8코)
◀1(8코)
4cm

코막음 7코 ▶
(7코) ▶
(13코) ▶
(13코) ▶
(13코) ▶
(7코) ▶
(7코)2 ▶
시작코 7코
〈팔〉×2

◀(13코-6코)
◀(13코)
◀(13코)
◀(7코+6코)
◀(7코)
◀1(7코)
3cm

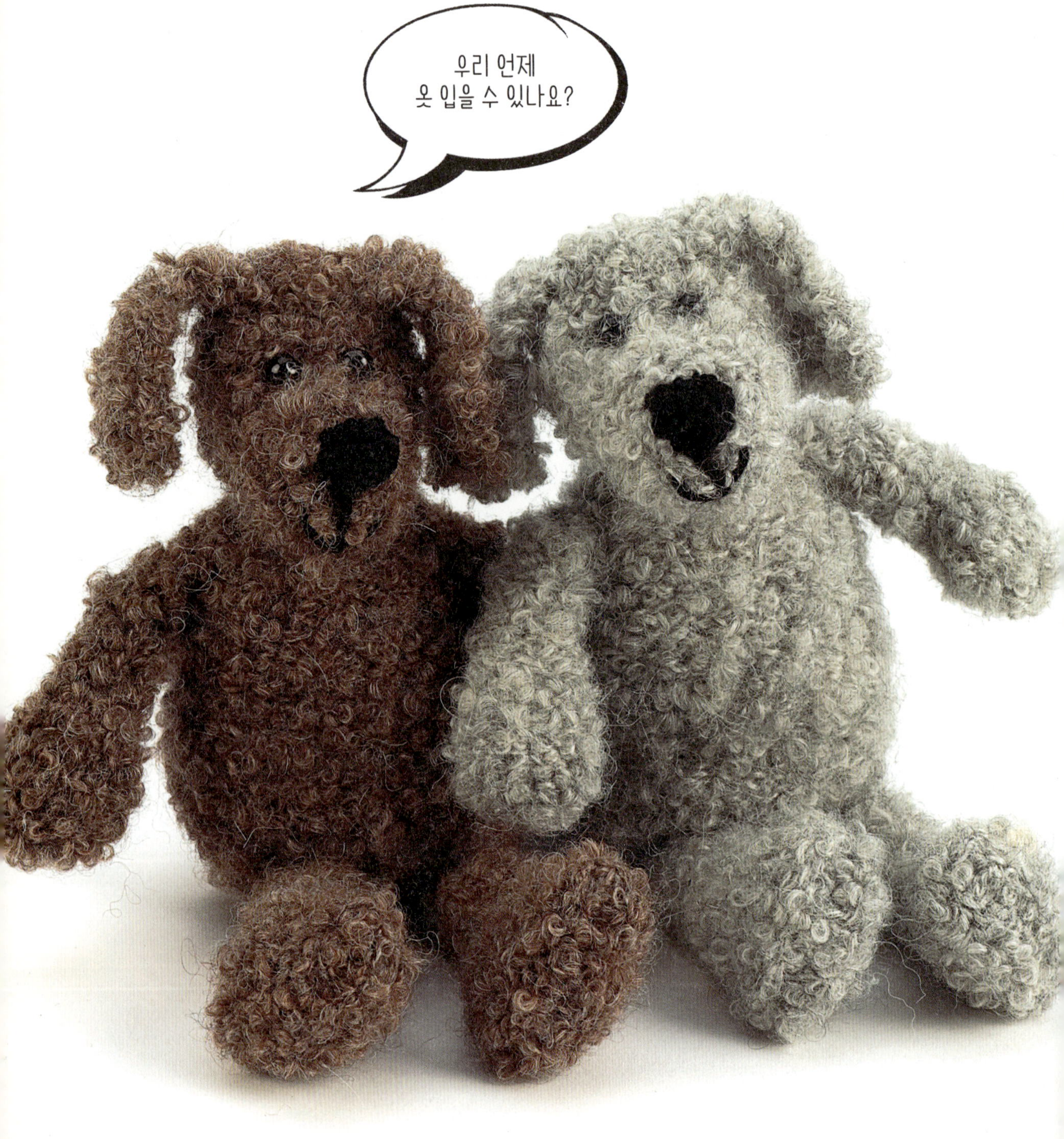
우리 언제
옷 입을 수 있나요?

인어 의상

준비물
- 초록색 실(5ply, sportweight) 110m
- 연분홍색 실(5ply, sportweight) 약간
- 장난감용 구름솜 약간
- 6mm 진주 비즈 4개
- 크림색 봉제용 면사와 봉제용 바늘

바늘
- 대바늘 3.25mm(영국 10호, 미국 3호)

게이지
- 대바늘 3.25mm와 5ply실(sportweight)을 사용하여 메리야스뜨기로 10cm=25코

메인 꼬리

초록색 실(5ply, sportweight)과 대바늘 3.25mm를 사용하여 시작코 36코를 만든다.

- 1~4단: 겉뜨기로 시작하여 메리야스뜨기 4단
- 5단: [2코 모아뜨기, 바늘비우기]17회 반복, 겉뜨기 2코(총 36코), 이 단이 피코엣지가 된다.
- 6~26단: 안뜨기로 시작하여 메리야스뜨기 21단
- 27단: 겉뜨기 8코, 2코 모아뜨기, 겉뜨기 16코, 2코 모아뜨기, 겉뜨기 8코(총 34코)
- 28~30단: 메리야스뜨기 3단
- 31단: 겉뜨기 7코, 2코 모아뜨기, 겉뜨기 16코, 2코 모아뜨기, 겉뜨기 7코(총 32코)
- 32~34단: 메리야스뜨기 3단
- 35단: 겉뜨기 7코, 2코 모아뜨기, 겉뜨기 14코, 2코 모아뜨기, 겉뜨기 7코(총 30코)
- 36~38단: 메리야스뜨기 3단
- 39단: 겉뜨기 7코, 2코 모아뜨기, 겉뜨기 12코, 2코 모아뜨기, 겉뜨기 7코(총 28코)
- 40~42단: 메리야스뜨기 3단
- 43단: 겉뜨기 5코, [2코 모아뜨기] 2회 반복, 겉뜨기 10코, [2코 모아뜨기] 2회 반복, 겉뜨기 5코(총 24코)
- 44~46단: 메리야스뜨기 3단
- 47단: 겉뜨기 4코, [2코 모아뜨기] 2회 반복, 겉뜨기 8코, [2코 모아뜨기] 2회 반복, 겉뜨기 4코(총 20코)
- 48~50단: 메리야스뜨기 3단
- 51단: 겉뜨기 3코, [2코 모아뜨기] 2회 반복, 겉뜨기 6코, [2코 모아뜨기] 2회 반복, 겉뜨기 3코(총 16코)
- 52~54단: 메리야스뜨기 3단
- 55단: 겉뜨기 2코, [2코 모아뜨기] 2회 반복, 겉뜨기 4코, [2코 모아뜨기] 2회 반복, 겉뜨기 2코(총 12코)
- 56단: 안뜨기 1단
- 57단: 겉뜨기 1코, [2코 모아뜨기] 2회 반복, 겉뜨기 2코, [2코 모아뜨기] 2회 반복, 겉뜨기 1코(총 8코)
- 58단: 안뜨기 1단

모든 코를 코막음한다.

비늘

초록색 실(5ply, sportweight)과 대바늘 3.25mm를 사용하여 시작코 5코를 만든 후, 안뜨기로 1단 뜬다.

- 2단: 겉뜨기 1코, 1코 만들기, 단의 끝까지 겉뜨기(총 6코)
- 3단: 1코 남을 때까지 안뜨기, 1코 만들기, 안뜨기 1코(총 7코)
- 4단: 겉뜨기 1코, 1코 만들기, 단의 끝까지 겉뜨기(총 8코)
- 5단: 1코 남을 때까지 안뜨기, 1코 만들기, 안뜨기 1코(총 9코)
- 6단: 겉뜨기 1코, 1코 만들기, 단의 끝까지 겉뜨기(총 10코)
- 7단: 안뜨기 1단
- 8단: 겉뜨기 1코, 오른코 모아뜨기, 단의 끝까지 겉뜨기(총 9코)
- 9단: 3코 남을 때까지 안뜨기, 안뜨기로 오른코 모아뜨기, 안뜨기 1코(총 8코)
- 10단: 겉뜨기 1코, 오른코 모아뜨기, 단의 끝까지 겉뜨기(총 7코)
- 11단: 3코 남을 때까지 안뜨기, 안뜨기로 오른코 모아뜨기, 안뜨기 1코(총 6코)
- 12단: 겉뜨기 1코, 오른코 모아뜨기, 단의 끝까지 겉뜨기(총 5코)
- 13단: 안뜨기 1단

위와 같이 뜨면 비늘 1개가 완성된다. 2~13단과 같은 방법으로 다음과 같이 각 단마다 정해진 개수만큼 비늘을 이어 뜬 후에 코막음한다.

- 첫 번째 단(가장 윗단): 비늘 5개
- 두 번째 단: 비늘 5개
- 세 번째 단: 비늘 5개
- 네 번째 단: 비늘 4개
- 다섯 번째 단: 비늘 3개
- 여섯 번째 단: 비늘 2개

지느러미(4개)

초록색 실(5ply, sportweight)과 대바늘 3.25mm를 사용하여 시작코 5코를 만든다.

- 1단: [안뜨기 1코, 겉뜨기로 꼬아뜨기 1코] 2회 반복, 안뜨기 1코
- 2단: [겉뜨기 1코, 안뜨기로 꼬아뜨기 1코] 2회 반복, 겉뜨기 1코
- 3단: 안뜨기 1코, 1코 만들기, 겉뜨기로 꼬아뜨기 1코, 안뜨기 1코, 겉뜨기로 꼬아뜨기 1코, 1코 만들기, 안뜨기 1코(총 7코)
- 4단: 겉뜨기 2코, 안뜨기로 꼬아뜨기 1코, 겉뜨기 1코, 안뜨기로 꼬아뜨기 1코, 겉뜨기 2코
- 5단: 안뜨기 2코, 1코 만들기, 겉뜨기로 꼬아뜨기 1코, 안뜨기 1코, 겉뜨기로 꼬아뜨기 1코, 1코 만들기, 안뜨기 2코 (총 9코)
- 6단: [겉뜨기 1코, 안뜨기로 꼬아뜨기 1코] 4회 반복, 겉뜨기 1코
- 7단: [안뜨기 1코, 겉뜨기로 꼬아뜨기 1코] 4회 반복, 안뜨기 1코
- 8단: 겉뜨기 1코, 1코 만들기, [안뜨기로 꼬아뜨기 1코, 겉뜨기 1코] 3회 반복, 안뜨기로 꼬아뜨기 1코, 1코 만들기, 겉뜨기 1코(총 11코)
- 9단: 안뜨기 2코, [겉뜨기로 꼬아뜨기 1코, 안뜨기 1코] 3회 반복, 겉뜨기로 꼬아뜨기 1코, 안뜨기 2코
- 10단: 겉뜨기 1코, 1코 만들기, [겉뜨기 1코, 안뜨기로 꼬아뜨기 1코] 4회 반복, 겉뜨기 1코, 1코 만들기, 겉뜨기 1코(총 13코)
- 11단: [안뜨기 1코, 겉뜨기로 꼬아뜨기 1코] 6회 반복, 안뜨기 1코
- 12단: [겉뜨기로 꼬아뜨기 1코, 안뜨기 1코] 6회 반복, 겉뜨기로 꼬아뜨기 1코
- 13~14단: 11~12단을 반복한다.
- 15단: 11단을 반복한다.
- 16단: 안뜨기로 2코 모아뜨기, [겉뜨기로 꼬아뜨기 1코, 안뜨기 1코] 4회 반복, 겉뜨기로 꼬아뜨기 1코, 안뜨기로 2코 모아뜨기(총 11코)
- 17단: 겉뜨기 3코, 안뜨기로 꼬아뜨기 1코, 겉뜨기 3코, 안뜨기로 꼬아뜨기 1코, 겉뜨기 3코
- 18단: 안뜨기 1코, 안뜨기로 2코 모아뜨기, 겉뜨기로 꼬아뜨기 1코, 안뜨기 1코, 안뜨기로 2코 모아뜨기, 겉뜨기로 꼬아뜨기 1코, 안뜨기로 2코 모아뜨기, 안뜨기 1코(총 8코)
- 19단: [2코 모아뜨기, 안뜨기로 꼬아뜨기 1코] 2회 반복, 2코 모아뜨기(총 5코)
- 20단: [안뜨기 1코, 겉뜨기로 꼬아뜨기 1코] 2회 반복, 안뜨기 1코

모든 코를 코막음한다.

연결하기

❶ 메인 꼬리부터 연결하기 시작한다. 안뜨기면이 보이도록 놓은 후, 첫 4단을 접어 올려 끝을 꿰맨다. 이렇게 하면 구멍이 있던 단이 메인 꼬리의 위쪽 가장자리를 따라 피코엣 지가 된다.

❷ 메인 꼬리의 옆솔기를 꿰맨다. 솔기는 꼬리의 뒷중심선이 된다.

❸ 지느러미는 2장씩 안쪽면을 맞대고, 솜을 약간씩 채우며 가장자리를 꿰맨다. 두 번째 지느러미도 같은 방법으로 작업한다.

❹ 작품 사진을 참고하여 솜을 넣은 지느러미를 꼬리 끝에 양쪽으로 꿰맨다. 이때 지느러미의 코막음한 단을 메인 꼬리에 꿰맨다.

❺ 비늘은 살짝 다림질한다. 아랫단부터 시작하여(p.31의 비늘 단의 순서 참고) 시침핀으로 꽂는데, 각 비늘 단이 약간씩 겹쳐지도록 놓는다. 가장 위에 있는 비늘 단은 메인꼬리 윗솔기에 고정한다. 시작단과 코막음한 단이 뒷중심에 오도록 놓고 각 단을 잘 맞춰가며 꿰맨다.

홀터넥 끈

초록색 실(5ply, sportweight)과 대바늘 3.25mm를 사용하여 시작코 20코를 만든 후 메리야스뜨기 2단을 뜨고, 모든 코를 코막음한다.

아래 끈

초록색 실(5ply, sportweight)과 대바늘 3.25mm를 사용하여 시작코 50코를 만든 후 메리야스뜨기 2단을 뜨고, 모든 코를 코막음한다.

조개껍질 비키니(2개)

연분홍색 실(5ply, sportweight)과 대바늘 3.25mm를 사용하여 시작코 6코를 만든다. 겉뜨기로 2단을 뜬 후 코막음한다. 이것이 조개껍데기의 바닥이 된다.

- 1단: (겉면에서 양쪽에 1코 반씩 남기고) 단의 중앙에서 3코를 줍는다.
- 2단: 안뜨기 1코, 1코 만들기, 안뜨기 1코, 1코 만들기, 안뜨기 1코(총 5코)
- 3단: 겉뜨기 1코, 1코 만들기, 겉뜨기 3코, 1코 만들기, 겉뜨기 1코(총 7코)
- 4~6단: 메리야스뜨기 3단
- 7단: 오른코 모아뜨기, 겉뜨기 3코, 2코 모아뜨기(총 5코)
- 8단: 안뜨기로 2코 모아뜨기, 안뜨기 1코, 안뜨기로 2코 모아 꼬아뜨기(총 3코)

모든 코를 코막음한다.

연결하기

1. 조개껍데기 조각을 살짝 다림질하고, 작품 사진을 참고하여 각 조개껍데기의 윗조각에 연분홍색 실로 스트레이트 스티치를 3개 수놓는다.

2. 아래 끈에 조개껍데기 위치를 잡는다. 끈의 끝을 뒤로 가도록 하고, 조개껍데기는 정면 중앙에 평평하게 놓는다. 작품 사진을 참고한다. 조개껍데기 아래 가장자리를 끈의 위쪽 가장자리에 놓고 꿰맨다.

3. 아래 끈의 한쪽 끝에는 작게 실고리를 만들어 꿰매고, 다른 쪽 끝은 크림색 면사를 사용하여 진주비즈를 단다.

4. 홀터넥의 양쪽 끝을 각 조개껍데기 위쪽에 꿰맨다.

5. 크림색 면사를 사용하여 비키니 끈 정중앙에 진주비즈 3개를 꿰맨다. 작품 사진을 참고한다.

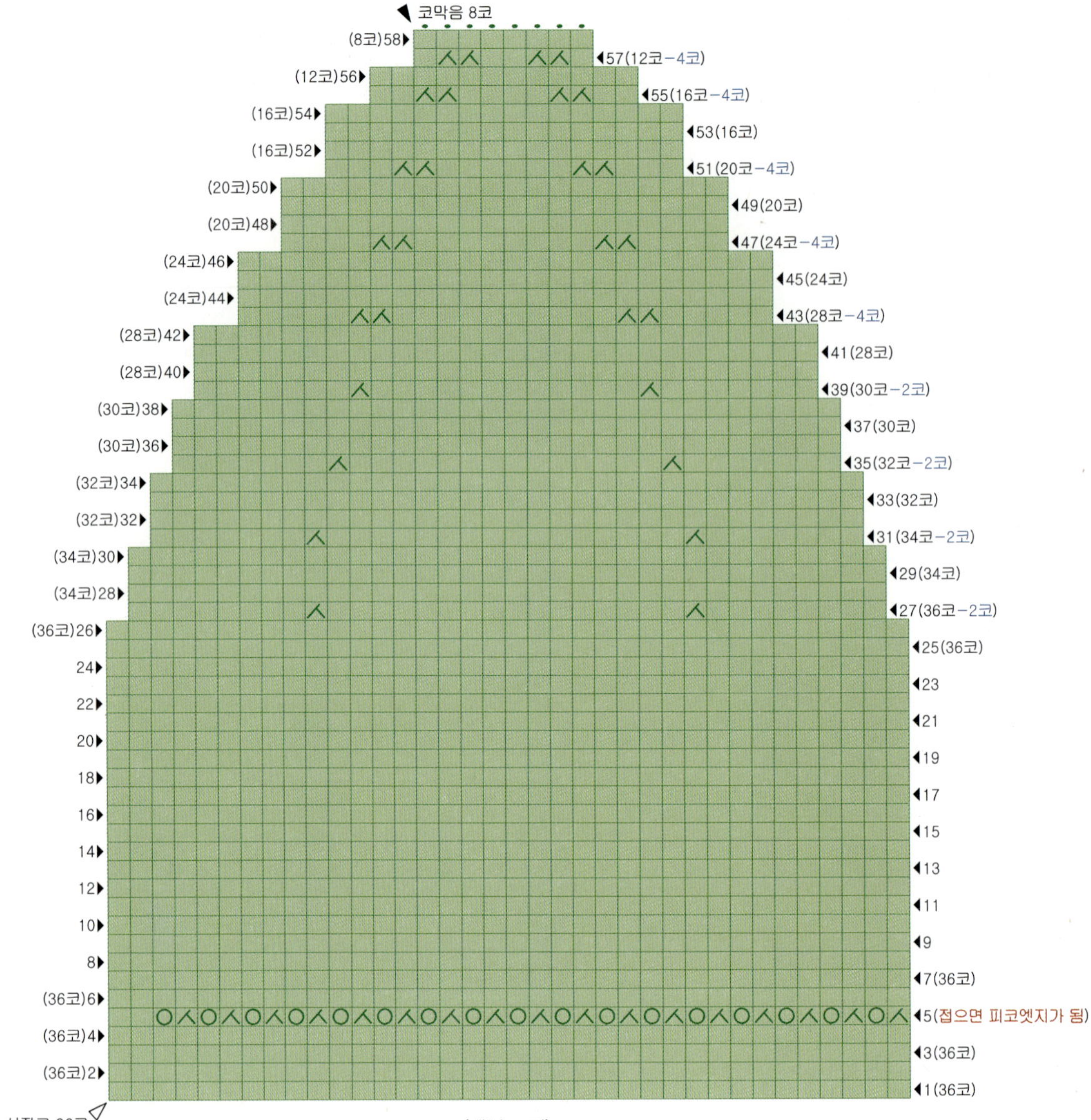

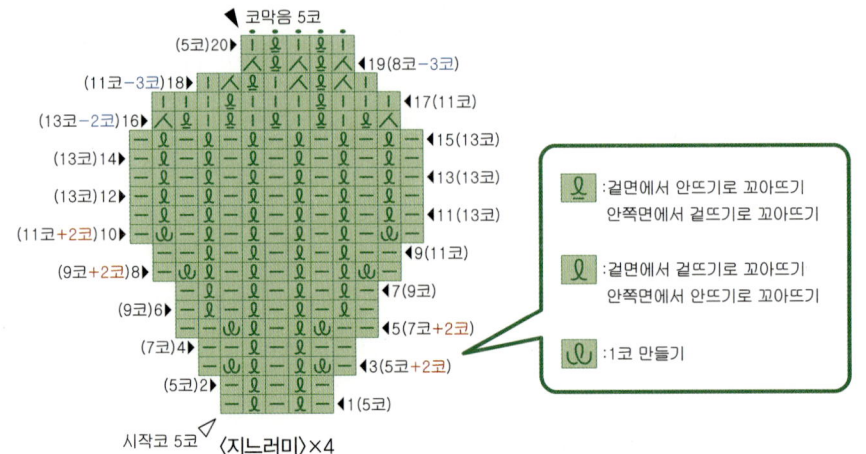

코막음 8코

(8코)58▶　　　　　　　　◀57(12코−4코)
(12코)56▶　　　　　　　◀55(16코−4코)
(16코)54▶　　　　　　　◀53(16코)
(16코)52▶　　　　　　　◀51(20코−4코)
(20코)50▶　　　　　　　◀49(20코)
(20코)48▶　　　　　　　◀47(24코−4코)
(24코)46▶　　　　　　　◀45(24코)
(24코)44▶　　　　　　　◀43(28코−4코)
(28코)42▶　　　　　　　◀41(28코)
(28코)40▶　　　　　　　◀39(30코−2코)
(30코)38▶　　　　　　　◀37(30코)
(30코)36▶　　　　　　　◀35(32코−2코)
(32코)34▶　　　　　　　◀33(32코)
(32코)32▶　　　　　　　◀31(34코−2코)
(34코)30▶　　　　　　　◀29(34코)
(34코)28▶　　　　　　　◀27(36코−2코)
(36코)26▶　　　　　　　◀25(36코)
24▶　　　　　　　　　　◀23
22▶　　　　　　　　　　◀21
20▶　　　　　　　　　　◀19
18▶　　　　　　　　　　◀17
16▶　　　　　　　　　　◀15
14▶　　　　　　　　　　◀13
12▶　　　　　　　　　　◀11
10▶　　　　　　　　　　◀9
8▶　　　　　　　　　　◀7(36코)
(36코)6▶　　　　　　　◀5(접으면 피코엣지가 됨)
(36코)4▶　　　　　　　◀3(36코)
(36코)2▶　　　　　　　◀1(36코)

시작코 36코

〈메인 꼬리〉

코막음 5코

(5코)20▶　　　　　◀19(8코−3코)
(11코−3코)18▶　　◀17(11코)
(13코−2코)16▶　　◀15(13코)
(13코)14▶　　　　◀13(13코)
(13코)12▶　　　　◀11(13코)
(11코+2코)10▶　　◀9(11코)
(9코+2코)8▶　　　◀7(9코)
(9코)6▶　　　　　◀5(7코+2코)
(7코)4▶　　　　　◀3(5코+2코)
(5코)2▶　　　　　◀1(5코)

시작코 5코　〈지느러미〉×4

ℓ :겉면에서 안뜨기로 꼬아뜨기
안쪽면에서 겉뜨기로 꼬아뜨기

ℓ :겉면에서 겉뜨기로 꼬아뜨기
안쪽면에서 안뜨기로 꼬아뜨기

ℓ :1코 만들기

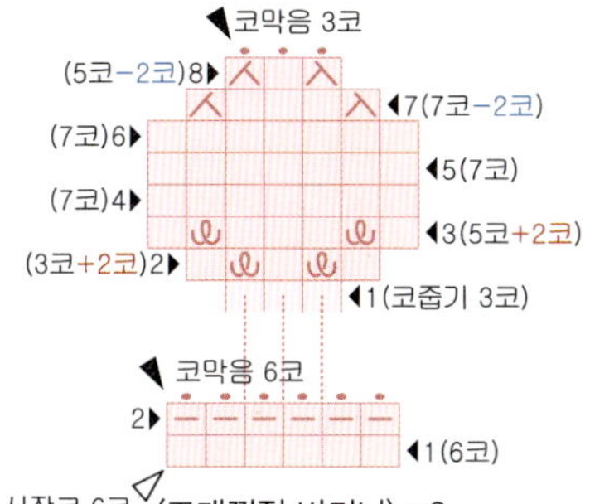

◀ 코막음 3코

(5코-2코)8 ▶ ◀7(7코-2코)
(7코)6▶ ◀5(7코)
(7코)4▶ ◀3(5코+2코)
(3코+2코)2▶ ◀1(코줍기 3코)

◀ 코막음 6코
2▶
◀1(6코)

시작코 6코 〈조개껍질 비키니〉×2

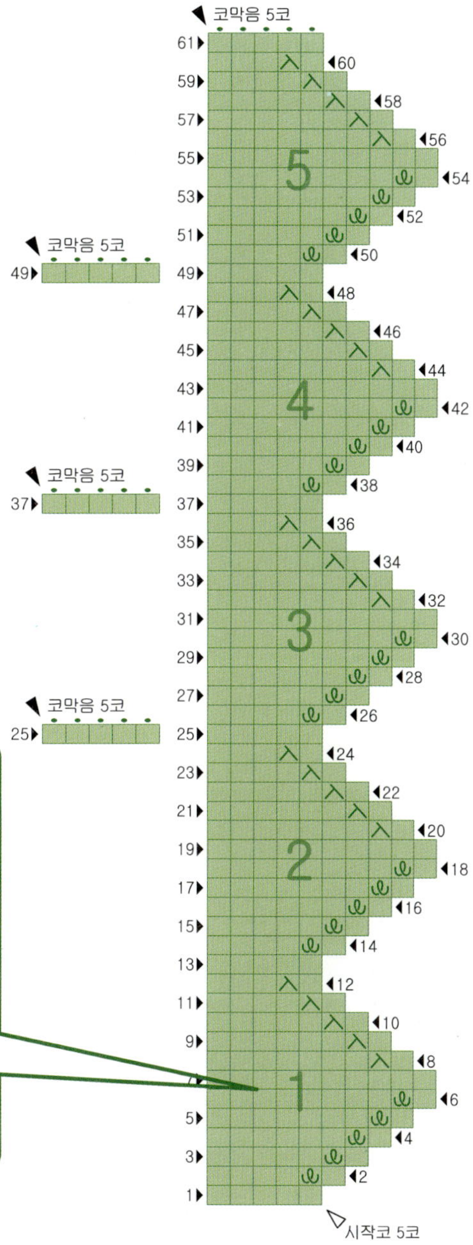

◀ 코막음 5코
49▶

◀ 코막음 5코
37▶

◀ 코막음 5코
25▶

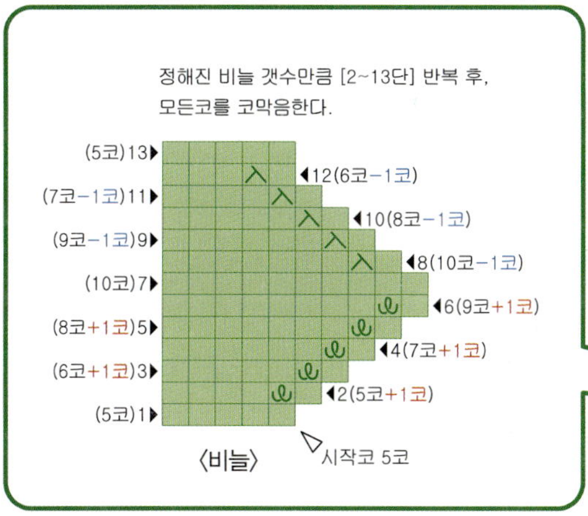

◀ 코막음 5코
61▶
59▶
57▶   5
55▶
53▶
51▶
49▶
47▶
45▶   4
43▶
41▶
39▶
37▶
35▶
33▶   3
31▶
29▶
27▶
25▶
23▶
21▶   2
19▶
17▶
15▶
13▶
11▶
9▶   1
7▶
5▶
3▶
1▶
시작코 5코

정해진 비늘 갯수만큼 [2~13단] 반복 후,
모든코를 코막음한다.

(5코)13▶ ◀12(6코-1코)
(7코-1코)11▶ ◀10(8코-1코)
(9코-1코)9▶ ◀8(10코-1코)
(10코)7▶ ◀6(9코+1코)
(8코+1코)5▶ ◀4(7코+1코)
(6코+1코)3▶ ◀2(5코+1코)
(5코)1▶
〈비늘〉   시작코 5코

◀ 코막음 20코
(20코)2▶
◀1(20코)
시작코 20코   〈홀터넥 끈〉

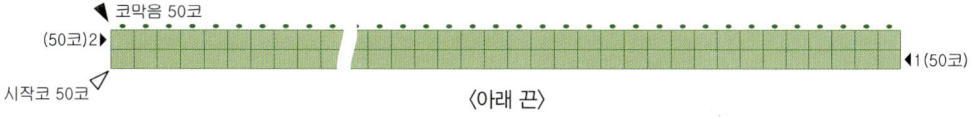

◀ 코막음 50코
(50코)2▶
◀1(50코)
시작코 50코   〈아래 끈〉

해적무늬 스웨터

준비물
- 검은색 실(4ply, fingering) 45m
- 빨간색 실(4ply, fingering) 10m, 그리고 조금 더
- 크림색 실(4ply, fingering) 약간
- 검은색 고무줄 약간

바늘
- 대바늘 3.25mm(영국 10호, 미국 3호)

게이지
- 대바늘 3.25mm와 검은색 실(4ply, fingering)을 사용하여 메리야스뜨기로 10cm=28코

안대

검은색 실(4ply, fingering)과 대바늘 3.25mm를 사용하여 시작코 3코를 만든다.

- 1~2단: 가터뜨기 2단
- 3단: [겉뜨기 1코, 1코 만들기] 2회 반복, 겉뜨기 1코(총 5코)
- 4~5단: 가터뜨기 2단
- 모든 코를 코막음한다.

강아지 머리의 둘레를 고무줄로 재서 자른다. 검은색 고무줄 양쪽 끝을 안대 안쪽에 꿰맨다.

스웨터(앞판)

검은색 실(4ply, fingering)과 대바늘 3.25mm를 사용하여 시작코 28코를 만든다.

- 1~4단: 겉뜨기 2코, 안뜨기 2코 고무단으로 4단
- 지금부터 〈그림 도안〉을 따라 해골무늬를 페어아일 기법(p.20 참고)으로 다음과 같이 뜬다.
- 5~18단: 겉뜨기로 시작해서 메리야스뜨기 14단
- 19단: 2코 코막음, 단의 끝까지 겉뜨기(총 26코)
- 20단: 2코 코막음, 단의 끝까지 안뜨기(총 24코)
- 21단: 겉뜨기 2코, 오른코 모아뜨기, 4코 남을 때까지 겉뜨기, 2코 모아뜨기, 겉뜨기 2코(총 22코)
- 22단: 안뜨기 2코, 안뜨기로 2코 모아뜨기, 4코 남을 때까지 안뜨기, 안뜨기로 2코 모아 꼬아뜨기, 안뜨기 2코(총 20코)
- 23~30단: 메리야스뜨기 8단
- 31단: 겉뜨기 7코, (편물을 뒤집는다), 남은 13코는 바늘에 쉼코로 남겨둔다.
- 32단: 안뜨기 1코, 안뜨기로 2코 모아뜨기, 안뜨기 4코(총 6코)
- 33단: 겉뜨기 3코, 2코 모아뜨기, 겉뜨기 1코(총 5코)
- 5코를 코막음한다.
- 겉면에서 바늘에 남아 있는 13코에 실을 연결한다.
- 31단: 6코 코막음, 단의 끝까지 겉뜨기(총 7코)
- 32단: 안뜨기 4코, 안뜨기로 2코 모아 꼬아뜨기, 안뜨기 1코(총 6코)
  - 33단: 겉뜨기 1코, 오른코 모아뜨기, 겉뜨기 3코(총 5코) 모든 코를 코막음한다.

스웨터(뒤판)

30단까지는 앞판과 동일하게 뜬 후(해골무늬 없이 단색으로) 다음과 같이 이어 뜬다.

- 31단: 겉뜨기 8코, (편물을 뒤집는다), 남은 12코는 바늘에 쉼코로 남겨둔다.
  - 32단: 안뜨기 1코, 안뜨기로 2코 모아뜨기, 안뜨기 5코(총 7코)
  - 33단: 겉뜨기 4코, 2코 모아뜨기, 겉뜨기 1코(총 6코)
  - 34단: 안뜨기 1코, 안뜨기로 2코 모아뜨기, 안뜨기 3코(총 5코)

5코를 코막음한다.
겉면에서 바늘에 남아 있는 12코에 실을 연결한다.

- 31단: 4코 코막음, 단의 끝까지 겉뜨기(총 8코)
- 32단: 안뜨기 5코, 안뜨기로 2코 모아 꼬아뜨기, 안뜨기 1코(총 7코)
- 33단: 겉뜨기 1코, 오른코 모아뜨기, 겉뜨기 4코(총 6코)
- 34단: 안뜨기 3코, 안뜨기로 2코 모아 꼬아뜨기, 안뜨기 1코(총 5코)

모든 코를 코막음한다.
앞판과 뒤판의 오른쪽 어깨를 연결한 후,

- 1단: 앞목둘레를 따라 12코를 줍고, 뒷목둘레를 따라 12코를 줍는다(총 24코)
- 2~5단: 겉뜨기 2코, 안뜨기 2코 고무단으로 4단

모든 코를 느슨하고 고르게 코막음한다.
왼쪽 어깨와 목둘레밴드의 솔기를 꿰맨다.

소매

검은색 실(4ply, fingering)과 대바늘 3.25mm를 사용하여 다음과 같이 뜬다.

- 1단: 스웨터 앞판과 뒤판의 진동둘레를 따라 24코를 줍는다.
- 2~4단: 안뜨기로 시작하여 메리야스뜨기 3단
- 5단: 겉뜨기 1코, 오른코 모아뜨기, 3코 남을 때까지 겉뜨기, 2코 모아뜨기, 겉뜨기 1코(총 22코)
- 6~8단: 메리야스뜨기 3단
- 9~12단: 5~8단을 반복(총 20코)
- 13~16단: 겉뜨기 2코, 안뜨기 2코 고무단으로 4단

모든 코를 코막음한다.
두 번째 소매도 같은 방법으로 작업한다.
소매의 아랫솔기와 몸판의 옆솔기를 이어 꿰맨다.

스카프

빨간색 실(4ply, fingering)과 대바늘 3.25mm를 사용하여 시작코 3코를 만든다.

- 1단: [겉뜨기 1코, 1코 만들기] 2회 반복, 겉뜨기 1코(총 5코)
- 2단: 겉뜨기 2코, 안뜨기 1코, 겉뜨기 2코
- 3단: 겉뜨기 1코, 1코 만들기, 1코 남을 때까지 겉뜨기, 1코 만들기, 겉뜨기 1코(총 7코)
- 4단: 겉뜨기 2코, 안뜨기 3코, 겉뜨기 2코
- 5단: 겉뜨기 2코, 1코 만들기, 2코 남을 때까지 겉뜨기, 1코 만들기, 겉뜨기 2코(총 9코)
- 6단: 겉뜨기 2코, 안뜨기 5코, 겉뜨기 2코
- 7단: 겉뜨기 2코, 1코 만들기, 2코 남을 때까지 겉뜨기, 1코 만들기, 겉뜨기 2코(총 11코)
- 8단: 겉뜨기 2코, 안뜨기 7코, 겉뜨기 2코
- 9단: 겉뜨기 2코, 1코 만들기, 2코 남을 때까지 겉뜨기, 1코 만들기, 겉뜨기 2코(총 13코)
- 10단: 겉뜨기 2코, 안뜨기 9코, 겉뜨기 2코

- 11단: 겉뜨기 2코, 1코 만들기, 2코 남을 때까지 겉뜨기, 1코 만들기, 겉뜨기 2코(총 15코)
- 12단: 겉뜨기 2코, 안뜨기 11코, 겉뜨기 2코

지금부터 가터뜨기로 뜬다.

- 13단: 12코 만들기, 단의 끝까지 겉뜨기(총 27코)
- 14단: 12코 만들기, 단의 끝까지 겉뜨기(총 39코)
- 15~16단: 겉뜨기 2단

모든 코를 코막음한다.
크림색 실(4ply, fingering)을 사용하여 스카프에 프렌치노트 스티치(p.23 참고)로 수놓는다.

깃발

빨간색 실(4ply, fingering)과 대바늘 3.25mm를 사용하여 시작코 14코를 만든다.

- 1~4단: 가터뜨기 4단
- 5단: 겉뜨기 1코
- 6단: 겉뜨기 3코, 3코 남을 때까지 안뜨기, 겉뜨기 3코
- 7~8단: 5~6단을 반복한다.
- 9단: 겉뜨기 2코, 오른코 모아뜨기, 4코 남을 때까지 겉뜨기, 2코 모아뜨기, 겉뜨기 2코(총 12코)
- 10단: 겉뜨기 3코, 3코 남을 때까지 안뜨기, 겉뜨기 3코
- 11~16단: [9~10단] 3회 반복(총 6코)
- 17단: 겉뜨기 1코, [2코 모아뜨기] 2회 반복, 겉뜨기 1코(총 4코)
- 18단: [2코 모아뜨기] 2회 반복(총 2코)

실을 자르고 돗바늘에 끼운 후, 남은 2코 사이로 통과시키고 단단히 잡아당겨 마무리한다.
크림색 실(4ply, fingering)을 사용하여 깃발에 프렌치노트 스티치(p.23 참고)를 수놓는다.
p.27의 사진처럼 막대기에 깃발을 고정하고 싶다면, 빨간색 실로 실고리를 만들어 고정한다.

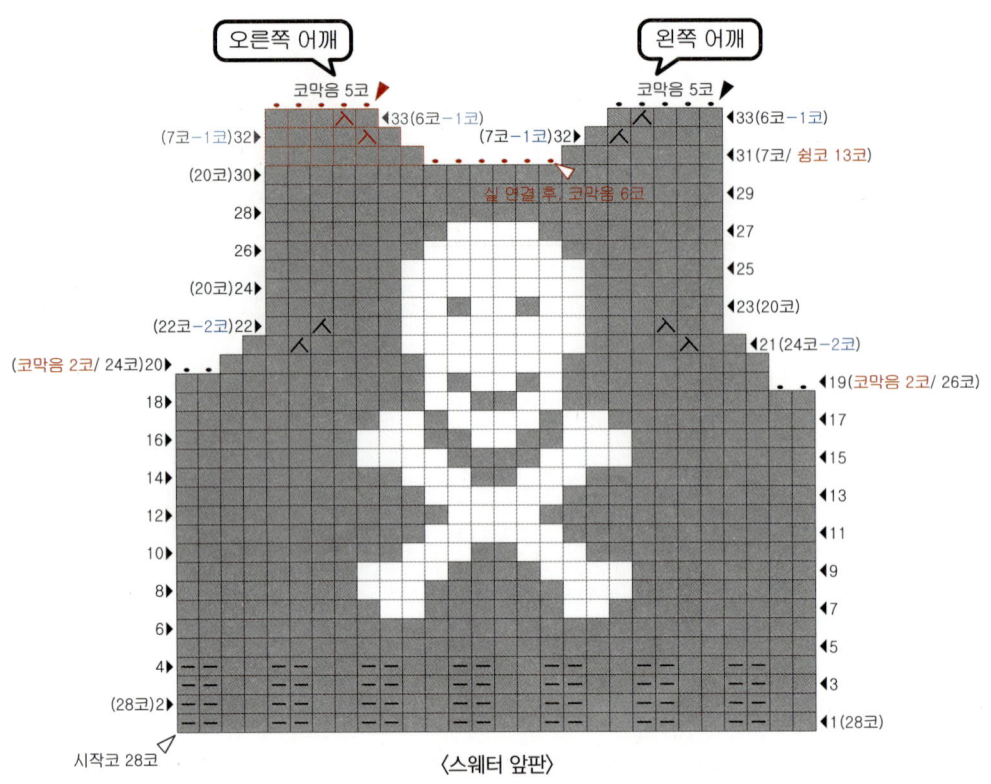

〈스웨터 앞판〉

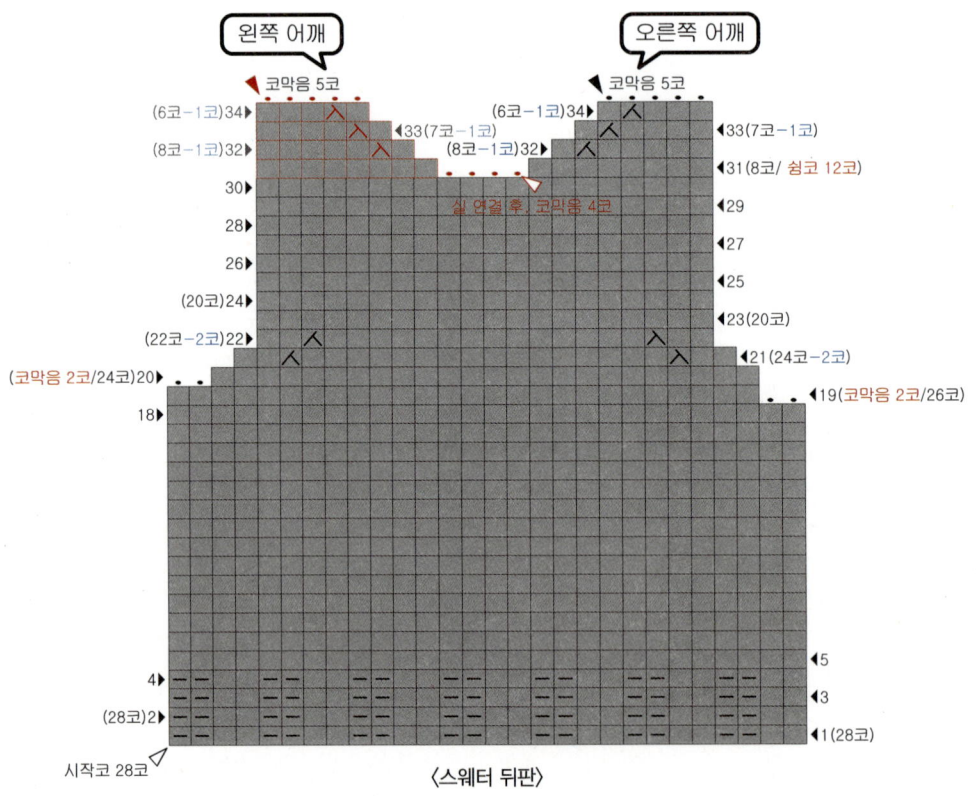

〈스웨터 뒤판〉

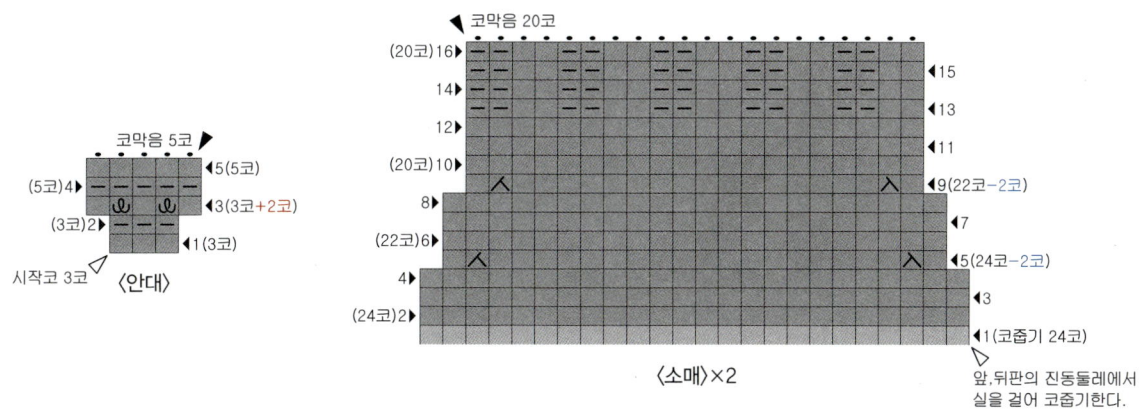

코막음 5코 ▶

(5코)4▶
(3코)2▶
◀5(5코)
◀3(3코+2코)
◀1(3코)

시작코 3코
〈안대〉

코막음 20코 ▶

(20코)16▶
14▶
12▶
(20코)10▶
8▶
(22코)6▶
4▶
(24코)2▶

◀15
◀13
◀11
◀9(22코-2코)
◀7
◀5(24코-2코)
◀3
◀1(코줍기 24코)

〈소매〉×2

앞.뒤판의 진동둘레에서
실을 걸어 코줍기한다.

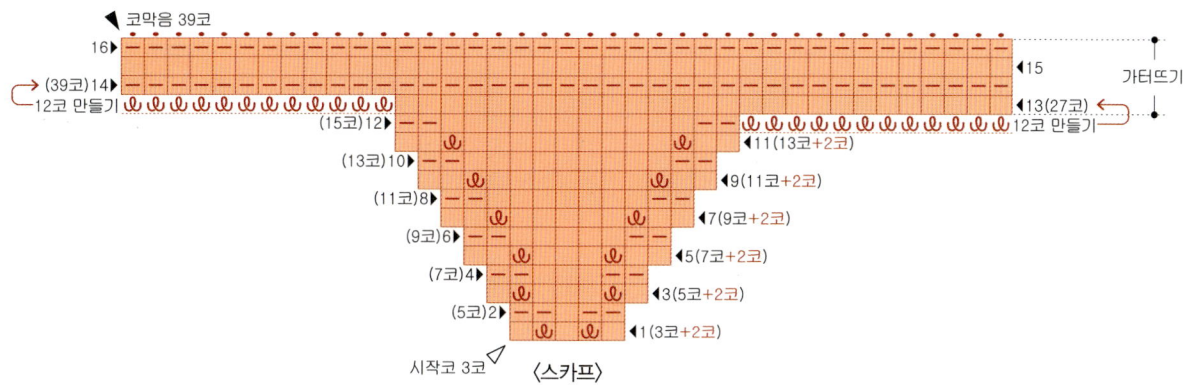

코막음 39코 ▶

16▶
(39코)14▶
12코 만들기
(15코)12▶
(13코)10▶
(11코)8▶
(9코)6▶
(7코)4▶
(5코)2▶

◀15
◀13(27코)
12코 만들기
◀11(13코+2코)
◀9(11코+2코)
◀7(9코+2코)
◀5(7코+2코)
◀3(5코+2코)
◀1(3코+2코)

가터뜨기

시작코 3코
〈스카프〉

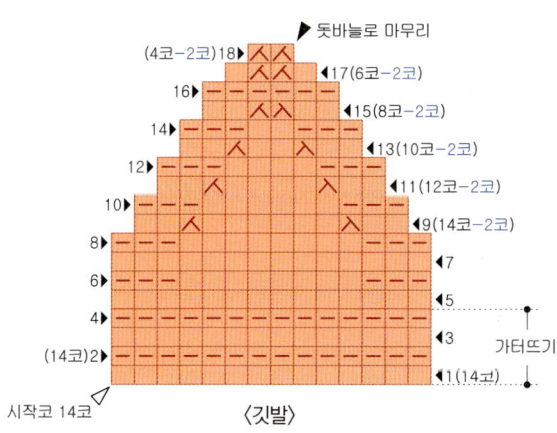

▶ 돗바늘로 마무리

(4코-2코)18▶
16▶
14▶
12▶
10▶
8▶
6▶
4▶
(14코)2▶

◀17(6코-2코)
◀15(8코-2코)
◀13(10코-2코)
◀11(12코-2코)
◀9(14코-2코)
◀7
◀5
◀3
◀1(14코)

가터뜨기

시작코 14코
〈깃발〉

2. 스트라이피 소시지 Stripy Sausage

스트라이피 소시지는 유용한 녀석입니다. 문 앞에 눕혀 놓으면 바람이 들어오지 않게 막아주거든요. 뚱뚱한 소시지의 다리는 우리 강아지가 막 잠들었을 때처럼 앞뒤로 툭 튀어나와 있습니다. 원하는 색상으로 배색을 바꿀 수도 있습니다.

준비물
- 갈색 실(5ply, sportweight) 375m(모두 두 겹으로 사용)
- 실(5ply, sportweight)이 다음과 같이 필요: 보라색 50m, 하늘색 34m, 청록색 39m, 황토색 24m, 연초록색 44m, 빨간색 60m(모두 두 겹으로 사용)
- 검은색 실(4ply, fingering) 약간
- 안전핀
- 장난감용 구름솜
- 인형눈: 10mm 검은색 기둥단추 2개

바늘
- 대바늘 4.5mm(영국 7호, 미국 7호)
- 대바늘 2.75mm(영국 12호, 미국 2호)

게이지
- 대바늘 4.5mm와 5ply실(sportweight)을 사용하여 메리야스뜨기로 10cm=18코

완성 사이즈
- 코끝부터 뒷다리 끝까지 길이: 64cm

⚠ **주의**

이 강아지는 코를 제외한 모든 부위를 실 두 겹으로 뜹니다.

머리

갈색 실(5ply, sportweight) 두 겹과 대바늘 4.5mm를 사용하여 시작코 14코를 만든다.

- 1단: 안뜨기 1단
- 2단(겉면): 겉뜨기 1코, 1코 만들기, 1코 남을 때까지 겉뜨기, 1코 만들기, 겉뜨기 1코(총 16코)
- 3단: 안뜨기 1코, 1코 만들기, 1코 남을 때까지 안뜨기, 1코 만들기, 안뜨기 1코(총 18코)
- 4~7단: [2~3단] 2회 반복(총 26코)
- 8단: 겉뜨기 1코, 1코 만들기, 1코 남을 때까지 겉뜨기, 1코 만들기, 겉뜨기 1코(총 28코)
- 9단: 안뜨기 1단
- 10~13단: [8~9단] 2회 반복(총 32코)
- 14단: 겉뜨기 15코, 1코 만들기, 겉뜨기 2코, 1코 만들기, 겉뜨기 15코(총 34코)

- 15단: 안뜨기 16코, 1코 만들기, 안뜨기 2코, 1코 만들기, 안뜨기 16코(총 36코)
- 16단: 겉뜨기 17코, 1코 만들기, 겉뜨기 2코, 1코 만들기, 겉뜨기 17코(총 38코)
- 17단: 안뜨기 18코, 1코 만들기, 안뜨기 2코, 1코 만들기, 안뜨기 18코(총 40코)
- 18단: 겉뜨기 19코, 1코 만들기, 겉뜨기 2코, 1코 만들기, 겉뜨기 19코(총 42코)
- 19단: 안뜨기 20코, 1코 만들기, 안뜨기 2코, 1코 만들기, 안뜨기 20코(총 44코)
- 20단: 겉뜨기 21코, 1코 만들기, 겉뜨기 2코, 1코 만들기, 겉뜨기 21코(총 46코)
- 21단: 안뜨기 1단
- 22단: 겉뜨기 22코, 1코 만들기, 겉뜨기 2코, 1코 만들기, 겉뜨기 22코(총 48코)
- 23~31단: 메리야스뜨기 9단
- 32단: 겉뜨기 1코, 오른코 모아뜨기, 겉뜨기 18코, 오른코 모아뜨기, 겉뜨기 2코, 2코 모아뜨기, 겉뜨기 18코, 2코 모아뜨기, 겉뜨기 1코(총 44코)
- 33단: 안뜨기 1단
- 34단: 겉뜨기 1코, 오른코 모아뜨기, 겉뜨기 16코, 오른코 모아뜨기, 겉뜨기 2코, 2코 모아뜨기, 겉뜨기 16코, 2코 모아뜨기, 겉뜨기 1코(총 40코)
- 35단: 안뜨기 1단
- 36단: 겉뜨기 1코, 오른코 모아뜨기, 겉뜨기 14코, 오른코 모아뜨기, 겉뜨기 2코, 2코 모아뜨기, 겉뜨기 14코, 2코 모아뜨기, 겉뜨기 1코(총 36코)
- 37단: 안뜨기 1코, 안뜨기로 2코 모아뜨기, 안뜨기 12코, 안뜨기로 2코 모아뜨기, 안뜨기 2코, 안뜨기로 2코 모아 꼬아뜨기, 안뜨기 12코, 안뜨기로 2코 모아 꼬아뜨기, 안뜨기 1코(총 32코)
- 38단: 겉뜨기 1코, 오른코 모아뜨기, 겉뜨기 10코, 오른코 모아뜨기, 겉뜨기 2코, 2코 모아뜨기, 겉뜨기 10코, 2코 모아뜨기, 겉뜨기 1코(총 28코)
- 39단: 안뜨기 1코, 안뜨기로 2코 모아뜨기, 안뜨기 8코, 안뜨기로 2코 모아뜨기, 안뜨기 2코, 안뜨기로 2코 모아 꼬아뜨기, 안뜨기 8코, 안뜨기로 2코 모아 꼬아뜨기, 안뜨기 1코(총 24코)

- 40단: 겉뜨기 1코, 오른코 모아뜨기, 겉뜨기 6코, 오른코 모아뜨기, 겉뜨기 2코, 2코 모아뜨기, 겉뜨기 6코, 2코 모아뜨기, 겉뜨기 1코(총 20코)
- 41단: 안뜨기 1코, 안뜨기로 2코 모아뜨기, 안뜨기 4코, 안뜨기로 2코 모아뜨기, 안뜨기 2코, 안뜨기로 2코 모아 꼬아뜨기, 안뜨기 4코, 안뜨기로 2코 모아 꼬아뜨기, 안뜨기 1코(총 16코)

〈대바늘로 떠서 잇기(p.21 참고)〉 기법으로 3개의 대바늘을 사용하여 코막음한다.

몸통, 앞다리, 꼬리

다음과 같이 앞다리부터 시작한다.

왼쪽 앞다리

갈색 실(5ply, sportweight) 두 겹과 대바늘 4.5mm를 사용하여 시작코 11코를 만든다.

- 1단: 안뜨기 1단
- 2단(겉면): 겉뜨기 9코, (되돌아뜨기하고 편물을 뒤집는다)
- 3단: 안뜨기 6코, (되돌아뜨기하고 편물을 뒤집는다)
- 4단: 겉뜨기 5코, (되돌아뜨기하고 편물을 뒤집는다)
- 5단: 단의 끝까지 안뜨기
- 6단: 5코 만들기, 단의 끝까지 겉뜨기(총 16코)
- 7~19단: 메리야스뜨기 13단
- 20단: 6코 코막음, 겉뜨기 3코, 6코 코막음(총 4코)

남은 4코(그림 도안의 ⓐ)를 안전핀에 걸어 둔다.

오른쪽 앞다리

5단까지 왼쪽 앞다리와 같은 방법으로 작업한다.

- 6단: 겉뜨기 1단
- 7단: 5코 만들기, 단의 끝까지 안뜨기(총 16코)
- 8~19단: 메리야스뜨기 12단
- 20단: 6코 코막음, 겉뜨기 3코, 6코 코막음(총 4코)

남은 4코(그림 도안의 ⓑ)를 안전핀에 걸어 둔다.

- 21단: 겉면에서 왼쪽 앞다리에 걸린 4코(그림 도안의 ⓐ)를 겉뜨기로 뜨고, 감아코 32코를 만든 다음, 오른쪽 다리의 4코(그림 도안의 ⓑ)를 겉뜨기로 뜬다(총 40코).
- 22~38단: 메리야스뜨기 17단
- 39단: 겉뜨기 1코, 1코 만들기, 1코 남을 때까지 겉뜨기, 1코 만들기, 겉뜨기 1코(총 42코)
- 40~42단: 메리야스뜨기 3단

메리야스뜨기로 이어 뜨면서 다음과 같이 실 색상을 바꾸어 줄무늬로 뜬다. 모든 색상의 실은 두 겹으로 뜬다.

- 43~60단: 보라색으로 18단
- 61~76단: 하늘색으로 16단
- 77~84단: 청록색으로 8단
- 85~96단: 황토색으로 12단

- 97~110단: 연초록색으로 14단
- 111~128단: 빨간색으로 18단
- 129~136단: 다시 갈색 실(5ply, sportweight) 두 겹으로 바꾸어 8단
- 137단: 겉뜨기 1코, 오른코 모아뜨기, 3코 남을 때까지 겉뜨기, 2코 모아뜨기, 겉뜨기 1코(총 40코)
- 138~140단: 메리야스뜨기 3단
- 141단: 겉뜨기 1코, 오른코 모아뜨기, 3코 남을 때까지 겉뜨기, 2코 모아뜨기, 겉뜨기 1코(총 38코)
- 142단: 안뜨기 1단
- 143~144단: 141~142단을 반복(총 36코)
- 145단: 겉뜨기 1코, 오른코 모아뜨기, 겉뜨기 14코, 1코 만들기, 겉뜨기 2코, 1코 만들기, 겉뜨기 14코, 2코 모아뜨기, 겉뜨기 1코(총 36코)
- 146단: 안뜨기 17코, 1코 만들기, 안뜨기 2코, 1코 만들기, 안뜨기 17코(총 38코)
- 147단: 겉뜨기 1코, 오른코 모아뜨기, 겉뜨기 15코, 1코 만들기, 겉뜨기 2코, 1코 만들기, 겉뜨기 15코, 2코 모아뜨기, 겉뜨기 1코(총 38코)
- 148단: 안뜨기 1코, 안뜨기로 2코 모아뜨기, 안뜨기 15코, 1코 만들기, 안뜨기 2코, 1코 만들기, 안뜨기 15코, 안뜨기로 2코 모아 꼬아뜨기, 안뜨기 1코(총 38코)
- 149단: 13코 코막음, 겉뜨기 4코, 1코 만들기, 겉뜨기 2코, 1코 만들기, 3코 남을 때까지 겉뜨기, 2코 모아뜨기, 겉뜨기 1코(총 26코)
- 150단: 13코 코막음, 3코 남을 때까지 안뜨기, 안뜨기로 2코 모아 꼬아뜨기, 안뜨기 1코(총 12코)
- 151단: 겉뜨기 1코, 오른코 모아뜨기, 겉뜨기 2코, 1코 만들기, 겉뜨기 2코, 1코 만들기, 겉뜨기 2코, 2코 모아뜨기, 겉뜨기 1코(총 12코)
- 152단: 안뜨기 1코, 안뜨기로 모아뜨기, 안뜨기 2코, 1코 만들기, 안뜨기 2코, 1코 만들기, 안뜨기 2코, 안뜨기로 2코 모아 꼬아뜨기, 안뜨기 1코(총 12코)
- 153단: 겉뜨기 1코, 오른코 모아뜨기, 3코 남을 때까지 겉뜨기, 2코 모아뜨기, 겉뜨기 1코(총 10코)
- 154단: 안뜨기 1코, 안뜨기로 2코 모아뜨기, 안뜨기 4코, 안뜨기로 2코 모아 꼬아뜨기, 안뜨기 1코(총 8코)
- 155단: [2코 모아뜨기] 4회 반복(총 4코)

실을 자르고 돗바늘에 끼운 후, 남은 코 사이로 통과시키고 단단히 잡아당겨 마무리한다.

배

갈색 실(5ply, sportweight) 두 겹과 대바늘 4.5mm를 사용하여 시작코 8코를 만든다.

- 1~2단: 겉뜨기로 시작하여 메리야스뜨기 2단
- 3단: 겉뜨기 1코, 1코 만들기, 1코 남을 때까지 겉뜨기, 1코 만들기, 겉뜨기 1코(총 10코)
- 4단: 안뜨기 1코, 1코 만들기, 1코 남을 때까지 안뜨기, 1코 만들기, 안뜨기 1코(총 12코)
- 5~6단: 3~4단을 반복(총 16코)
- 7~8단: 메리야스뜨기 2단
- 9단: 겉뜨기 1코, 1코 만들기, 1코 남을 때까지 겉뜨기, 1코 만들기, 겉뜨기 1코(총 18코)
- 10~34단: 메리야스뜨기 25단
- 35단: 겉뜨기 1코, 1코 만들기, 1코 남을 때까지 겉뜨기, 1코 만들기, 겉뜨기 1코(총 20코)
- 36~130단: 메리야스뜨기 95단
- 131단: 겉뜨기 1코, 오른코 모아뜨기, 3코 남을 때까지 겉뜨기, 2코 모아뜨기, 겉뜨기 1코(총 18코)
- 132~142단: 메리야스뜨기 11단
- 143단: 겉뜨기 1코, 오른코 모아뜨기, 3코 남을 때까지 겉뜨기, 2코 모아뜨기, 겉뜨기 1코(총 16코)
- 144단: 안뜨기 1단
- 145~152단: [143~144단] 4회 반복(총 8코)
- 153~156단: 메리야스뜨기 4단
- 157단: 겉뜨기 1코, 오른코 모아뜨기, 3코 남을 때까지 겉뜨기, 2코 모아뜨기, 겉뜨기 1코(총 6코)
- 158~160단: 메리야스뜨기 3단
- 161~164단: 157~160단을 반복(총 4코)
- 165단: [2코 모아뜨기] 2회 반복(총 2코)
- 166단: 안뜨기로 2코 모아뜨기(총 1코)

실을 자르고 남은 코 사이로 실을 뺀 후 잡아당겨 마무리한다.

코

검은색 실(4ply, fingering) 한 겹과 대바늘 2.75mm를 사용하여 시작코 10코를 만든다.

- 1~2단: 겉뜨기로 시작하여 메리야스뜨기 2단
- 3단: 겉뜨기 7코, (되돌아뜨기하고 편물을 뒤집는다.)
- 4단: 안뜨기 4코, (되돌아뜨기하고 편물을 뒤집는다.)
- 5단: 단의 끝까지 겉뜨기
- 6단: 안뜨기 1단
- 7단: 겉뜨기 3코, 오른코 모아뜨기, 2코 모아뜨기, 겉뜨기 3코(총 8코)
- 8단: 안뜨기 1단
- 9단: 겉뜨기 2코, 오른코 모아뜨기, 2코 모아뜨기, 겉뜨기 2코(총 6코)
- 10단: 안뜨기 1단
- 11단: 겉뜨기 1코, 오른코 모아뜨기, 2코 모아뜨기, 겉뜨기 1코(총 4코)
- 12단: 안뜨기 1단

입을 수놓을 만큼 충분히 실을 남기고 자른다. 남은 코 사이로 실을 뺀 후 잡아당겨 마무리한다.

귀의 겉면(2개)

갈색 실(5ply, sportweight) 두 겹과 대바늘 4.5mm를 사용하여 시작코 11코를 만든다.

- 1~6단: 겉뜨기로 시작하여 메리야스뜨기 6단
- 7단: 겉뜨기 1코, 1코 만들기, 1코 남을 때까지 겉뜨기, 1코 만들기, 겉뜨기 1코(총 13코)
- 8~10단: 메리야스뜨기 3단
- 11단: 겉뜨기 1코, 1코 만들기, 1코 남을 때까지 겉뜨기, 1코 만들기, 겉뜨기 1코(총 15코)
- 12~20단: 메리야스뜨기 9단
- 21단: 겉뜨기 1코, 오른코 모아뜨기, 3코 남을 때까지 겉뜨기, 2코 모아뜨기, 겉뜨기 1코(총 13코)
- 22단: 안뜨기 1단
- 23~26단: [21~22단] 2회 반복(총 9코)

모든 코를 코막음한다.

귀의 안쪽면(2개)

양쪽 귀의 안쪽면 색상을 다르게 뜬다. 작품 사진은 청록색과 보라색이다.

원하는 색상의 실(5ply, sportweight) 두 겹과 대바늘 4.5mm를 사용하여 시작코 9코를 만든다.

- 1~4단: 겉뜨기로 시작하여 메리야스뜨기를 4단 뜬다.
- 5단: 겉뜨기 1코, 1코 만들기, 1코 남을 때까지 겉뜨기, 1코 만들기, 겉뜨기 1코(총 11코)
- 6~8단: 메리야스뜨기 3단
- 9단: 겉뜨기 1코, 1코 만들기, 1코 남을 때까지 겉뜨기, 1코 만들기, 겉뜨기 1코(총 13코)
- 10~16단: 메리야스뜨기 7단

내가 바람을
막아줄게.

- **17단**: 겉뜨기 1코, 오른코 모아뜨기, 3코 남을 때까지 겉뜨기, 2코 모아뜨기, 겉뜨기 1코(총 11코)
- **18단**: 안뜨기 1코, 안뜨기로 2코 모아뜨기, 3코 남을 때까지 안뜨기, 안뜨기로 2코 모아 꼬아뜨기, 안뜨기 1코(총 9코)
- **19단**: 겉뜨기 1코, 오른코 모아뜨기, 3코 남을 때까지 겉뜨기, 2코 모아뜨기, 겉뜨기 1코(총 7코)

모든 코를 코막음한다.

뒷다리(2개)

갈색 실(5ply, sportweight) 두 겹과 대바늘 4.5mm를 사용하여 시작코 11코를 만든다.

- **1단**: 안뜨기 1단
- **2단(겉면)**: 겉뜨기 9코, (되돌아뜨기하고 편물을 뒤집는다)
- **3단**: 안뜨기 6코, (되돌아뜨기하고 편물을 뒤집는다)
- **4단**: 겉뜨기 5코, (되돌아뜨기하고 편물을 뒤집는다)
- **5단**: 단의 끝까지 안뜨기
- **6단**: 5코 만들기, 단의 끝까지 겉뜨기(총 16코)
- **7~18단**: 메리야스뜨기 12단

모든 코를 코막음한다.

목걸이

빨간색 실(5ply, sportweight) 두 겹과 대바늘 4.5mm를 사용하여 시작코 7코를 만든다. 목걸이가 강아지 목에 둘러질 때까지 메리야스뜨기로 뜬 후 모든 코를 코막음한다.

연결하기

❶ 한쪽 앞다리를 접어서 발모양을 만든 후, 솔기에 시침핀을 꽂고 꿰매면서 솜을 채운다. 두 번째 앞다리도 같은 방법으로 작업한다.

❷ 배를 몸통에 시침핀으로 고정한다. 이때 배의 코막음한 단(더 가는 끝부분)이 몸통의 꼬리와 만나도록 놓는다. 배를 몸통에 꿰매면서 솜을 채워 넣는다.

❸ 앞다리를 배 위에 포개어 놓고 평평하게 놓이는지 확인한 후 작품 사진을 참고하여 꿰맨다.

❹ 뒷다리를 접어서 발모양을 만들고 솔기에 시침핀을 꽂은 후 꿰매면서 솜을 채운다. 두 번째 뒷다리도 같은 방법으로 작업한다.

❺ 작품 사진을 참고하여 뒷다리를 몸통에 꿰맨다. 이때 앞다리와 높이가 같은지 확인하여 작업한다.

❻ 머리의 코막음한 단이 뒤통수가 되도록 놓고 머리 아래쪽이 될 솔기를 꿰매며 솜을 채운다. 시작단의 코를 모아 코 모양을 만든다. p.23에 소개된 〈코 모양 만들기〉를 참고하여 머리를 완성한다.

❼ 작품 사진을 참고하여 눈의 위치를 잡아 검은색 단추를 시침핀으로 고정한 후 꿰맨다. 눈 안쪽과 머리 아랫단을 1땀씩 꿰맨 후 실을 아래쪽으로 약간 잡아당겨 고정한다. 두 번째 눈도 같은 방법으로 작업한다. 이렇게 하면 눈이 훨씬 더 사실적으로 보인다.

❽ 귀 겉면과 귀 안쪽면을 안뜨기면끼리 맞대고 가장자리를 꼼꼼하게 꿰맨다. 두 번째 귀도 같은 방법으로 작업한다. 작품 사진을 참고하여 머리 위에 귀를 시침핀으로 고정한 후 꿰맨다.

❾ 얼굴 정면에 코를 꿰매고 남은 실을 사용하여 코끝에 스트레이트 스티치로 입을 수놓는다.

❿ 몸통에 머리를 단단히 고정한다. 목걸이를 강아지 목에 두른 후, 시작단과 마지막 단을 서로 꿰맨다.

반으로 접어서 (대바늘로 떠서 잇기)기법으로 코막음한다.

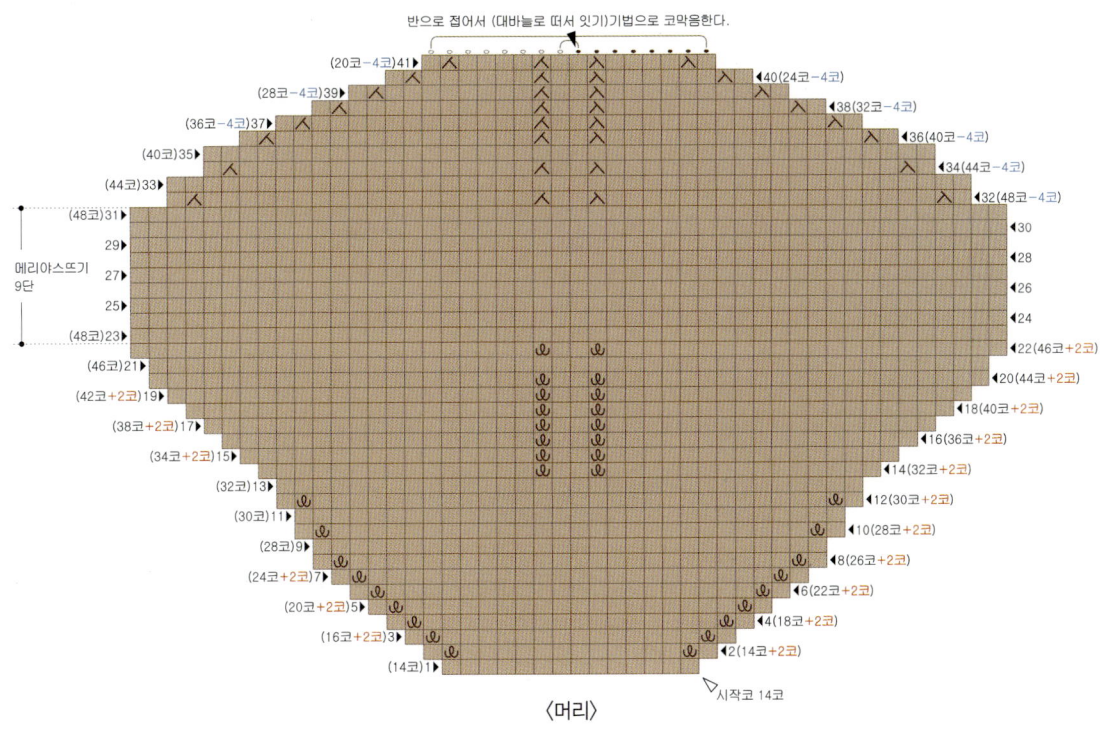

(20코-4코)41▶
40(24코-4코)▶

(28코-4코)39▶
◀38(32코-4코)

(36코-4코)37▶
◀36(40코-4코)

(40코)35▶
◀34(44코-4코)

(44코)33▶
◀32(48코-4코)

(48코)31▶
◀30

29▶
◀28

27▶
◀26

25▶
◀24

(48코)23▶
◀22(46코+2코)

(46코)21▶
◀20(44코+2코)

(42코+2코)19▶
◀18(40코+2코)

(38코+2코)17▶
◀16(36코+2코)

(34코+2코)15▶
◀14(32코+2코)

(32코)13▶
◀12(30코+2코)

(30코)11▶
◀10(28코+2코)

(28코)9▶
◀8(26코+2코)

(24코+2코)7▶
◀6(22코+2코)

(20코+2코)5▶
◀4(18코+2코)

(16코+2코)3▶
◀2(14코+2코)

(14코)1▶
시작코 14코

메리야스뜨기
9단

〈머리〉

45

<몸통, 앞다리, 꼬리>

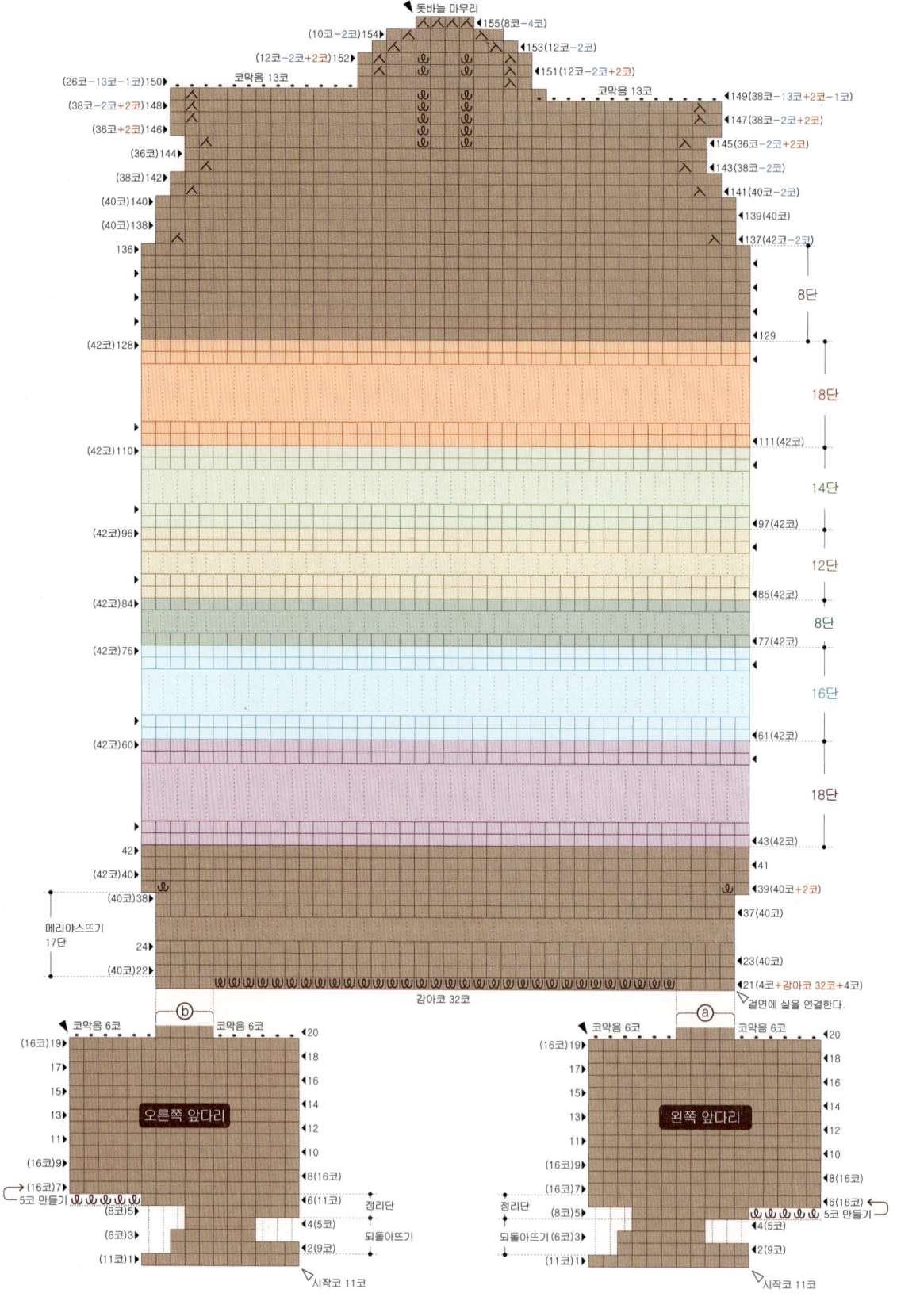

돗바늘 마무리

(10코-2코)154▶   ◀155(8코-4코)
(12코-2코+2코)152▶   ◀153(12코-2코)
                        ◀151(12코-2코+2코)
(26코-13코-1코)150▶   코막음 13코   ◀149(38코-13코+2코-1코)
(38코-2코+2코)148▶   코막음 13코   ◀147(38코-2코+2코)
(36코+2코)146▶   ◀145(36코-2코+2코)
(36코)144▶   ◀143(38코-2코)
(38코)142▶   ◀141(40코-2코)
(40코)140▶   ◀139(40코)
(40코)138▶   ◀137(42코-2코)
136▶   8단
                                    ◀129
(42코)128▶   18단
                                    ◀111(42코)
(42코)110▶   14단
                                    ◀97(42코)
(42코)96▶   12단
                                    ◀85(42코)
(42코)84▶   8단
(42코)76▶   ◀77(42코)
                                    16단
(42코)60▶   ◀61(42코)
                                    18단
42▶   ◀43(42코)
(42코)40▶   ◀41
(40코)38▶   ◀39(40코+2코)
메리야스뜨기   ◀37(40코)
17단
24▶   ◀23(40코)
(40코)22▶   ◀21(4코+감아코 32코+4코)
                                    ▷겉면에 실을 연결한다.
감아코 32코

ⓑ   ⓐ
◀코막음 6코   코막음 6코▶20   ◀코막음 6코   코막음 6코▶20
(16코)19▶   ◀18   (16코)19▶   ◀18
17▶   ◀16   17▶   ◀16
15▶   ◀14   15▶   ◀14
13▶   오른쪽 앞다리   ◀12   13▶   왼쪽 앞다리   ◀12
11▶   ◀10   11▶   ◀10
(16코)9▶   ◀8(16코) (16코)9▶   ◀8(16코)
→(16코)7▶   ◀6(11코)   정리단   (16코)7▶◀6(16코)←
5코 만들기   정리단   되돌아뜨기(6코)3▶   5코 만들기
(8코)5▶   ◀4(5코)   ◀4(5코)
(6코)3▶   되돌아뜨기   (11코)1▶   ◀2(9코)
(11코)1▶   ◀2(9코)
▽시작코 11코   ▽시작코 11코

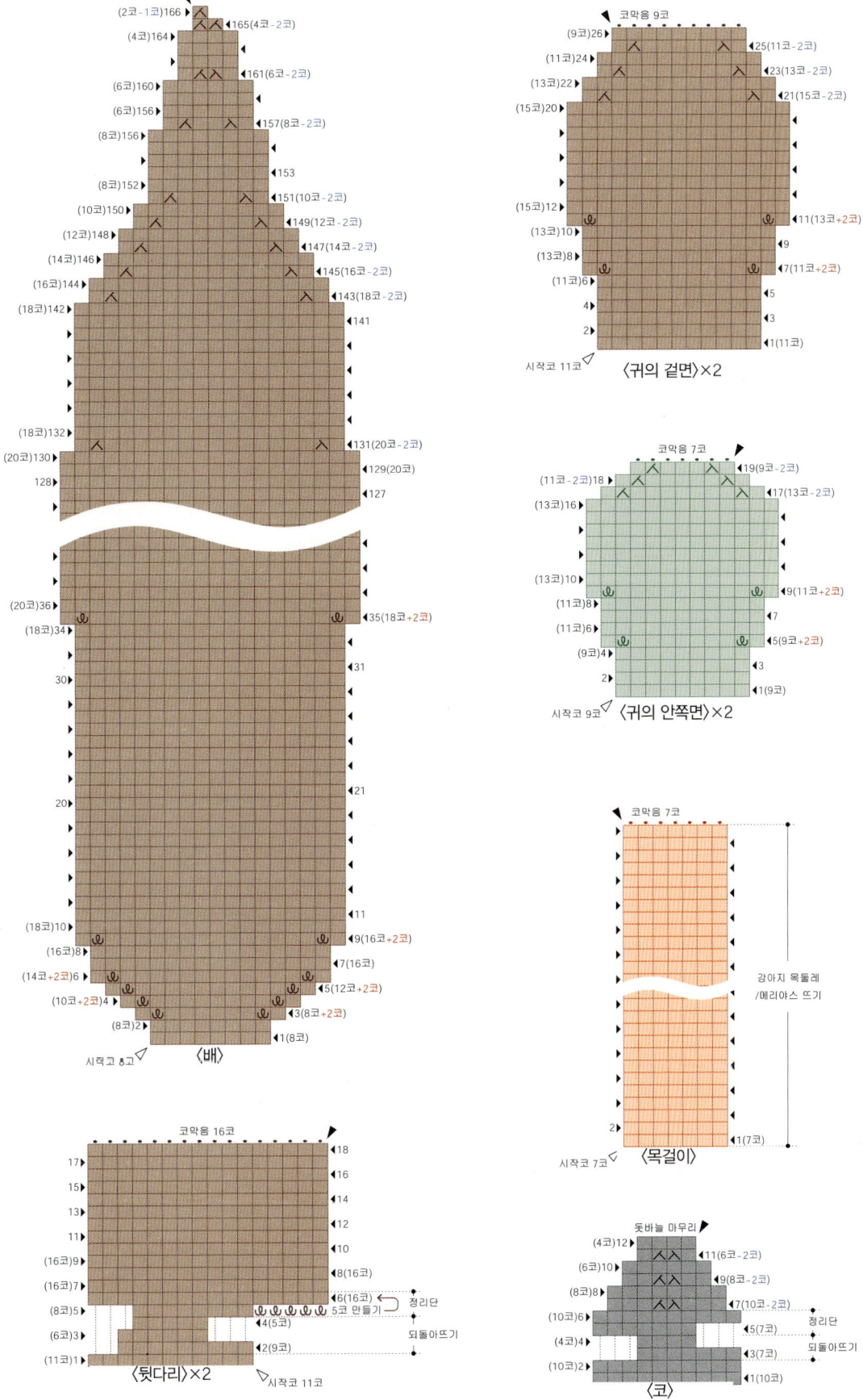

(2코 - 1코)166
◀165(4코 - 2코)
(4코)164 ▶
(6코)160 ▶
◀161(6코 - 2코)
(6코)156 ▶
◀157(8코 - 2코)
(8코)156 ▶
◀153
(8코)152 ▶
◀151(10코 - 2코)
(10코)150 ▶
◀149(12코 - 2코)
(12코)148 ▶
◀147(14코 - 2코)
(14코)146 ▶
◀145(16코 - 2코)
(16코)144 ▶
◀143(18코 - 2코)
(18코)142 ▶
◀141
(18코)132 ▶
◀131(20코 - 2코)
(20코)130 ▶
◀129(20코)
128 ▶
◀127
(20코)36 ▶
◀35(18코 +2코)
(18코)34 ▶
30 ▶
◀31
20 ▶
◀21
◀11
(18코)10 ▶
◀9(16코 +2코)
(16코)8 ▶
◀7(16코)
(14코 +2코)6 ▶
◀5(12코 +2코)
(10코 +2코)4 ▶
◀3(8코 +2코)
(8코)2 ▶
◀1(8코)
시작코 8코 ▷
〈배〉

코막음 9코
(9코)26 ▶
◀25(11코 - 2코)
(11코)24 ▶
◀23(13코 - 2코)
(13코)22 ▶
◀21(15코 - 2코)
(15코)20 ▶
(15코)12 ▶
◀11(13코 +2코)
(13코)10 ▶
◀9
(13코)8 ▶
◀7(11코 +2코)
(11코)6 ▶
◀5
4 ▶
◀3
2 ▶
◀1(11코)
시작코 11코 ▷
〈귀의 겉면〉×2

코막음 7코
◀19(9코 - 2코)
(11코 - 2코)18 ▶
◀17(13코 - 2코)
(13코)16 ▶
(13코)10 ▶
◀9(11코 +2코)
(11코)8 ▶
◀7
(11코)6 ▶
◀5(9코 +2코)
(9코)4 ▶
◀3
2 ▶
◀1(9코)
시작코 9코 ▷
〈귀의 안쪽면〉×2

코막음 7코
강아지 목둘레
/메리야스 뜨기
2 ▶
◀1(7코)
시작코 7코 ▷
〈목걸이〉

코막음 16코
17 ▶
◀18
15 ▶
◀16
13 ▶
◀14
11 ▶
◀12
(16코)9 ▶
◀10
(16코)7 ▶
◀8(16코)
◀6(16코)
5코 만들기
정리단
(8코)5 ▶
◀4(5코)
(6코)3 ▶
되돌아뜨기
(11코)1 ▶
◀2(9코)
〈뒷다리〉×2
시작코 11코 ▷

돗바늘 마무리
(4코)12 ▶
◀11(6코 - 2코)
(6코)10 ▶
◀9(8코 - 2코)
(8코)8 ▶
◀7(10코 - 2코)
(10코)6 ▶
정리단
(4코)4 ▶
◀5(7코)
◀3(7코)
되돌아뜨기
(10코)2 ▶
◀1(10코)
〈코〉

3. 복슬복슬 털 많은 플러피 Fluffy Floppy Dog

누구나 플러피를 좋아합니다. 털이 굉장히 부드러워서 껴안고 싶거든요. 이 강아지는 꿰매기 쉽도록 몸통과 다리를 1장으로 떴습니다.

준비물
- 인조모피사 75m
- 회색 실(5ply, sportweight) 20m
- 검은색 실(4ply, fingering) 약간
- 파란색 실(5ply, sportweight) 약간
- 인형눈: 16mm 검은색 기둥단추 2개
- 장난감용 구름솜

바늘
- 대바늘 4.5mm(영국 7호, 미국 7호)
- 대바늘 2.75mm(영국 12호, 미국 2호)
- 대바늘 3.25mm(영국 10호, 미국 3호)

게이지
- 대바늘 4.5mm와 인조모피사를 사용하여 메리야스뜨기로 10cm=15~16코

완성 사이즈
- 코부터 꼬리까지 길이: 25cm

⚠ 주의
이 강아지는 메리야스뜨기로 뜹니다. 봉제할 때에는 안뜨기면의 털이 더 복슬거리므로 안뜨기면을 겉면으로 사용합니다.

몸통과 다리(1장으로 만든다, 안뜨기면이 겉면이 된다)

인조모피사와 대바늘 4.5mm를 사용하여 시작코 42코를 만든다.
- 1~3단: 안뜨기로 시작하여 메리야스뜨기 3단
- 4단: 겉뜨기 1코, 1코 만들기, 1코 남을 때까지 겉뜨기, 1코 만들기, 겉뜨기 1코(총 44코)
- 5~7단: 메리야스뜨기 3단
- 8단: 겉뜨기 1코, 2코 모아뜨기, 3코 남을 때까지 겉뜨기, 2코 모아뜨기, 겉뜨기 1코(총 42코)
- 9~11단: 메리야스뜨기 3단
- 12단: 12코 코막음, 단의 끝까지 겉뜨기(총 30코)
- 13단: 12코 코막음, 단의 끝까지 안뜨기(총 18코)
- 14~29단: 겉뜨기로 시작하여 메리야스뜨기 16단
- 30단: 12코 만들기, 단의 끝까지 겉뜨기(총 30코)
- 31단: 12코 만들기, 단의 끝까지 안뜨기(총 42코)

- 32~34단: 겉뜨기로 시작하여 메리야스뜨기 3단
- 35단: 안뜨기 1코, 1코 만들기, 1코 남을 때까지 안뜨기, 1코 만들기, 안뜨기 1코(총 44코)
- 36~38단: 메리야스뜨기 3단
- 39단: 안뜨기 1코, 안뜨기로 2코 모아뜨기, 3코 남을 때까지 안뜨기, 안뜨기로 2코 모아뜨기, 안뜨기 1코(총 42코)
- 40~45단: 메리야스뜨기 6단
- 46단: 겉뜨기 1코, 1코 만들기, 1코 남을 때까지 겉뜨기, 1코 만들기, 겉뜨기 1코(총 44코)
- 47~49단: 메리야스뜨기 3단
- 50단: 겉뜨기 1코, 2코 모아뜨기, 3코 남을 때까지 겉뜨기, 2코 모아뜨기, 겉뜨기 1코(총 42코)
- 51~53단: 메리야스뜨기 3단
- 54단: 12코 코막음, 단의 끝까지 겉뜨기(총 30코)
- 55단: 12코 코막음, 단의 끝까지 안뜨기(총 18코)
- 56단: 겉뜨기 1코, 1코 만들기, 1코 남을 때까지 겉뜨기, 1코 만들기, 겉뜨기 1코(총 20코)
- 57~70단: 메리야스뜨기 14단
- 71단: 안뜨기 1코, 안뜨기로 2코 모아뜨기, 3코 남을 때까지 안뜨기, 안뜨기로 2코 모아뜨기, 안뜨기 1코(총 18코)
- 72단: 12코 만들기, 단의 끝까지 겉뜨기(총 30코)
- 73단: 12코 만들기, 단의 끝까지 안뜨기(총 42코)
- 74~76단: 겉뜨기로 시작하여 메리야스뜨기 3단
- 77단: 안뜨기 1코, 1코 만들기, 1코 남을 때까지 안뜨기, 1코 만들기, 안뜨기 1코(총 44코)
- 78~80단: 메리야스뜨기 3단
- 81단: 안뜨기 1코, 안뜨기로 2코 모아뜨기, 3코 남을 때까지 안뜨기, 안뜨기로 2코 모아뜨기, 안뜨기 1코(총 42코)
- 82~84단: 메리야스뜨기 3단

모든 코를 코막음한다.

머리(안뜨기면이 겉면이 된다)

인조모피사와 대바늘 4.5mm를 사용하여 시작코 12코를 만든다.

- 1단: [1코 늘리기] 12회 반복(총 24코)
- 2~14단: 안뜨기로 시작하여 메리야스뜨기 13단
- 15단: 겉뜨기 8코, [1코 늘리기] 8회 반복, 겉뜨기 8코(총 32코)
- 16단: 안뜨기 1단
- 17단: 겉뜨기 8코, [1코 늘리기] 16회 반복, 겉뜨기 8코(총 48코)
- 18~22단: 메리야스뜨기 5단
- 23단: 겉뜨기 8코, [2코 모아뜨기] 16회 반복, 겉뜨기 8코 (총 32코)
- 24단: 안뜨기 1단

〈대바늘로 떠서 잇기(p.21 참고)〉 기법으로 대바늘 3개를 사용하여 코막음한다.

코

검은색 실(4ply, fingering)과 대바늘 2.75mm를 사용하여 시작코 5코를 만든다.

- 1단: 안뜨기 1단
- 2단: 겉뜨기 1코, 1코 만들기, 1코 남을 때까지 겉뜨기, 1코 만들기, 겉뜨기 1코(총 7코)

- 3단: 안뜨기 1단
- 4~5단: 2~3단을 반복(총 9코)
- 6~9단: 메리야스뜨기 4단
- 10단: 겉뜨기 1코, 오른코 모아뜨기, 3코 남을 때까지 겉뜨기, 2코 모아뜨기, 겉뜨기 1코(총 7코)
- 11단: 안뜨기 1단
- 12~13단: 10~11단을 반복(총 5코)

모든 코를 코막음한다.

귀의 겉면(2개, 안뜨기면이 겉면이 된다)

인조모피사와 대바늘 4.5mm를 사용하여 시작코 8코를 만든다.

- 1~4단: 겉뜨기로 시작하여 메리야스뜨기 4단
- 5단: 겉뜨기 1코, 1코 만들기, 1코 남을 때까지 겉뜨기, 1코 만들기, 겉뜨기 1코(총 10코)
- 6~10단: 메리야스뜨기 5단
- 11~16단: 5~10단을 반복(총 12코)
- 17단: 겉뜨기 1코, 2코 모아뜨기, 3코 남을 때까지 겉뜨기, 2코 모아뜨기, 겉뜨기 1코(총 10코)
- 18단: 안뜨기 1단
- 19~20단: 17~18단을 반복(총 8코)

모든 코를 코막음한다.

귀의 안쪽면(2개)

회색 실(5ply, sportweight)과 대바늘 3.25mm를 사용하여 시작코 8코를 만든다.

- 1~6단: 겉뜨기로 시작하여 메리야스뜨기 6단
- 7단: 겉뜨기 1코, 1코 만들기, 1코 남을 때까지 겉뜨기, 1코 만들기, 겉뜨기 1코(총 10코)
- 8~14단: 메리야스뜨기 7단
- 15~22단: 7~14단을 반복(총 12코)
- 23단: 겉뜨기 1코, 오른코 모아뜨기, 3코 남을 때까지 겉뜨기, 2코 모아뜨기, 겉뜨기 1코(총 10코)
- 24단: 안뜨기 1단
- 25단: 겉뜨기 1코, 오른코 모아뜨기, 3코 남을 때까지 겉뜨기, 2코 모아뜨기, 겉뜨기 1코(총 8코)
- 26단: 안뜨기 1코 , 안뜨기로 2코 모아뜨기, 3코 남을 때까지 안뜨기, 안뜨기로 2코 모아 꼬아뜨기, 안뜨기 1코(총 6코)

모든 코를 코막음한다.

꼬리

인조모피사와 대바늘 4.5mm를 사용하여 시작코 10코를 만든다.

- 1~6단: 겉뜨기로 시작하여 메리야스뜨기 6단
- 7단: 겉뜨기 1코, 1코 만들기, 겉뜨기 3코, 1코 만들기, 겉뜨기 2코, 1코 만들기, 겉뜨기 3코, 1코 만들기, 겉뜨기 1코 (총 14코)
- 8~12단: 메리야스뜨기 5단
- 13단: [2코 모아뜨기] 7회 반복(총 7코)

마무리할 실을 남긴 채 실을 자르고 돗바늘에 끼운 후, 남은 코 사이로 통과시키고 단단히 잡아당겨 마무리한다. 남은 실로 꼬리의 옆솔기를 꿰맨다.

연결하기

1. 머리의 안뜨기면이 겉면이 되도록 놓은 후 시작단의 코를 모아 입구를 막는다. 이 부분이 얼굴의 정면이 된다. 머리 아래쪽이 될 솔기를 꿰매며 솜을 채운다. 코막음한 단이 머리의 뒤통수가 된다.

2. 코의 가장자리 둘레를 홈질한 후 살짝 잡아당겨 조여서 모아준 후 얼굴 정면 중앙에 꿰맨다. 이때 솜을 약간 넣는다.

3. 작품 사진을 참고하여 검은색 단추를 꿰매서 눈을 만든다.

4. 귀의 안쪽면을 귀의 겉면에 시침핀으로 고정한다. 이때 귀의 겉면은 안뜨기면(복슬거리는 부분)이, 귀의 안쪽면은 겉뜨기면이 겉면이 되도록 한다. 귀의 안쪽면을 귀의 겉면에 꼼꼼하게 손바느질한 후 두 번째 귀도 같은 방법으로 작업한다. 머리 위에 완성된 귀의 위치를 잡아 시침핀으로 고정한 후 단단하게 꿰맨다.

5. 몸통을 연결하기 위해서는 시작단과 마지막 단이 만나도록 반으로 접는다(오른쪽 도식화 참고). 강아지 몸통과 다리가 완성된 모양이 보이면, 몸통의 다리와 옆솔기를 꿰매면서

솜을 채운다. 몸통을 쓰다듬으면 인조모피의 '털'이 한쪽 방향으로 가는데, 이를 강아지의 뒤쪽으로 넘긴다.

6. 꼬리의 끝에 솜을 약간 채우고 작품 사진을 참고하여 강아지의 엉덩이에 꼬리를 꿰맨다.

목걸이

파란색 실(5ply, sportweight)과 대바늘 3.25mm를 사용하여 시작코 6코를 만든다. 목걸이가 강아지의 목에 둘러질 때까지 메리야스뜨기 한 후 모든 코를 코막음한다. 목걸이를 강아지의 목에 두른 후, 시작단과 마지막 단을 서로 꿰맨다.

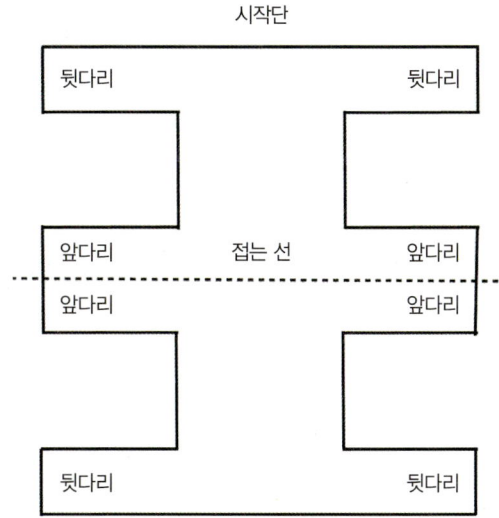

시작단

뒷다리		뒷다리
앞다리	접는 선	앞다리
앞다리		앞다리
뒷다리		뒷다리

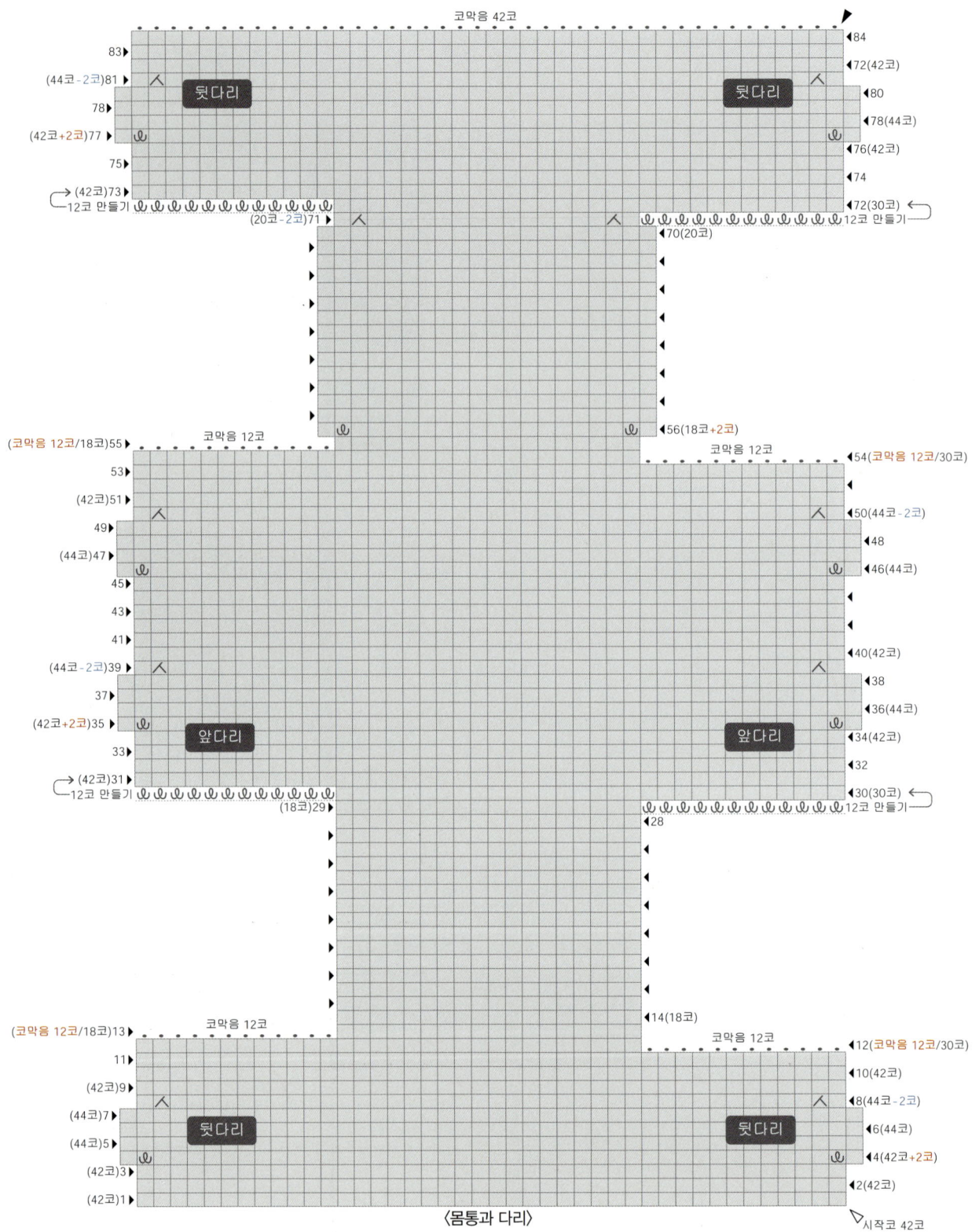

〈몸통과 다리〉

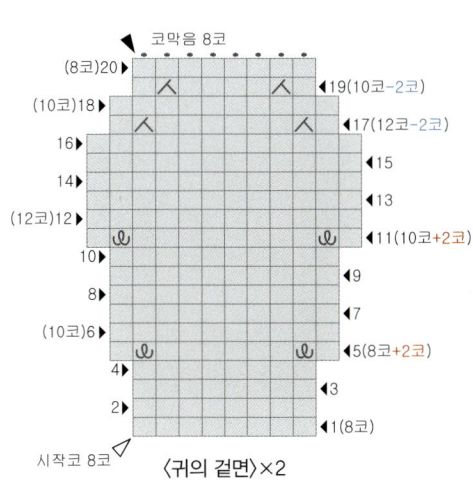

코막음 8코

(8코)20▶ 19(10코-2코)◀
(10코)18▶ 17(12코-2코)◀
16▶ 15◀
14▶ 13◀
(12코)12▶ 11(10코+2코)◀
10▶ 9◀
8▶ 7◀
(10코)6▶ 5(8코+2코)◀
4▶ 3◀
2▶ 1(8코)◀

시작코 8코 〈귀의 겉면〉×2

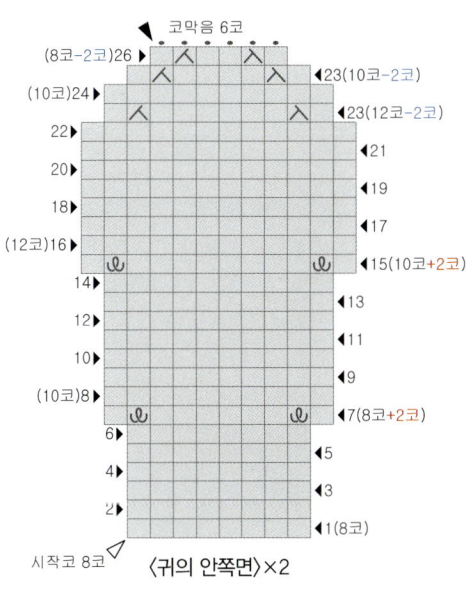

코막음 6코

(8코-2코)26▶ 23(10코-2코)◀
(10코)24▶ 23(12코-2코)◀
22▶ 21◀
20▶ 19◀
18▶ 17◀
(12코)16▶ 15(10코+2코)◀
14▶ 13◀
12▶ 11◀
10▶ 9◀
(10코)8▶ 7(8코+2코)◀
6▶ 5◀
4▶ 3◀
2▶ 1(8코)◀

시작코 8코 〈귀의 안쪽면〉×2

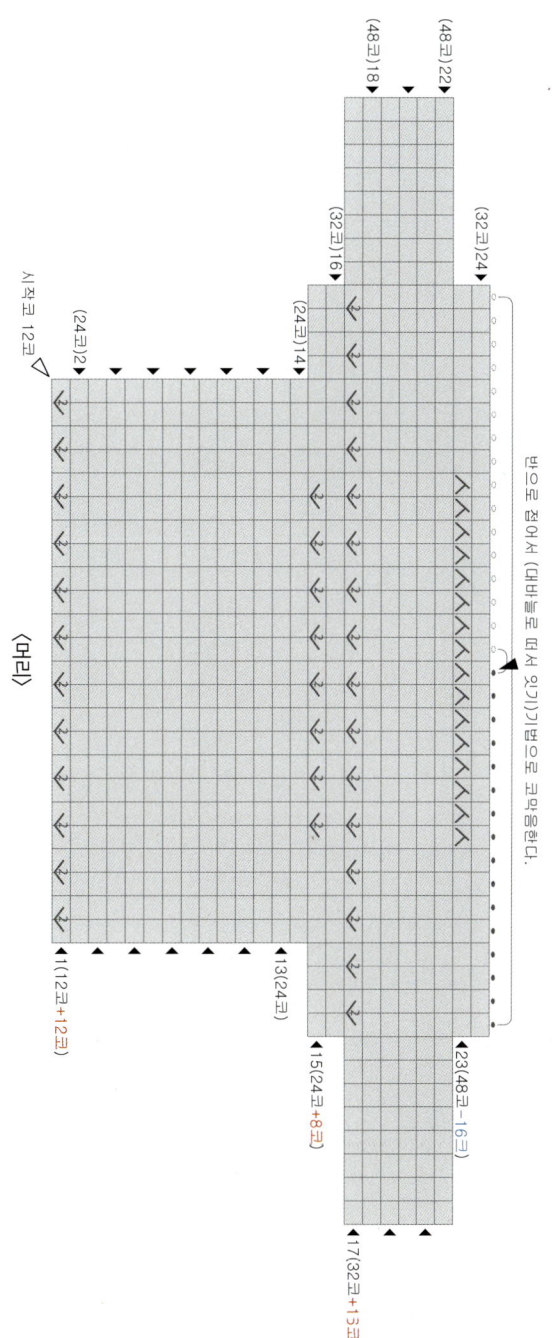

(48코)18 (48코)22

(32코)16 (32코)24

(24코)14 (24코)2

시작코 12코

(24코)2

〈머리〉

1(12코+12코)◀

13(24코)◀

15(24코+8코)◀

17(32코+13코)◀

23(48코-16코)◀

반으로 접어서 (대바늘로 떠서 잇기)기법으로 코막음한다.

53

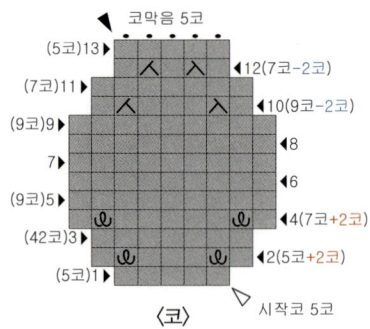

코막음 5코

(5코)13▶
◀12(7코-2코)
(7코)11▶
◀10(9코-2코)
(9코)9▶
◀8
7▶
◀6
(9코)5▶
◀4(7코+2코)
(42코)3▶
◀2(5코+2코)
(5코)1▶

〈코〉

시작코 5코

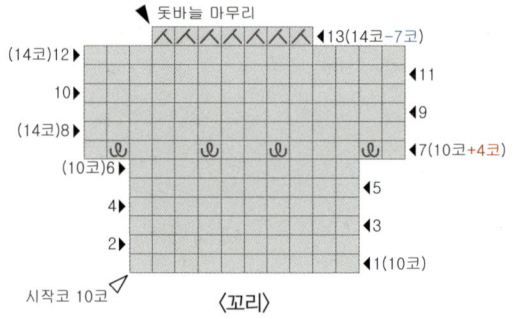

돗바늘 마무리

(14코)12▶
◀13(14코-7코)
10▶
◀11
(14코)8▶
◀9
(10코)6▶
◀7(10코+4코)
4▶
◀5
2▶
◀3
◀1(10코)

시작코 10코

〈꼬리〉

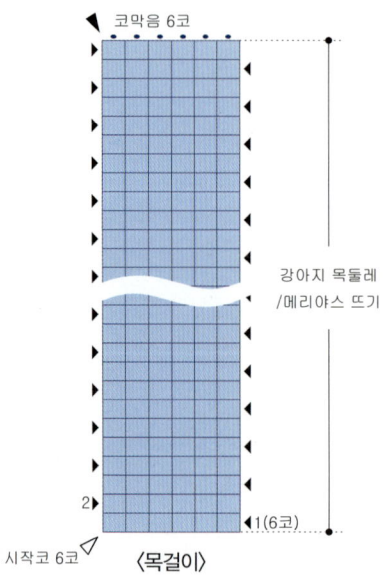

코막음 6코

강아지 목둘레
/메리야스 뜨기

2▶
◀1(6코)

시작코 6코

〈목걸이〉

4. 서커스 강아지 Circus Dogs

장난기 많은 이 강아지들은 손에 딱 들어가는 사이즈로 발랄한 표정은 누구라도 미소 짓게 만듭니다. PP 알갱이가 담긴 주머니를 안에 넣으면 강아지들로 저글링도 할 수 있습니다.

준비물
- 주황색, 하늘색, 레몬색, 갈색 실(5ply, sportweight) 각 40m씩
- 안전핀
- 여분의 바늘
- PP 알갱이가 담긴 작은 천 주머니
- 인형눈: 6mm 검은색 단추눈 2개
- 검은색 면사와 봉제용 바늘

바늘
- 대바늘 3.25mm(영국 10호, 미국 3호)

게이지
- 대바늘 3.25mm와 5ply실(sportweight)을 사용하여 메리야스뜨기로 2cm=5코

완성 사이즈
- 키: 대략 8cm

⚠ 주의
몸통을 위해 한 가지 색(메인 색실)을 고르고, 배색용으로 두 가지 색(배색실 1, 배색실 2)을 고릅니다. 갈색으로는 코와 귀를 뜹니다.

머리, 뒷몸통, 꼬리
❶ 꼬리부터 뜨기 시작한다. 메인 색실을 사용하여 시작코 4코를 만든다.
- 1~4단: 겉뜨기로 시작하여 메리야스뜨기 4단
- 5단: 겉뜨기 1코, 1코 만들기, 겉뜨기 2코, 1코 만들기, 겉뜨기 1코(총 6코)
- 6~8단: 메리야스뜨기 3단
- 9단: 9코 만들기, 단의 끝까지 겉뜨기(총 15코)
- 10단: 9코 만들기, 단의 끝까지 안뜨기(총 24코)
- 11단: 겉뜨기 1코, 1코 만들기, 1코 남을 때까지 겉뜨기, 1코 만들기, 겉뜨기 1코(총 26코)
- 12단: 안뜨기 1단
- 13단: 겉뜨기 1코, 오른코 모아뜨기, 겉뜨기 7코, 2코 모아뜨기, 겉뜨기 2코, 오른코 모아뜨기, 겉뜨기 7코, 2코 모아뜨기, 겉뜨기 1코(총 22코)
- 14~16단: 메리야스뜨기 3단

- 17단: 겉뜨기 1코, 오른코 모아뜨기, 겉뜨기 5코, 2코 모아뜨기, 겉뜨기 2코, 오른코 모아뜨기, 겉뜨기 5코, 2코 모아뜨기, 겉뜨기 1코(총 18코)
- 18~20단: 메리야스뜨기 3단
- 21단: 겉뜨기 1코, 오른코 모아뜨기, 겉뜨기 3코, 2코 모아뜨기, 겉뜨기 2코, 오른코 모아뜨기, 겉뜨기 3코, 2코 모아뜨기, 겉뜨기 1코(총 14코)
- 22단: 안뜨기 1단
- 23단: 4코 코막음, 겉뜨기 5코, 남아 있는 4코 코막음(총 6코)

바늘에 걸려 있는 6코(그림 도안의 ⓐ)를 안전핀이나 여분의 바늘에 걸어 둔다.

지금부터 봉제했을 때 머리 옆부분이 될 조각 2개를 뜬다.

❷ 메인 색실을 사용하여 시작코 8코를 만들고 안뜨기로 시작하여 메리야스뜨기를 3단 뜬다.

안전핀에 8코(그림 도안의 ⓑ)를 걸어 둔다.

❸ 두 번째 조각을 뜨기 위해서 메인 색실을 사용하여 시작코 8코를 만든다.
- 1~3단: 안뜨기로 시작하여 메리야스뜨기 3단
- 4단(겉면): 겉뜨기 1코, 1코 만들기, (바늘에 남아 있는) 7코는 겉뜨기, (안전핀에 걸어 두었던 그림 도안의 ⓐ) 6코를 이어서 겉뜨기, (안전핀에 걸어 두었던 그림 도안의 ⓑ) 7코를 이어서 겉뜨기, 1코 만들기, ⓑ의 남은 1코(총 24코)
- 5단: 안뜨기 11코, 1코 만들기, 안뜨기 2코, 1코 만들기, 안뜨기 11코(총 26코)
- 6~9단: 메리야스뜨기 4단
- 10단: 겉뜨기 1코, 오른코 모아뜨기, 겉뜨기 6코, 2코 모아뜨기, 겉뜨기 4코, 오른코 모아뜨기, 겉뜨기 6코, 2코 모아뜨기, 겉뜨기 1코(총 22코)
- 11단: 안뜨기 8코, 안뜨기로 2코 모아뜨기, 안뜨기 2코, 안뜨기로 2코 모아 꼬아뜨기, 안뜨기 8코(총 20코)
- 12단: 8코 코막음, 겉뜨기 3코, 남아 있는 8코 코막음(총 4코)

안쪽면에서 남아 있는 4코에 실을 연결한다.
- 13~15단: 메리야스뜨기 3단
- 16단: 겉뜨기 1코, 1코 만들기, 겉뜨기 2코, 1코 만들기, 겉뜨기 1코(총 6코)
- 17~29단: 메리야스뜨기 13단
- 30단: 겉뜨기 1코, 오른코 모아뜨기, 2코 모아뜨기, 겉뜨기 1코(총 4코)
- 31단: 안뜨기 1단

모든 코를 코막음한다.

북을 둥둥 울려 주세요!

- 26단: 겉뜨기 1코, 오른코 모아뜨기, 겉뜨기 1코, 2코 모아뜨기, 겉뜨기 1코(총 5코)
- 27단: 안뜨기 1단
- 28단: 오른코 모아뜨기, 겉뜨기 1코, 2코 모아뜨기(총 3코)

모든 코를 코막음한다.

팔과 다리(4개)

배색실 1을 사용하여 시작코 4코를 만든다.

- 1~4단: 겉뜨기로 시작하여 메리야스뜨기 4단
- 5단: 겉뜨기 1코, 2코 모아뜨기, 겉뜨기 1코(총 3코)
- 6단: 안뜨기 1코, 1코 만들기, 안뜨기 2코(총 4코)
- 7~10단: 메리야스뜨기 4단

모든 코를 코막음한다.

코

갈색 실을 사용하여 시작코 3코를 만든다.

- 1단: 안뜨기 1단
- 2단: 겉뜨기 1코, 1코 만들기, 1코 남을 때까지 겉뜨기, 1코 만들기, 겉뜨기 1코(총 5코)
- 3단: 안뜨기 1단
- 4~5단: 2~3단을 반복(총 7코)
- 6단: 겉뜨기 1코, 오른코 모아뜨기, 겉뜨기 1코, 2코 모아뜨기, 겉뜨기 1코(총 5코)
- 7단: 안뜨기 1단

모든 코를 코막음한다.

앞몸통

배색실 1을 사용하여 시작코 12코를 만든다.

- 1단: 겉뜨기 1코, 1코 만들기, 1코 남을 때까지 겉뜨기, 1코 만들기, 겉뜨기 1코(총 14코)
- 2단: 안뜨기 1단
- 3단: 겉뜨기 1코, 오른코 모아뜨기, 3코 남을 때까지 겉뜨기, 2코 모아뜨기, 겉뜨기 1코(총 12코)
- 4~6단: 메리야스뜨기 3단
- 7~14단: [3~6단] 2회 반복(총 8코)
- 15단: 겉뜨기 1코, 오른코 모아뜨기, 3코 남을 때까지 겉뜨기, 2코 모아뜨기, 겉뜨기 1코(총 6코)
- 16단: 안뜨기 1단

모든 코를 코막음한다.

바닥과 배

꼬리 끝부터 시작한다. 배색실 2를 사용하여 시작코 3코를 만든다.

- 1단: 안뜨기 1단
- 2단(겉면): 겉뜨기 1코, 1코 만들기, 1코 남을 때까지 겉뜨기, 1코 만들기, 겉뜨기 1코(총 5코)
- 3~5단: 메리야스뜨기 3단
- 6~17단: [2~5단] 3회 반복(총 11코)
- 18단: 3코 코막음, 겉뜨기 4코, 남아 있는 3코 코막음(총 5코)

안쪽면에서 남아 있는 5코에 실을 연결한다.

- 19단: 안뜨기 1단
- 20단: 겉뜨기 1코, 1코 만들기, 1코 남을 때까지 겉뜨기, 1코 만들기, 겉뜨기 1코(총 7코)
- 21~25단: 메리야스뜨기 5단

귀의 겉면(2개)

갈색 실을 사용하여 시작코 4코를 만든다.

- 1~4단: 겉뜨기로 시작하여 메리야스뜨기 4단
- 5단: 겉뜨기 1코, 1코 만들기, 겉뜨기 2코, 1코 만들기, 겉뜨기 1코(총 6코)
- 6~8단: 메리야스뜨기 3단
- 9단: 겉뜨기 1코, 오른코 모아뜨기, 2코 모아뜨기, 겉뜨기 1코(총 4코)
- 10단: 안뜨기 1단

모든 코를 코막음한다.

귀의 안쪽면(2개)

배색실 2를 사용하여 시작코 3코를 만든다.

- 1~4단: 겉뜨기로 시작하여 메리야스뜨기 4단
- 5단: 겉뜨기 1코, 1코 만들기, 겉뜨기 1코, 1코 만들기, 겉뜨기 1코(총 5코)
- 6~8단: 메리야스뜨기 3단
- 9단: 오른코 모아뜨기, 겉뜨기 1코, 2코 모아뜨기(총 3코)
- 10단: 안뜨기 1단

모든 코를 코막음한다.

연결하기

❶ 머리부터 연결하기 시작한다. 머리 양쪽 옆면의 아랫솔기를 오른쪽 사진에 보이는 것처럼 꿰맨다. 머리 윗조각을 머리 옆면 위쪽 가장자리에 꿰매어 머리 윗부분 모양을 만든다. 코막음한 단을 머리 옆면을 따라 꿰매고(오른쪽 사진 참고) 솜을 채운다.

❷ 꼬리의 솔기를 꿰매고, 앞몸통과 뒷몸통의 옆솔기를 꿰맨다. 이때 앞몸통의 시작단이 아래로 가게 놓는다. PP 알갱이가 든 주머니를 몸통 안에 넣고 솜을 채운다.

윗조각

머리의 옆면   머리의 옆면   머리의 아랫솔기

뒷몸통   꼬리

머리 꿰매기

왼쪽 위 사진: 뒷몸통과 머리를 꿰맬 준비를 한다.

오른쪽 위 사진: 머리 윗조각을 머리 옆면에 맞춰 꿰맨 후에 솜을 채운다.

왼쪽 아래 사진: 뒷몸통을 반으로 접어서 앞몸통을 연결할 준비를 한다.

❸ 꼬리부터 시작하여 바닥을 몸통에 꿰매고 배는 앞몸통 쪽으로 접은 후 꿰맨다.

❹ 각 팔과 다리는 반으로 접은 후 옆솔기를 꿰맨다. 작품 사진을 참고하여 각 팔과 다리의 위치를 잡아서 꿰맨다. 이때 다리는 배의 양쪽으로 바닥과의 봉제선 위에 꿰매고, 팔은 옆선에서 약간 내려간 곳에 꿰맨다.

❺ 귀의 겉면과 귀의 안쪽면을 꿰맨다. 작품 사진을 참고하여 머리 윗부분에 있는 봉제선에 귀를 단다.

❻ 코는 코막음한 단이 위로 가도록 놓고, 보이는 것처럼 꿰맨다. 남은 실을 사용하여 스트레이트 스티치로 입을 수 놓는다.

❼ 작품 사진을 참고하여 검은색 면사로 검은색 단추눈을 달아 눈을 만든다.

리허설 할 때는 이런 일이 없었는데……

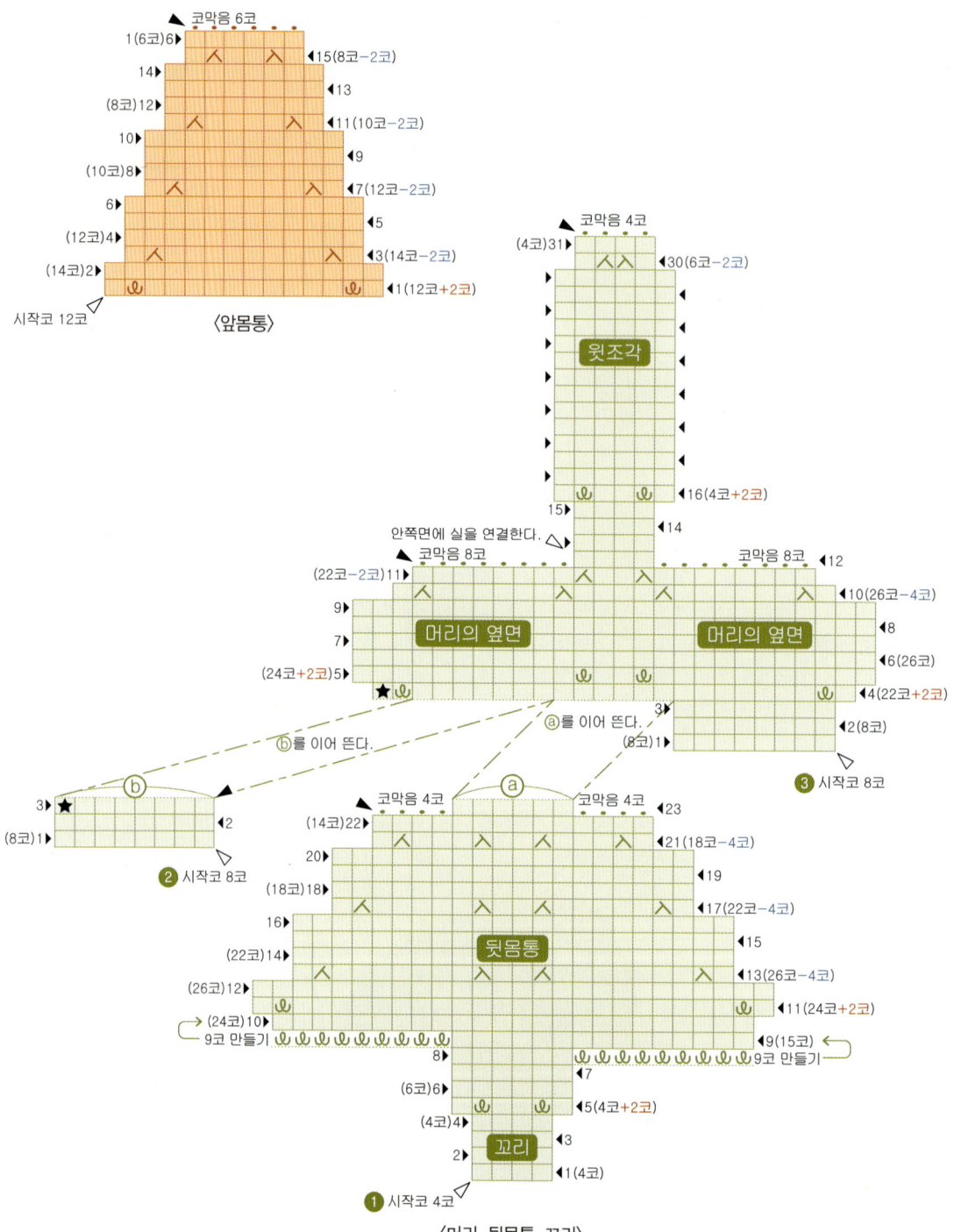

〈앞몸통〉

〈머리, 뒷몸통, 꼬리〉

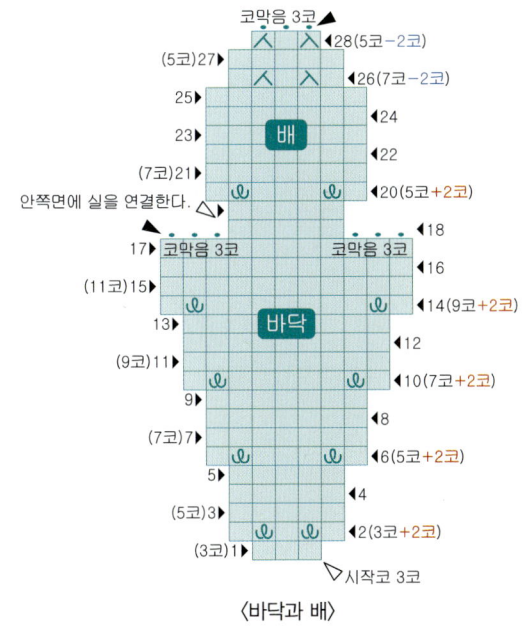

코막음 3코 ▲

(5코)27▶ ◀28(5코−2코)

25▶ ◀26(7코−2코)

23▶ 배 ◀24

(7코)21▶ ◀22

안쪽면에 실을 연결한다. ◀20(5코+2코)

17▶ ◀18
코막음 3코 코막음 3코

(11코)15▶ ◀16

13▶ 바닥 ◀14(9코+2코)

(9코)11▶ ◀12

9▶ ◀10(7코+2코)

(7코)7▶ ◀8

5▶ ◀6(5코+2코)

(5코)3▶ ◀4

(3코)1▶ ◀2(3코+2코)

시작코 3코

〈바닥과 배〉

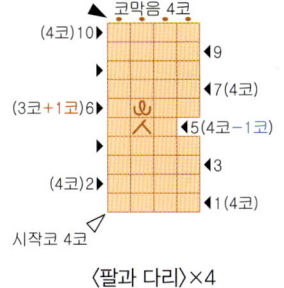

코막음 4코 ▲

(4코)10▶ ◀9

▶ ◀7(4코)

(3코+1코)6▶ ◀5(4코−1코)

▶ ◀3

(4코)2▶ ◀1(4코)

시작코 4코

〈팔과 다리〉×4

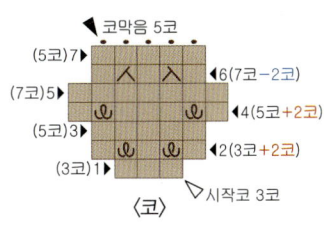

코막음 5코 ▲

(5코)7▶ ◀6(7코−2코)

(7코)5▶ ◀4(5코+2코)

(5코)3▶ ◀2(3코+2코)

(3코)1▶ 시작코 3코

〈코〉

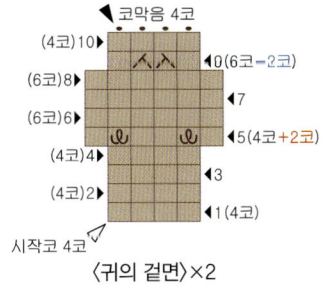

코막음 4코 ▲

(4코)10▶ ◀9(6코−2코)

(6코)8▶ ◀7

(6코)6▶ ◀5(4코+2코)

(4코)4▶ ◀3

(4코)2▶ ◀1(4코)

시작코 4코

〈귀의 겉면〉×2

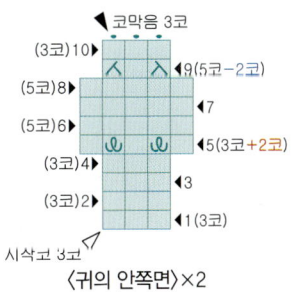

코막음 3코 ▲

(3코)10▶ ◀9(5코−2코)

(5코)8▶ ◀7

(5코)6▶ ◀5(3코+2코)

(3코)4▶ ◀3

(3코)2▶ ◀1(3코)

시작코 3코

〈귀의 안쪽면〉×2

5. 검은색, 흰색 테리어 Black and White Terriers

초보자라면 이 귀여운 강아지부터 떠 보세요. 계속 겉뜨기만 하면 되는 가터뜨기를 사용하여 강아지의 모든 조각을 직사각형으로만 뜨면 됩니다. 귀에는 삼각형으로 모양이 조금 들어갑니다. 아주 쉽고 매우 귀여운 작품입니다.

준비물

- 솔잎사(8ply, DK) 36m
- 검은색 실(4ply, fingering) 약간
- 인형눈: 6mm 검은색 단추눈 2개
- 장난감용 구름솜
- 와이어
- 체크무늬 리본테이프 약간
- 검은색 면사와 봉제용 바늘

바늘

- 대바늘 3.5mm(영국 9호, 미국 4호)
- 대바늘 2.75mm(영국 12호, 미국 2호)

게이지

- 대바늘 3.5mm와 솔잎사(8ply, DK)를 사용하여 가터뜨기를 뜬 후 10cm(18코)를 사용하여 메리야스뜨기로 10cm=18코

완성 사이즈

- 코부터 꼬리까지 길이: 14cm
- 귀끝부터 발가락까지 높이: 12cm

몸통

솔잎사(8ply, DK)와 대바늘 3.5mm를 사용하여 시작코 26코를 만든다.
길이가 8cm 될 때까지 가터뜨기로 뜬다.
모든 코를 코막음한다.

다리(4개)

솔잎사(8ply, DK)와 대바늘 3.5mm를 사용하여 시작코 8코를 만든다.
길이가 4cm 될 때까지 가터뜨기로 뜬다.
실을 자르고 돗바늘에 끼운 후, 남은 코 사이로 통과시키고 단단히 잡아낭겨 마무리한나.

머리

솔잎사(8ply, DK)와 대바늘 3.5mm를 사용하여 시작코 10코를 만든다.
길이가 15cm 될 때까지 가터뜨기로 뜬다.
모든 코를 코막음한다.

코

검은색 실(4ply, fingering)과 대바늘 2.75mm를 사용하여 시작코 5코를 만든다.
가터뜨기로 5단 뜬 후, 모든 코를 코막음한다.
입을 수놓을 만큼 실을 충분히 남기고 자른다.

귀(2개)

솔잎사(8ply, DK)와 대바늘 3.5mm를 사용하여 시작코 6코를 만든다.
1~6단: 가터뜨기 6단
7단: 2코 모아뜨기, 겉뜨기 2코, 2코 모아뜨기(총 4코)
8~9단: 가터뜨기 2단
10단: 2코 모아뜨기, 2코 모아뜨기(총 2코)
11단: 2코 모아뜨기(총 1코)
실을 자르고 남은 코 사이로 실을 뺀 후 잡아당겨 마무리한다.

꼬리

솔잎사(8ply, DK)와 대바늘 3.5mm를 사용하여 시작코 6코를 만든다.
길이가 3cm 될 때까지 가터뜨기로 뜬다.
마무리할 실을 남긴 채 실을 자르고 돗바늘에 끼운 후, 남은 코 사이로 통과시키고 단단히 잡아당겨 마무리한다. 남은 실로 꼬리의 옆솔기를 꿰맨다.

연결하기

❶ 머리는 긴 직사각형으로 되어 있는데 이를 접어서 머리모양을 만든다. 시작단을 맞은편 도식화처럼 접는선 1번을 따라 접는다. 이 부분의 옆솔기를 꿰맨 후 솜을 채운다. 머리의 남은 부분을 위로 접은 후(접는선 2번), 솜을 채워 넣은 머리 끝에 코막음한 단을 꿰맨다. 이렇게 하면 뒤통수를 위한 솔기가 양쪽으로 남는다. 첫 번째 솔기를 위에서 아래로 꿰맨 후 솜을 채우고, 두 번째 솔기도 꿰매어 닫는다.

❷ 작품 사진을 참고하여 검은색 단추눈으로 눈의 위치를 잡아 꿰맨다. 얼굴 정면에 코를 꿰매는데 코의 네 모퉁이를 안으로 살짝 접어 넣어 타원형으로 꿰맨다.

❸ 검은색 실을 사용하여 입을 수놓는다.

❹ 귀에 남아 있는 실을 정리하고 머리 양쪽에 귀를 단다.

❺ 몸통을 반으로 접어서 시작단끼리 꿰맨 후, 옆선을 꿰맨다. 진행하면서 솜을 채운다. 코막음한 단끼리 꿰매고 나면 강아지의 엉덩이가 된다. 몸통의 솔기 위에 머리를 꿰맨다.

❻ 다리의 옆솔기를 꿰매고 솜을 약간 채운다. 작품 사진을 참고하여 다리 위치를 확인한 후에 와이어의 한쪽 끝은 다리에 넣고 반대쪽 끝은 강아지 몸통에 넣는다. 다리를 몸통에 꿰맨 후 남은 다리도 같은 방법으로 작업한다.

❼ 꼬리를 몸통의 엉덩이에 꿰맨다. 꼬리에는 솜을 채울 필요가 없지만 원한다면 와이어를 꼬리 안에 넣어도 된다.

❽ 체크무늬 리본테이프를 강아지 목에 목걸이처럼 두르고 꿰맨다.

❾ 필요하다면 눈 주의에 있는 긴 털들을 약간씩 다듬어 눈이 더 잘 보이게 한다.

테리어 머리를 만들기 위한 도식화

| 3.5cm | 1.5cm | 4cm | 6cm |

접는선 1
(이 부분이 머리의 앞부분)

접는선 2
(이 부분이 머리의 윗부분)

머리 윗부분
접는선 2

머리 앞부분
접는선 1

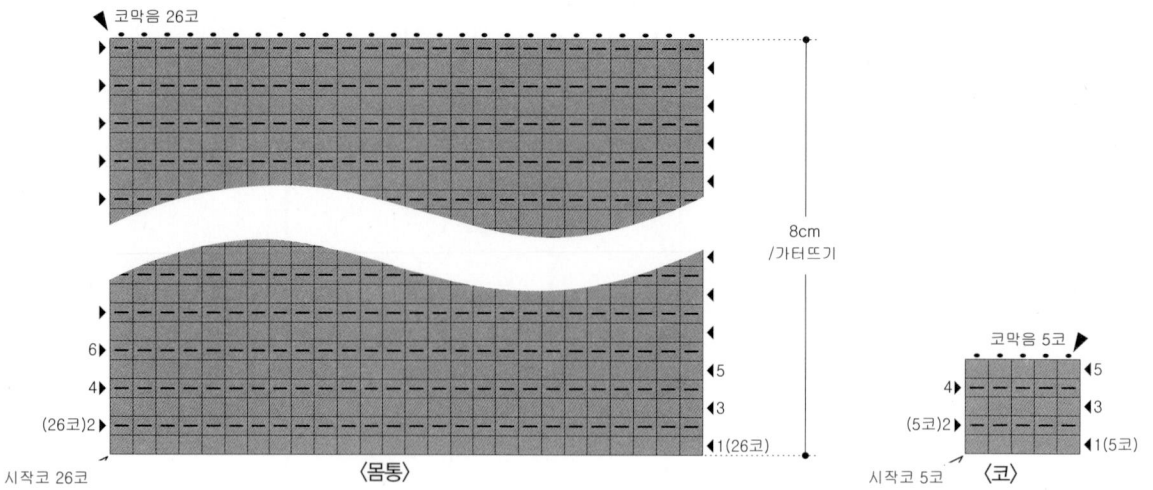

코막음 26코

8cm
/가터뜨기

6▶
4▶
(26코)2▶
시작코 26코
〈몸통〉
1(26코)▶

코막음 5코 ▶
4▶　　　◀5
(5코)2▶　　◀3
시작코 5코
〈코〉 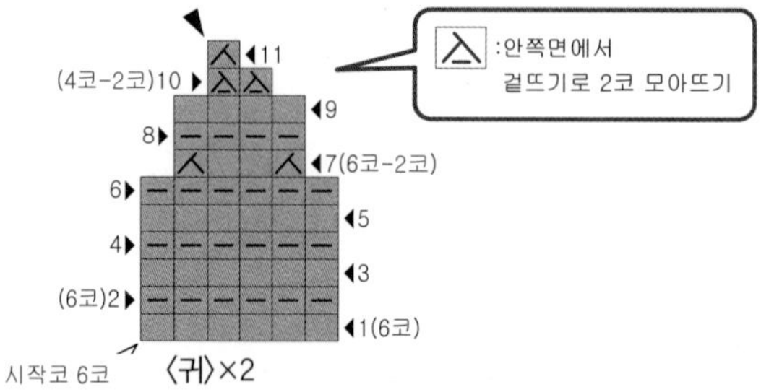
1(5코)▶

▲
(4코-2코)10▶　　◀11
8▶　　◀9
6▶　　◀7(6코-2코)
4▶　　◀5
(6코)2▶　　◀3
시작코 6코
〈귀〉×2
1(6코)▶

入 :안쪽면에서
겉뜨기로 2코 모아뜨기

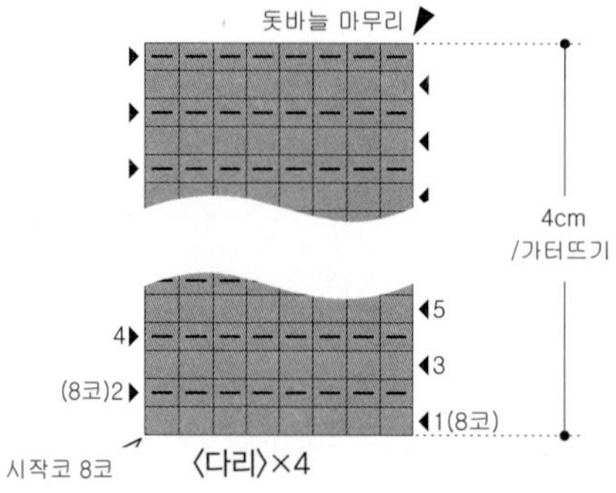

돗바늘 마무리 ▶

4cm
/가터뜨기

4▶　　◀5
(8코)2▶　　◀3
시작코 8코
〈다리〉×4
1(8코)▶

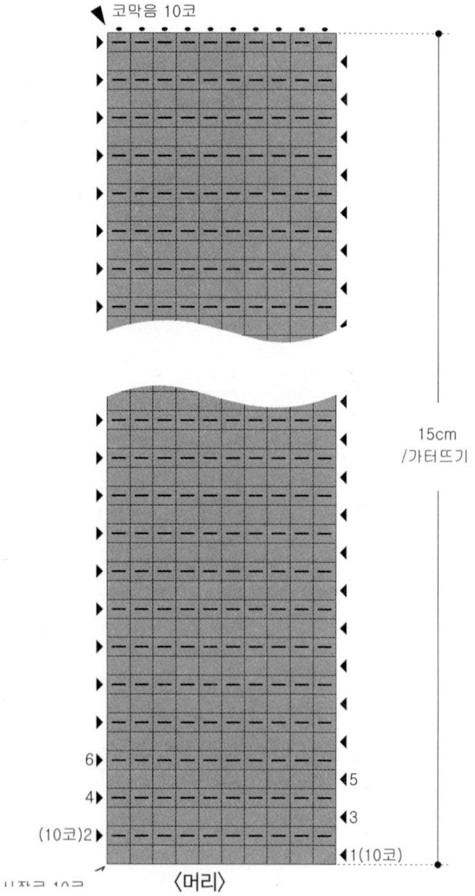

코막음 10코

15cm
/가터뜨기

6▶
4▶　　◀5
(10코)2▶　　◀3
〈머리〉
1(10코)▶

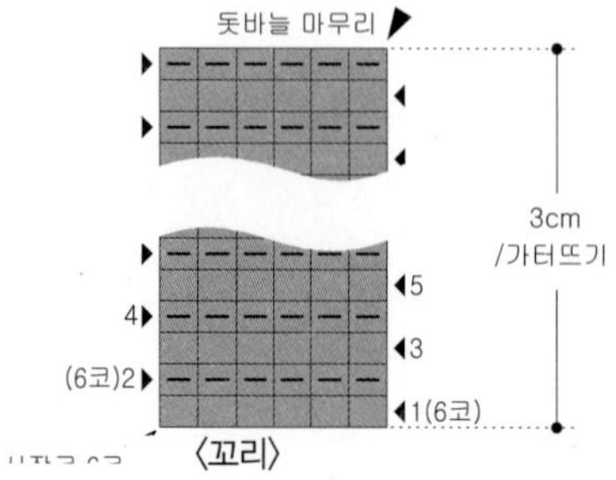

돗바늘 마무리 ▶

3cm
/가터뜨기

4▶　　◀5
(6코)2▶　　◀3
〈꼬리〉
1(6코)▶

6. 시크한 치와와 Chic Chihuahua

너무나 매력적인 표정의 이 아가씨, 처음 보는 순간 바로 만들고 싶어집니다. 이 강아지는 DK실로 떴습니다. 모조 다이아몬드가 박힌 목걸이도 있고, 강아지 발이 더러워지지 않도록 강아지를 넣고 다닐 가방도 있습니다.

준비물
- 크림색 실(8ply, DK) 45m
- 베이지색 실(8ply, DK) 60m
- 크림색, 검은색, 진분홍색 실(4ply, fingering) 약간씩
- 장난감용 구름솜
- 인형눈: 12mm 검은색 기둥단추 2개
- 모조 다이아몬드 박힌 끈 10cm
- 검은색 면사와 봉제용 바늘
- 안전핀
- 마커링 2개
- 와이어

바늘
- 대바늘 2.75mm(영국 12호, 미국 2호)
- 대바늘 3.75mm(영국 9호, 미국 5호)

게이지
- 대바늘 3.75mm와 8ply실(DK)을 사용하여 메리야스 뜨기로 10cm=20~22코

완성 사이즈
- 코부터 꼬리까지 길이: 16cm
- 머리끝부터 발바닥까지 높이: 16cm

몸통과 앞다리

오른쪽 앞다리의 아래 바닥부터 시작한다.
크림색 실(8ply, DK)과 대바늘 3.75mm를 사용하여 시작코 10코를 만든다.

- 1단: 겉뜨기 5코, (편물을 뒤집는다)
- 2단: 안뜨기 3코, (편물을 뒤집는다)
- 3단: 겉뜨기 3코, (편물을 뒤집는다)
- 4단: 안뜨기 3코, (편물을 뒤집는다)
- 5단: 단의 끝까지 겉뜨기
- 6단: 안뜨기 5코, [3단 아래 코를 끌어올려 안뜨기로 2코 모아뜨기] 3회 반복, 안뜨기 2코
- 7~18단: 메리야스뜨기 12단
- 19단: 5코 코막음, 단의 끝까지 겉뜨기(총 5코)
- 20단: 2코 코막음, 단의 끝까지 안뜨기(총 3코)

베이지색 실(8ply, DK)로 바꾼다.

- 21단: 겉뜨기 1코, 1코 만들기, 단의 끝까지 겉뜨기(총 4코)
- 22단: 12코 만들기, 1코 남을 때까지 안뜨기, 1코 만들기, 안뜨기 1코(총 17코)
- 23단: 겉뜨기 1단
- 24단: 4코 만들기, 단의 끝까지 안뜨기(총 21코)
- 25단: 겉뜨기 1코, 1코 만들기, 1코 남을 때까지 겉뜨기, 1코 만들기, 겉뜨기 1코(총 23코)
- 26~50단: 메리야스뜨기 25단, 이 과정에서 38번째 단의 첫코(그림 도안의 ★)와 마지막 코(그림 도안의 ☆)에 마커링을 끼운다
- 51단: 겉뜨기 1코, 오른코 모아뜨기, 3코 남을 때까지 겉뜨기, 2코 모아뜨기, 겉뜨기 1코(총 21코)
- 52단: 4코 코막음, 단의 끝까지 안뜨기(총 17코)
- 53단: 겉뜨기 1단
- 54단: 12코 코막음, 3코 남을 때까지 안뜨기, 안뜨기로 2코 모아 꼬아뜨기, 안뜨기 1코(총 4코)
- 55단: 겉뜨기 1코, 2코 모아뜨기, 겉뜨기 1코(총 3코)

크림색 실(8ply, DK)로 바꾼다.

- 56단: 2코 만들기, 단의 끝까지 안뜨기(총 5코)
- 57단: 5코 만들기, 단의 끝까지 겉뜨기(총 10코)
- 58~70단: 메리야스뜨기 13단
- 71~76단: 오른쪽 발의 1~6단을 반복하여 왼쪽 발을 만든다.

모든 코를 코막음한다.

배

크림색 실(8ply, DK)과 대바늘 3.75mm를 사용하여 시작코 5코를 만든다.

- 1~6단: 겉뜨기로 시작하여 메리야스뜨기 6단
- 7단: 겉뜨기 1코, 1코 만들기, 겉뜨기 3코, 1코 만들기, 겉뜨기 1코(총 7코)
- 8~12단: 메리야스뜨기 5단
- 13단: 겉뜨기 1코, 1코 만들기, 겉뜨기 5코, 1코 만들기, 겉뜨기 1코(총 9코)
- 14~24단: 메리야스뜨기 11단
- 25단: 겉뜨기 1코, 오른코 모아뜨기, 겉뜨기 3코, 2코 모아뜨기, 겉뜨기 1코(총 7코)
- 26~40단: 메리야스뜨기 15단
- 41단: 겉뜨기 1코, 오른코 모아뜨기, 겉뜨기 1코, 2코 모아뜨기, 겉뜨기 1코(총 5코)
- 42~46단: 메리야스뜨기 5단

모든 코를 코막음한다.

머리

베이지색 실(8ply, DK)과 대바늘 3.75mm를 사용하여 시작코 14코를 만든다.

- 1단: 안뜨기 1단
- 2단(겉면): 겉뜨기 1코, 1코 만들기, 1코 남을 때까지 겉뜨기, 1코 만들기, 겉뜨기 1코(총 16코)
- 3단: 안뜨기 1코, 1코 만들기, 1코 남을 때까지 안뜨기, 1코 만들기, 안뜨기 1코(총 18코)
- 4~5단: 2~3단을 반복(총 22코)
- 6단: 겉뜨기 6코, 1코 만들기, [겉뜨기 2코, 1코 만들기] 2회 반복, [겉뜨기 1코, 1코 만들기] 2회 반복, [겉뜨기 2코, 1코 만들기] 2회 반복, 겉뜨기 6코(총 29코)
- 7~9단: 메리야스뜨기 3단
- 10단: 겉뜨기 8코, 1코 만들기, [겉뜨기 2코, 1코 만들기] 3회 반복, 겉뜨기 1코, [1코 만들기, 겉뜨기 2코] 3회 반복, 1코 만들기, 겉뜨기 8코(총 37코)
- 11~13단: 메리야스뜨기 3단
- 14단: 겉뜨기 10코, [1코 만들기, 겉뜨기 2코] 4회 반복, 1코 만들기, 겉뜨기 1코, [1코 만들기, 겉뜨기 2코] 4회 반복, 1코 만들기, 겉뜨기 10코(총 47코)
- 15~17단: 메리야스뜨기 3단
- 18단: 겉뜨기 1코, 오른코 모아뜨기, 겉뜨기 17코, 오른코 모아뜨기, 겉뜨기 3코, 2코 모아뜨기, 겉뜨기 17코, 2코 모아뜨기, 겉뜨기 1코(총 43코)
- 19단: 안뜨기 1단
- 20단: 겉뜨기 1코, 오른코 모아뜨기, 겉뜨기 15코, 오른코 모아뜨기, 겉뜨기 3코, 2코 모아뜨기, 겉뜨기 15코, 2코 모아뜨기, 겉뜨기 1코(총 39코)
- 21단: 안뜨기 1단
- 22단: 겉뜨기 1코, 오른코 모아뜨기, 겉뜨기 13코, 오른코 모아뜨기, 겉뜨기 3코, 2코 모아뜨기, 겉뜨기 13코, 2코 모아뜨기, 겉뜨기 1코(총 35코)
- 23단: 안뜨기 1코, 안뜨기로 2코 모아뜨기, 3코 남을 때까지 안뜨기, 안뜨기로 2코 모아 꼬아뜨기, 안뜨기 1코(총 33코)
- 24단: 13코 코막음, 단의 끝까지 겉뜨기(총 20코)
- 25단: 13코 코막음, 단의 끝까지 안뜨기(총 7코)
- 26~37단: 메리야스뜨기 12단
- 38단: 겉뜨기 1코, 오른코 모아뜨기, 겉뜨기 1코, 2코 모아뜨기, 겉뜨기 1코(총 5코)
- 39단: 안뜨기 1단

모든 코를 코막음한다.

주둥이

크림색 실(8ply, DK)과 대바늘 3.75mm를 사용하여 시작코 14코를 만든다.

- 1단: 안뜨기 1단
- 2단(겉면): 겉뜨기 1코, 1코 만들기, 1코 남을 때까지 겉뜨기, 1코 만들기, 겉뜨기 1코(총 16코)
- 3단: 안뜨기 1코, 1코 만들기, 1코 남을 때까지 안뜨기, 1코 만들기, 안뜨기 1코(총 18코)
- 4~5단: 2~3단을 반복(총 22코)
- 6~7단: 메리야스뜨기 2단
- 8단: 9코 코막음, 단의 끝까지 겉뜨기(총 13코)
- 9단: 9코 코막음, 단의 끝까지 안뜨기(총 4코)
- 10단: [2코 모아뜨기] 2회 반복(총 2코)
- 11단: 안뜨기 1단
- 12단: 겉뜨기 1코, 1코 만들기, 겉뜨기 1코(총 3코)
- 13~17단: 메리야스뜨기 5단
- 18단: 오른코 3코 모아뜨기(총 1코)

실을 자르고 남은 코 사이로 실을 뺀 후 잡아당겨 마무리한다.

오른쪽 뒷다리

크림색 실(8ply, DK)과 대바늘 3.75mm를 사용하여 시작코 10코를 만든다.

- 1단: 겉뜨기 5코, (편물을 뒤집는다)
- 2단: 안뜨기 3코, (편물을 뒤집는다)
- 3단: 겉뜨기 3코, (편물을 뒤집는다)
- 4단: 안뜨기 3코, (편물을 뒤집는다)
- 5단: 단의 끝까지 겉뜨기

- 6단: 안뜨기 5코, [3단 아래 코를 끌어올려 안뜨기로 2코 모아뜨기] 3회 반복, 안뜨기 2코
- 7~18단: 메리야스뜨기 12단
- 19단: 5코 코막음, 단의 끝까지 겉뜨기(총 5코)
- 20단: 1코 코막음, 단의 끝까지 안뜨기(총 4코)

베이지색 실(8ply, DK)로 바꾼다.

- 21단: 겉뜨기 1코, 1코 만들기, 1코 남을 때까지 겉뜨기, 1코 만들기, 겉뜨기 1코(총 6코)
- 22단: 안뜨기 1코, 1코 만들기, 1코 남을 때까지 안뜨기, 1코 만들기, 안뜨기 1코(총 8코)
- 23~24단: 21~22단을 반복(총 12코)
- 25~30단: 메리야스뜨기 6단
- 31단: 겉뜨기 1코, 오른코 모아뜨기, 3코 남을 때까지 겉뜨기, 2코 모아뜨기, 겉뜨기 1코(총 10코)
- 32단: 안뜨기 1코, 안뜨기로 2코 모아뜨기, 3코 남을 때까지 안뜨기, 안뜨기로 2코 모아 꼬아뜨기, 안뜨기 1코(총 8코)
- 33단: 겉뜨기 1코, 오른코 모아뜨기, 3코 남을 때까지 겉뜨기, 2코 모아뜨기, 겉뜨기 1코(총 6코)

모든 코를 코막음한다.

왼쪽 뒷다리

크림색 실(8ply, DK)과 대바늘 3.75mm를 사용하여 시작코 10코를 만든다.

- 1단: 겉뜨기 8코, (편물을 뒤집는다)
- 2단: 안뜨기 3코, (편물을 뒤집는다)
- 3단: 겉뜨기 3코, (편물을 뒤집는다)
- 4단: 안뜨기 3코, (편물을 뒤집는다)
- 5단: 단의 끝까지 겉뜨기
- 6단: 안뜨기 2코, [3단 아래 코를 끌어올려 안뜨기로 2코 모아뜨기] 3회 반복, 안뜨기 5코
- 7~18단: 메리야스뜨기 12단
- 19단: 1코 코막음, 단의 끝까지 겉뜨기(총 9코)
- 20단: 5코 코막음, 단의 끝까지 안뜨기(총 4코)

베이지색 실(8ply, DK)로 바꾼다.
21단부터 끝까지 오른쪽 뒷다리의 21단부터 코막음까지 똑같이 뜬다.

귀의 뒷면(2개)

베이지색 실(8ply, DK)과 대바늘 3.75mm를 사용하여 시작코 14코를 만든다.

- 1~6단: 겉뜨기로 시작하여 메리야스뜨기 6단
- 7단: 겉뜨기 1코, 오른코 모아뜨기, 3코 남을 때까지 겉뜨기, 2코 모아뜨기, 겉뜨기 1코(총 12코)
- 8~10단: 메리야스뜨기 3단
- 11단: 겉뜨기 1코, 오른코 모아뜨기, 3코 남을 때까지 겉뜨기, 2코 모아뜨기, 겉뜨기 1코(총 10코)
- 12단: 안뜨기 1단

- 13~14단: 11~12단을 반복(총 8코)
- 15단: 겉뜨기 1코, 오른코 모아뜨기, 겉뜨기 2코, 2코 모아뜨기, 겉뜨기 1코(총 6코)
- 16단: 안뜨기 1코, 안뜨기로 2코 모아뜨기, 안뜨기로 2코 모아 꼬아뜨기, 안뜨기 1코(총 4코)
- 17단: [2코 모아뜨기] 2회 반복(총 2코)
- 18단: 안뜨기로 2코 모아뜨기(총 1코)

실을 자르고 남은 코 사이로 실을 뺀 후 잡아당겨 마무리한다.

귀의 앞면(2개)

크림색 실(8ply, DK)과 대바늘 3.75mm를 사용하여 시작코 14코를 만든다.

- 1~6단: 겉뜨기로 시작하여 메리야스뜨기 6단
- 7단: 겉뜨기 1코, 오른코 모아뜨기, 3코 남을 때까지 겉뜨기, 2코 모아뜨기, 겉뜨기 1코(총 12코)
- 8~10단: 메리야스뜨기 3단
- 11~14단: 7~10단을 반복(총 10코)
- 15단: 겉뜨기 1코, 오른코 모아뜨기, 3코 남을 때까지 겉뜨기, 2코 모아뜨기, 겉뜨기 1코(총 8코)
- 16단: 안뜨기 1단
- 17~20단: [15~16단] 2회 반복(총 4코)
- 21단: 오른코 모아뜨기, 2코 모아뜨기(총 2코)
- 22단: 안뜨기로 2코 모아뜨기(총 1코)

실을 자르고 남은 코 사이로 실을 뺀 후 잡아당겨 마무리한다.

꼬리

베이지색 실(8ply, DK)과 대바늘 3.75mm를 사용하여 시작코 8코를 만든다.

- 1~4단: 겉뜨기로 시작하여 메리야스뜨기 4단
- 5단: 겉뜨기 6코, (되돌아뜨기하고 편물을 뒤집는다)
- 6단: 안뜨기 4코, (되돌아뜨기하고 편물을 뒤집는다)

- **7단**: 겉뜨기 3코, (되돌아뜨기하고 편물을 뒤집는다)
- **8단**: 단의 끝까지 안뜨기
- **9~12단**: 메리야스뜨기 4단
- **13단**: 겉뜨기 1코, 오른코 모아뜨기, 겉뜨기 2코, 2코 모아뜨기, 겉뜨기 1코(총 6코)
- **14~16단**: 메리야스뜨기 3단
- **17단**: 겉뜨기 1코, 오른코 모아뜨기, 2코 모아뜨기, 겉뜨기 1코(총 4코)
- **18단**: 안뜨기 1단

실을 자르고 돗바늘에 끼운 후, 남은 코 사이로 통과시키고 단단히 잡아당겨 마무리한다.

코

검은색 실(4ply, fingering)과 대바늘 2.75mm를 사용하여 시작코 5코를 만든다.

- **1~4단**: 겉뜨기로 시작하여 메리야스뜨기 4단
- **5단**: 오른코 모아뜨기, 겉뜨기 1코, 2코 모아뜨기(총 3코)
- **6단**: 오른코 3코 모아뜨기(총 1코)

실을 자르고 남은 코 사이로 실을 뺀 후 잡아당겨 마무리한다.

연결하기

❶ 한쪽 앞다리부터 연결하기 시작한다. 발바닥에 남아 있는 실을 돗바늘에 끼우고 코들을 모아 발바닥 모양을 만든다. 옆솔기를 꿰매고 안에 와이어를 넣은 후 솜을 채운다. 두 번째 다리도 같은 방법으로 작업한다.

❷ 배의 코막음한 단의 가운데 코를 몸통의 아래에 있는 마커링(그림 도안의 ★)에 맞추고, 배의 시작단의 가운데 코는 몸통의 앞에 있는 마커링(그림 도안의 ☆)에 맞추어 시침핀을 꽂는다. 배를 몸통에 꿰매면서 몸통에 솜을 단단히 채운다. 각 앞다리의 위쪽에 있는 코막음한 단을 배에 꿰맨다.

❸ 각 뒷다리를 앞다리와 같은 방법으로 꿰맨다. 사진에 보이는 것처럼 각 뒷다리의 윗부분을 몸통에 시침핀으로 고정하고 솜을 약간씩 채우면서 꿰맨다. 이때 다리 위쪽에 있는 코막음한 단을 배에 꿰맨다. 다리에 있는 와이어의 한쪽 끝을 몸통으로 밀어 넣는다.

❹ 머리 뒤통수 조각을 연결하고(오른쪽 사진 참고), 진행하면서 솜을 채운다. 주둥이는 시작단에서 시작하여 옆솔기까지 이어 꿰맨다. 주둥이 안쪽에 솜을 채우고 얼굴 정면에 시침핀으로 고정한다. 이때 주둥이의 옆솔기가 머리 아래로 간다. 주둥이를 꿰매고, 크림색 긴 조각을 사진에 보이는 것처럼 얼굴 정중앙에 꿰맨다.

❺ 귀의 뒷면과 귀의 앞면을 안쪽면끼리 맞대고 꿰맨다. 두 번째 귀도 같은 방법으로 작업한다. 작품 사진을 참고하여 머리 위에 귀를 시침핀으로 고정한 후 꿰맨다.

❻ 검은색 면사를 사용하여 검은색 단추 2개를 눈 위치에 꿰맨다.

❼ 검은색 실(4ply, fingering)을 사용하여 머리 정면에 검은색 코를 꿰맨다.

❽ 몸통에 머리를 단단히 고정한다. 머리가 약간 흔들리지만, 목걸이를 꿰매면 고정된다.

❾ 꼬리는 반으로 접은 후 옆솔기를 꿰맨다. 시작단이 있는 부분으로 솜을 채운 후, 작품 사진을 참고하여 몸통에 꿰맨다.

목걸이

진분홍색 실(4ply, fingering)과 대바늘 2.75mm를 사용하여 시작코 5코를 만든다.

목걸이가 강아지 목에 편안하게 둘러질 때까지 메리야스뜨기로 뜬 후 모든 코를 코막음한다.

목걸이를 강아지의 목에 두른 후, 시작단과 마지막 단을 서로 꿰맨다.

모조 다이아몬드 박힌 끈을 목걸이에 꿰맨다.

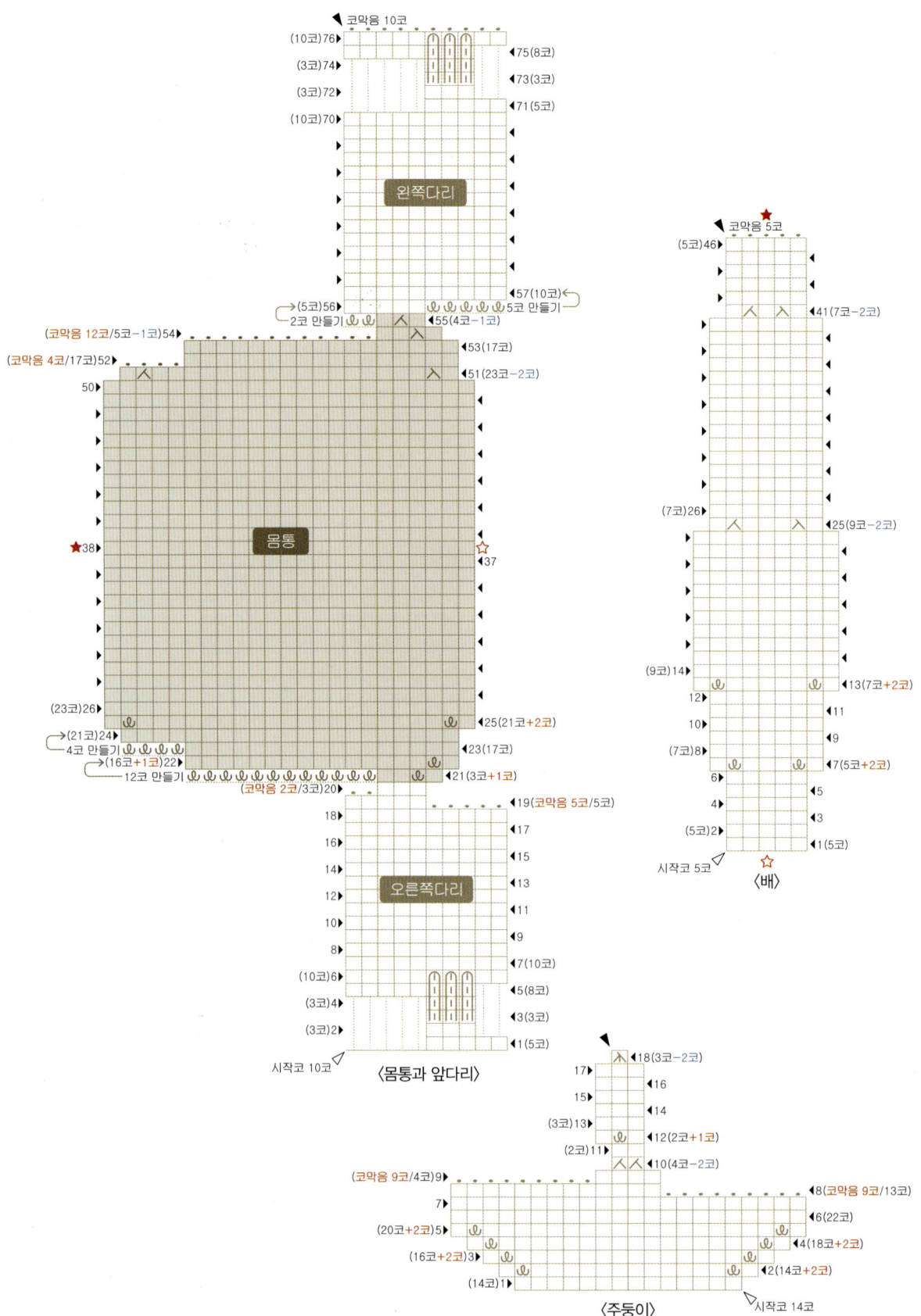

코막음 10코

(10코)76▶
(3코)74▶   75(8코)▶
(3코)72▶   73(3코)▶
(10코)70▶   71(5코)▶

왼쪽다리

57(10코)◀
↳(5코)56   5코 만들기↩
2코 만들기   55(4코-1코)◀

(코막음 12코/5코-1코)54   53(17코)◀
(코막음 4코/17코)52▶   51(23코-2코)◀
50▶

몸통

★38   ☆
                              ◀37

(23코)26   25(21코+2코)▶
↳(21코)24   23(17코)◀
4코 만들기   21(3코+1코)◀
↳(16코+1코)22
12코 만들기
(코막음 2코/3코)20▶

18▶   19(코막음 5코/5코)▶
16▶   17◀
14▶   15◀
12▶   13◀

오른쪽다리

10▶   11◀
8▶   9◀
(10코)6▶   7(10코)◀
(3코)4▶   5(8코)◀
(3코)2▶   3(3코)◀
시작코 10코▷   1(5코)◀

〈몸통과 앞다리〉

코막음 5코 ★

(5코)46▶
              41(7코-2코)◀

(7코)26▶   25(9코-2코)◀

(9코)14▶   13(7코+2코)◀
12▶   11◀
10▶   9◀
(7코)8▶   7(5코+2코)◀
6▶   5◀
4▶   3◀
(5코)2▶   1(5코)◀
시작코 5코▷   ☆

〈배〉

17▶   18(3코-2코)◀
         16◀
15▶   14◀
(3코)13▶ 12(2코+1코)◀
(2코)11▶ 10(4코-2코)◀
(코막음 9코/4코)9▶   8(코막음 9코/13코)◀
7▶   6(22코)◀
(20코+2코)5▶   4(18코+2코)◀
(16코+2코)3▶   2(14코+2코)◀
(14코)1▶
                      시작코 14코▷

〈주둥이〉

72

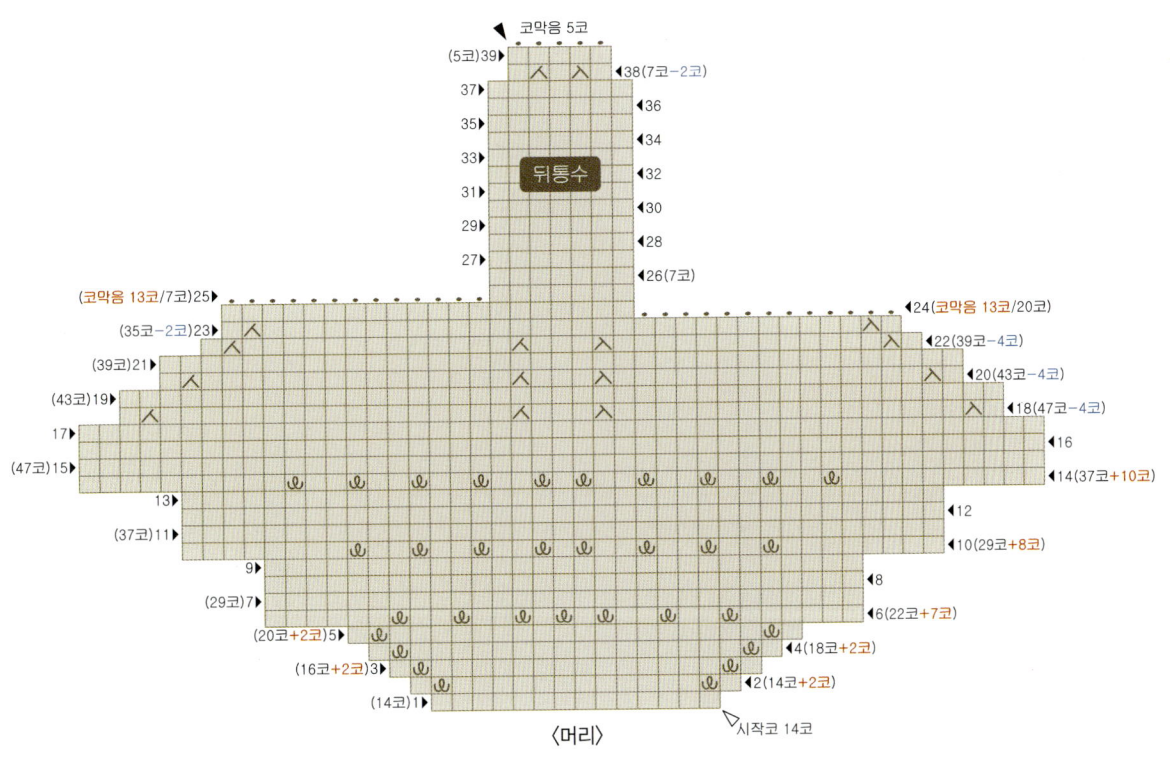

〈머리〉

코막음 5코
(5코)39
▲38(7코-2코)
37
▲36
35
▲34
33
뒤통수
▲32
31
▲30
29
▲28
27
▲26(7코)
코막음 13코/7코)25
24(코막음 13코/20코)
(35코-2코)23
22(39코-4코)
(39코)21
20(43코-4코)
(43코)19
18(47코-4코)
17
16
(47코)15
14(37코+10코)
13
12
(37코)11
10(29코+8코)
9
8
(29코)7
6(22코+7코)
(20코+2코)5
4(18코+2코)
(16코+2코)3
2(14코+2코)
(14코)1
시작코 14코

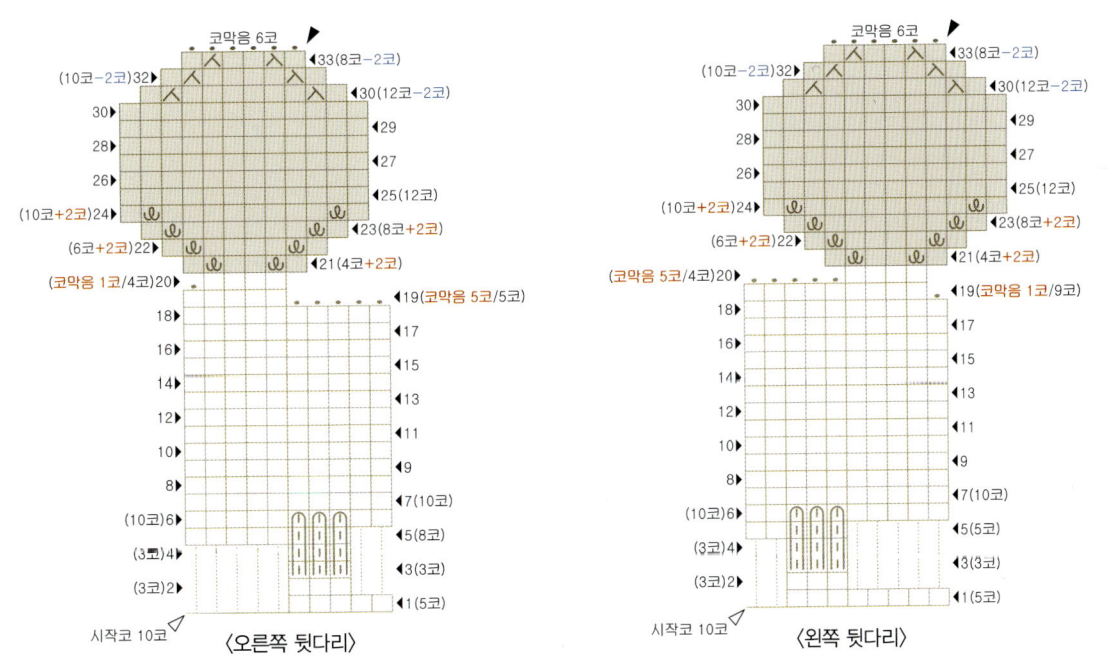

코막음 6코
(10코-2코)32
33(8코-2코)
30
30(12코-2코)
28
29
26
27
(10코+2코)24
25(12코)
(6코+2코)22
23(8코+2코)
코막음 1코/4코)20
21(4코+2코)
18
19(코막음 5코/5코)
16
17
14
15
12
13
10
11
8
9
(10코)6
7(10코)
(3코)4
5(8코)
(3코)2
3(3코)
시작코 10코
1(5코)

〈오른쪽 뒷다리〉

코막음 6코
(10코-2코)32
33(8코-2코)
30
30(12코-2코)
28
29
26
27
(10코+2코)24
25(12코)
(6코+2코)22
23(8코+2코)
코막음 5코/4코)20
21(4코+2코)
18
19(코막음 1코/9코)
16
17
14
15
12
13
10
11
8
9
(10코)6
7(10코)
(3코)4
5(5코)
(3코)2
3(3코)
시작코 10코
1(5코)

〈왼쪽 뒷다리〉

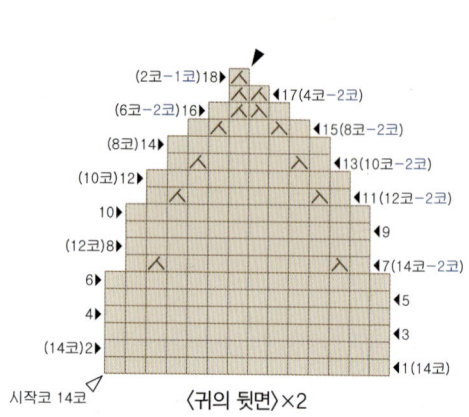

〈귀의 뒷면〉×2

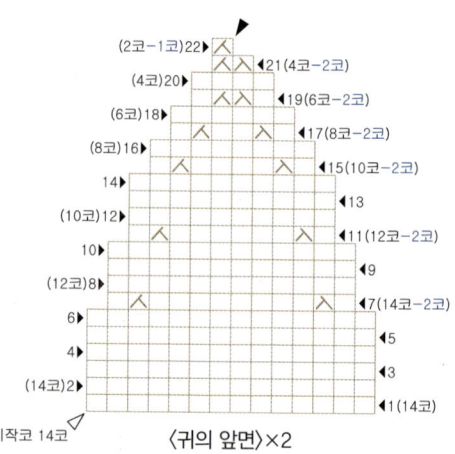

〈귀의 앞면〉×2

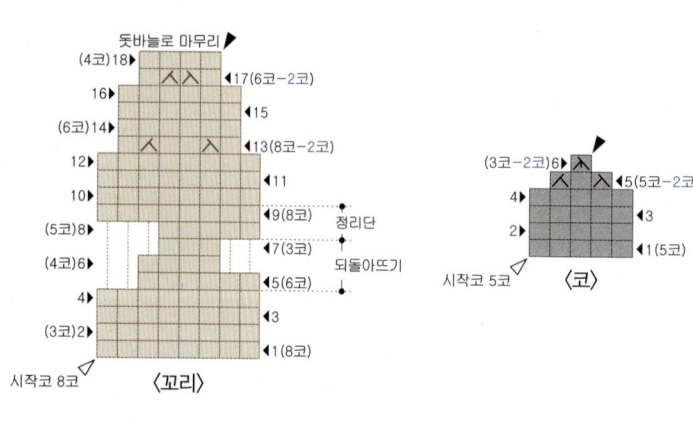

〈꼬리〉 〈코〉

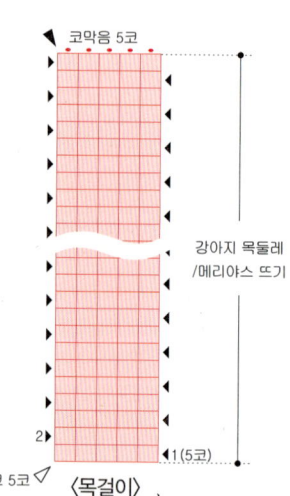

강아지 목둘레
/메리야스 뜨기

〈목걸이〉

치와와의 강아지 가방

준비물
- 반짝이는 분홍색 면사(8ply, DK) 75m
- 진분홍색 실(4ply, fingering) 약간

바늘
- 대바늘 3.5mm(영국 9/10호, 미국 4호)
- 대바늘 2.75mm(영국 12호, 미국 2호)

게이지
- 대바늘 3.5mm와 8ply실(DK)을 사용하여 메리야스
  뜨기로 10cm=24코

가방

가방 바닥부터 뜨기 시작한다.
반짝이는 분홍색 실(8ply, DK)과 대바늘 3.5mm를 사용하여 시
작코 24코를 만든다.
길이가 7cm 될 때까지 가터뜨기로 뜬다.
- 다음 단: 52코 만들기, 단의 끝까지 겉뜨기(총 76코)
길이가 6cm 될 때까지 안뜨기단으로 시작하여 안뜨기단으로
끝나는 메리야스뜨기를 뜬다.

- 다음 단: 17코 코막음, 단의 끝까지 겉뜨기(총 59코)
- 다음 단: 3코 코막음, 단의 끝까지 안뜨기(총 56코)
- 다음 단: 2코 코막음, 단의 끝까지 겉뜨기(총 54코)
- 다음 단: 2코 코막음, 단의 끝까지 안뜨기(총 52코)

마지막 2단을 1번 더 반복한다(총 48코).
메리야스뜨기로 2단 뜬다. 모든 코를 코막음한다.

가방 윗부분

반짝이는 분홍색 실(8ply, DK)과 대바늘 3.5mm를 사용하여 시
작코 5코를 만든다.
살짝 당겼을 때 가방 위쪽 가장자리를 두를 수 있을 정도의 길이가
될 때까지 메리야스뜨기로 뜬 후, 모든 코를 코막음한다.
참고: 이 부분은 아이코드로 뜰 수도 있다(p.22 참고).

손잡이(2개)

반짝이는 분홍색 실(8ply, DK)과 대바늘 3.5mm를 사용하여 시
작코 5코를 만든다.
손잡이의 길이가 11cm가 될 때까지 메리야스뜨기로 뜬 후 모든
코를 코막음한다.
참고: 이 부분은 아이코드로 뜰 수도 있다(p.22 참고).

발바닥 모티브(2개)

진분홍색 실(4ply, fingering)과 대바늘 2.75mm를 사용하여 시
작코 5코를 만든다.
- 1단: 안뜨기 1단
- 2단(겉면): 겉뜨기 1코, 1코 만들기, 1코 남을 때까지 겉뜨기,
  1코 만들기, 겉뜨기 1코(총 7코)
- 3단: 안뜨기 1단
- 4단: 2코 코막음, 단의 끝까지 겉뜨기(총 5코)
- 5단: 2코 코막음, 단의 끝까지 안뜨기(총 3코)
- 6~7단: 메리야스뜨기 2단
- 8단: 오른쪽 3코 모아뜨기(총 1코)

실을 자르고 남은 코 사이로 실을 뺀 후 잡아당겨 마무리한다.

연결하기

❶ 가방을 오른쪽 도식화처럼 펼쳐놓은 후 1번이라고 적힌 부
  분끼리 꿰맨다. 2번, 3번, 4번도 같은 번호끼리 꿰매어 가
  방 모양을 만든다.

❷ 가방 위쪽 가장자리를 따라 가방 윗부분 조각을 시침핀으로
  고정한다. 이때 가방의 시접을 가리도록 고정한 후 꿰맨다.

❸ 손잡이 위치를 잡고(작품 사진 참고) 가방 가장자리 안쪽으
  로 꼼꼼하게 꿰맨다.

❹ 작품 사진을 참고하여 가방 한쪽에 발바닥 모티브 1개를 진
  분홍색 실로 꿰매고, 프렌치노트 스티치(p.23 참고)를 4개
  수놓아 발가락을 만든다. 가방 반대쪽 면에도 같은 방법으
  로 발바닥 모티브를 만든다.

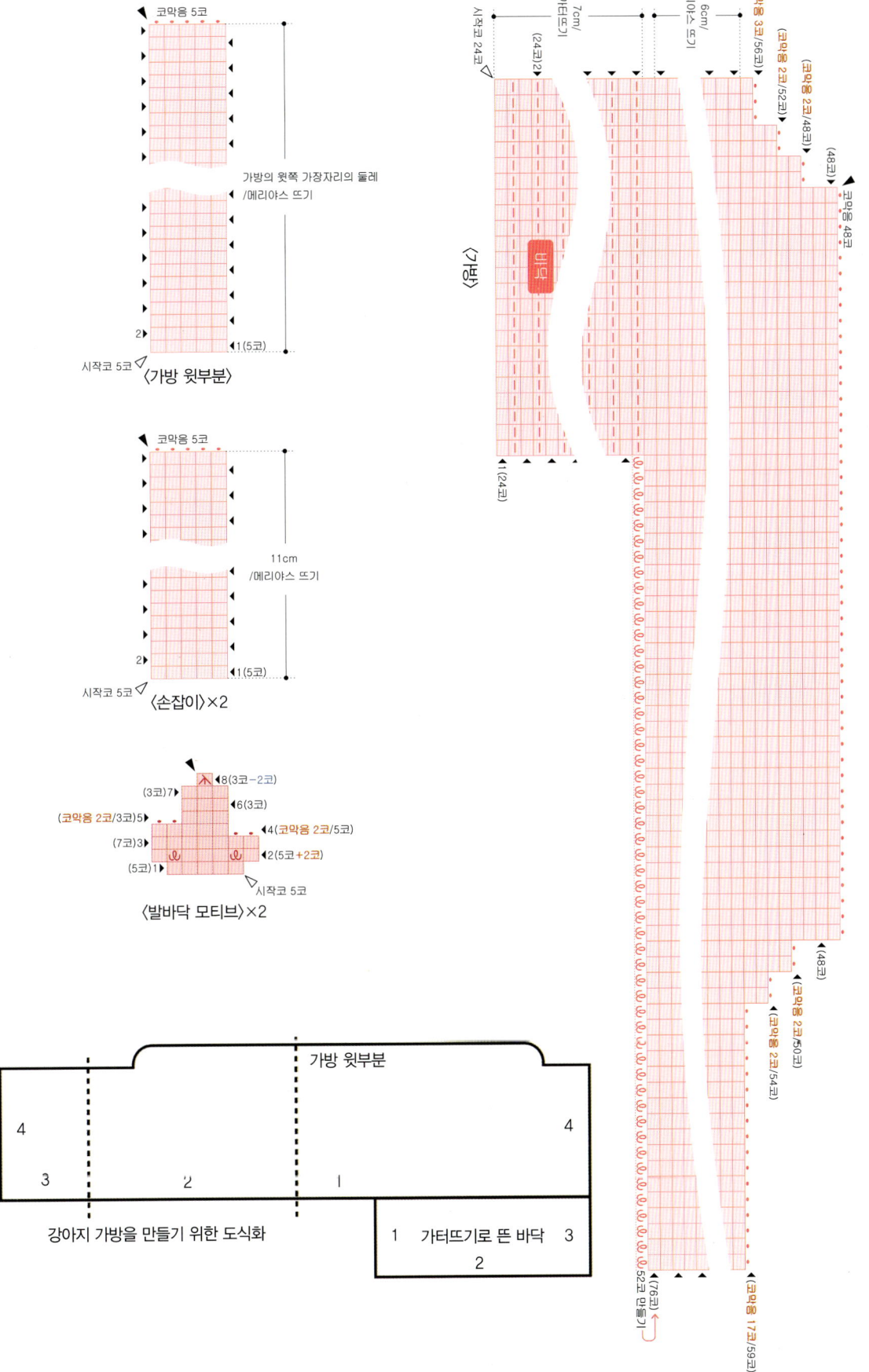

코막음 5코

가방의 윗쪽 가장자리의 둘레
/메리야스 뜨기

2
1(5코)
시작코 5코
〈가방 윗부분〉

코막음 5코

11cm
/메리야스 뜨기

2
1(5코)
시작코 5코
〈손잡이〉×2

(3코)7　　8(3코-2코)
　　　　6(3코)
(코막음 2코/3코)5　　4(코막음 2코/5코)
(7코)3　　2(5코+2코)
(5코)1
시작코 5코
〈발바닥 모티브〉×2

가방 윗부분

4　　　　　　　　　4
3　　2　　1

강아지 가방을 만들기 위한 도식화

1　가터뜨기로 뜬 바닥　3
2

시작코 24코
7cm/가터뜨기
(24코)2
6cm/메리야스 뜨기
(코막음 3코/56코)
(코막음 2코/52코)
(코막음 2코/48코)
(48코)
코막음 48코
바닥
〈몸〉
1(24코)
(48코)
(코막음 2코/50코)
(코막음 2코/54코)
52코 만들기
(76코)
(코막음 1코/59코)

7. 장난꾸러기들 Mischief-makers

이 귀여운 녀석은 거부할 수가 없습니다. 털이 많은 실로 만든 이 강아지 인형은 뜨는 방법이 쉬워서 금방 뜰 수 있습니다. 한 쌍을 뜨는 건 어떨까요?

준비물
- 털이 많은 회색 실(10ply, Aran) 60m
- 검은색 실(4ply, fingering) 약간
- 인형눈: 8mm 검은색 기둥단추 2개
- 장난감용 구름솜

바늘
- 대바늘 5mm(영국 6호, 미국 8호)
- 대바늘 2.75mm(영국 12코, 미국 2호)

게이지
- 대바늘 5mm와 회색 실(10ply, Aran)을 사용하여 메리야스뜨기로 5cm=8~9코

완성 사이즈
- 머리끝부터 발바닥까지 높이: 26cm

⚠ 주의

인형은 메리야스뜨기로 뜨지만 털이 많아 보이도록 안뜨기면이 겉면이 되도록 꿰맵니다. 위에 제시된 실은 강아지 한 마리를 만드는 양입니다. 커플로 만들고 싶다면 양을 2배로 준비합니다.

머리(안뜨기면이 겉면이 된다)

회색 실(10ply, Aran)과 대바늘 5mm를 사용하여 시작코 10코를 만든다.

- 1단: 겉뜨기 2코, 1코 만들기, 겉뜨기 1코, 1코 만들기, 겉뜨기 4코, 1코 만들기, 겉뜨기 1코, 1코 만들기, 겉뜨기 2코(총 14코)
- 2단: 안뜨기 3코, 1코 만들기, 안뜨기 1코, 1코 만들기, 안뜨기 6코, 1코 만들기, 안뜨기 1코, 1코 만들기, 안뜨기 3코(총 18코)
- 3단: 겉뜨기 4코, 1코 만들기, 겉뜨기 1코, 1코 만들기, 겉뜨기 8코, 1코 만들기, 겉뜨기 1코, 1코 만들기, 겉뜨기 4코(총 22코)
- 4단: 안뜨기 1단
- 5단: 겉뜨기 5코, 1코 만들기, 겉뜨기 1코, 1코 만들기, 겉뜨기 10코, 1코 만들기, 겉뜨기 1코, 1코 만들기, 겉뜨기 5코(총 26코)

- 6단: 안뜨기 1단
- 7단: 겉뜨기 6코, 1코 만들기, 겉뜨기 1코, 1코 만들기, 겉뜨기 12코, 1코 만들기, 겉뜨기 1코, 1코 만들기, 겉뜨기 6코(총 30코)
- 8~10단: 메리야스뜨기 3단
- 11단: 겉뜨기 5코, 오른코 모아뜨기, 겉뜨기 1코, 2코 모아뜨기, 겉뜨기 10코, 오른코 모아뜨기, 겉뜨기 1코, 2코 모아뜨기, 겉뜨기 5코(총 26코)
- 12단: 안뜨기 1단
- 13단: 겉뜨기 4코, 오른코 모아뜨기, 겉뜨기 1코, 2코 모아뜨기, 겉뜨기 8코, 오른코 모아뜨기, 겉뜨기 1코, 2코 모아뜨기, 겉뜨기 4코(총 22코)
- 14단: 안뜨기 1단
- 15단: 겉뜨기 3코, 오른코 모아뜨기, 겉뜨기 1코, 2코 모아뜨기, 겉뜨기 6코, 오른코 모아뜨기, 겉뜨기 1코, 2코 모아뜨기, 겉뜨기 3코(총 18코)
- 16~18단: 메리야스뜨기 3단

남아 있는 모든 코를 코막음한다.

다리(2개, 안뜨기면이 겉면이 된다)

회색 실(10ply, Aran)과 대바늘 5mm를 사용하여 시작코 18코를 만든다.

- 1단: 겉뜨기 8코, 1코 만들기, 겉뜨기 2코, 1코 만들기, 겉뜨기 8코(총 20코)
- 2~4단: 메리야스뜨기 3단
- 5단: 겉뜨기 7코, 2코 모아뜨기, 겉뜨기 2코, 오른코 모아뜨기, 겉뜨기 7코(총 18코)
- 6단: 안뜨기 6코, 안뜨기로 2코 모아 꼬아뜨기, 안뜨기 2코, 안뜨기로 2코 모아뜨기, 안뜨기 6코(총 16코)
- 7단: 겉뜨기 5코, 2코 모아뜨기, 겉뜨기 2코, 오른코 모아뜨기, 겉뜨기 5코(총 14코)
- 8단: 안뜨기 4코, 안뜨기로 2코 모아 꼬아뜨기, 안뜨기 2코, 안뜨기로 2코 모아뜨기, 안뜨기 4코(총 12코)
- 9~20단: 메리야스뜨기 12단

모든 코를 코막음한다.

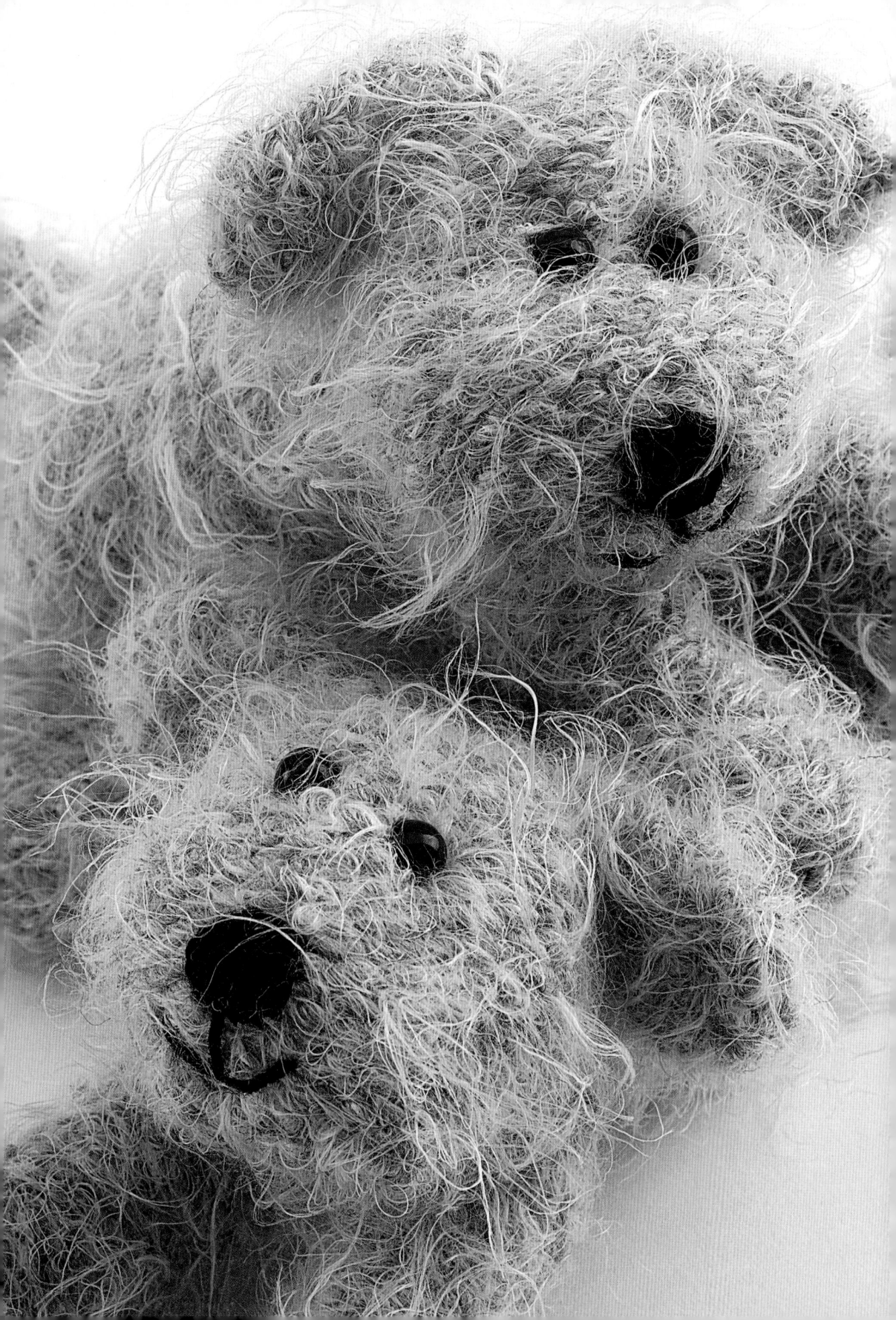

- 10단: 겉뜨기 1코, [2코 모아뜨기] 2회 반복, 겉뜨기 1코(총 4코)
- 11단: 안뜨기 1단

남아 있는 모든 코를 코막음한다.

코

검은색 실(4ply, fingering)과 대바늘 2.75mm를 사용하여 시작코 3코를 만든다.

- 1단: 안뜨기 1단
- 2단: [겉뜨기 1코, 1코 만들기] 2회 반복, 겉뜨기 1코(총 5코)
- 3~4단: 메리야스뜨기 2단
- 5단: 안뜨기로 2코 모아뜨기, 안뜨기 1코, 안뜨기로 2코 모아 꼬아뜨기(총 3코)
- 6단: 겉뜨기 1단

입을 수놓을 만큼 실을 충분히 남기고 자른다. 남은 코 사이로 실을 뺀 후 잡아당겨 마무리한다.

몸통(안뜨기면이 겉면이 된다)

회색 실(10ply, Aran)과 대바늘 5mm를 사용하여 시작코 12코를 만든다.

- 1단: 겉뜨기 3코, 1코 늘리기, 겉뜨기 4코, 1코 늘리기, 겉뜨기 3코(총 14코)
- 2단: 안뜨기 3코, 1코 늘리기, 안뜨기 6코, 1코 늘리기, 안뜨기 3코(총 16코)
- 3단: 겉뜨기 4코, 1코 늘리기, 겉뜨기 6코, 1코 늘리기, 겉뜨기 4코(총 18코)
- 4단: 안뜨기 4코, 1코 늘리기, 안뜨기 8코, 1코 늘리기, 안뜨기 4코(총 20코)
- 5단: 겉뜨기 5코, 1코 늘리기, 겉뜨기 8코, 1코 늘리기, 겉뜨기 5코(총 22코)
- 6단: 안뜨기 5코, 1코 늘리기, 안뜨기 10코, 1코 늘리기, 안뜨기 5코(총 24코)
- 7단: 겉뜨기 6코, 1코 늘리기, 겉뜨기 10코, 1코 늘리기, 겉뜨기 6코(총 26코)
- 8단: 안뜨기 6코, 1코 늘리기, 안뜨기 12코, 1코 늘리기, 안뜨기 6코(총 28코)
- 9단: 겉뜨기 7코, 1코 늘리기, 겉뜨기 12코, 1코 늘리기, 겉뜨기 7코(총 30코)
- 10단: 안뜨기 7코, 1코 늘리기, 안뜨기 14코, 1코 늘리기, 안뜨기 7코(총 32코)
- 11단: 겉뜨기 1단
- 12단: 안뜨기 8코, 1코 늘리기, 안뜨기 14코, 1코 늘리기, 안뜨기 8코(총 34코)
- 13단: 겉뜨기 1단
- 14단: 안뜨기 8코, 1코 늘리기, 안뜨기 16코, 1코 늘리기, 안뜨기 8코(총 36코)

팔(2개, 안뜨기면이 겉면이 된다)

회색 실(10ply, Aran)과 대바늘 5mm를 사용하여 시작코 8코를 만든다.

- 1단: 겉뜨기 1코, 1코 만들기, [겉뜨기 2코, 1코 만들기] 3회 반복, 겉뜨기 1코(총 12코)
- 2~6단: 메리야스뜨기 5단
- 7단: 겉뜨기 2코, 2코 모아뜨기, 겉뜨기 4코, 2코 모아뜨기, 겉뜨기 2코(총 10코)
- 8~18단: 메리야스뜨기 11단

모든 코를 코막음한다.

귀(4개, 안뜨기면이 겉면이 된다)

회색 실(10ply, Aran)과 대바늘 5mm를 사용하여 시작코 4코를 만든다.

- 1단: 안뜨기 1단
- 2단: 겉뜨기 1코, 1코 만들기, 겉뜨기 2코, 1코 만들기, 겉뜨기 1코(총 6코)
- 3단: 안뜨기 1코, 1코 만들기, 안뜨기 4코, 1코 만들기, 안뜨기 1코(총 8코)
- 4~5단: 메리야스뜨기 2단
- 6단: 겉뜨기 1코, 2코 모아뜨기, 겉뜨기 2코, 2코 모아뜨기, 겉뜨기 1코(총 6코)
- 7~9단: 메리야스뜨기 3단

- 15~18단: 메리야스뜨기 4단
- 19단: 겉뜨기 8코, 오른코 모아뜨기, 겉뜨기 16코, 2코 모아뜨기, 겉뜨기 8코(총 34코)
- 20단: 안뜨기 1단
- 21단: 겉뜨기 8코, 오른코 모아뜨기, 겉뜨기 14코, 2코 모아뜨기, 겉뜨기 8코(총 32코)
- 22단: 안뜨기 1단
- 23단: 겉뜨기 7코, 오른코 모아뜨기, 겉뜨기 14코, 2코 모아뜨기, 겉뜨기 7코(총 30코)
- 24단: 안뜨기 1단
- 25단: 겉뜨기 7코, 오른코 모아뜨기, 겉뜨기 12코, 2코 모아뜨기, 겉뜨기 7코(총 28코)
- 26단: 안뜨기 1단
- 27단: 겉뜨기 6코, 오른코 모아뜨기, 겉뜨기 12코, 2코 모아뜨기, 겉뜨기 6코(총 26코)
- 28단: 안뜨기 1단
- 29단: 겉뜨기 6코, 오른코 모아뜨기, 겉뜨기 10코, 2코 모아뜨기, 겉뜨기 6코(총 24코)
- 30단: 안뜨기 1단
- 31단: 겉뜨기 5코, 오른코 모아뜨기, 겉뜨기 10코, 2코 모아뜨기, 겉뜨기 5코(총 22코)
- 32단: 안뜨기 1단
- 33단: 겉뜨기 5코, 오른코 모아뜨기, 겉뜨기 8코, 2코 모아뜨기, 겉뜨기 5코(총 20코)
- 34단: 안뜨기 1단
- 35단: 겉뜨기 4코, 오른코 모아뜨기, 겉뜨기 8코, 2코 모아뜨기, 겉뜨기 4코(총 18코)
- 36단: 안뜨기 1단
- 37단: 겉뜨기 4코, 오른코 모아뜨기, 겉뜨기 6코, 2코 모아뜨기, 겉뜨기 4코(총 16코)
- 38단: 안뜨기 1단
- 39단: 겉뜨기 3코, 오른코 모아뜨기, 겉뜨기 6코, 2코 모아뜨기, 겉뜨기 3코(총 14코)
- 40단: 안뜨기 1단

모든 코를 코막음한다.

꼬리(안뜨기면이 겉면이 된다)

회색 실(10ply, Aran)과 대바늘 5mm를 사용하여 시작코 8코를 만든다.

- 1~8단: 겉뜨기로 시작하여 메리야스뜨기 8단
- 9단: 겉뜨기 1코, 1코 만들기, [겉뜨기 2코, 1코 만들기] 3회 반복, 겉뜨기 1코(총 12코)
- 10단: 안뜨기 1단
- 11단: 겉뜨기 1코, 2코 모아뜨기, 겉뜨기 1코, [2코 모아뜨기] 2회 반복, 겉뜨기 1코, 2코 모아뜨기, 겉뜨기 1코(총 8코)

모든 코를 코막음한다.

연결하기

❶ 몸통은 안뜨기면이 겉면이 되도록 놓은 후 아래쪽 시작단부터 시작하여 뒷솔기를 꿰매는데, 진행하면서 솜을 채운다. 뒷솔기가 뒷중심에 있는지 확인한 후, 코막음한 단끼리 꿰매어 윗솔기를 닫는다.

❷ 머리는 안뜨기면이 겉면이 되도록 놓은 후 시작단부터 시작하여 머리의 아래쪽이 될 솔기를 꿰맨다. 솜을 채우고 몸통과 같은 방법으로 윗솔기를 꿰맨다.

❸ 검은색 실(4ply, fingering)을 사용하여 코를 얼굴에 꿰매고, 검은색 단추를 눈 위치에 단다. 작품 사진을 참고하여 위치를 확인한다.

❹ 회색 실(10ply, Aran)을 머리 뒤통수에 연결하고, 작품 사진을 참고하여 몸통 위쪽에 머리를 꿰맨다.

❺ 귀 2개를 안뜨기면이 겉면이 되도록 맞대고 꿰맨다. 2번째 귀도 같은 방법으로 작업한다. 작품 사진을 참고하여 머리 위에 귀를 꿰맨다. 이때 귀 사이의 간격을 약 1cm 정도 띄운다.

❻ 팔은 안뜨기면이 겉면이 되도록 놓은 후 옆솔기를 꿰맨다. 솜을 채우고 윗솔기와 아랫솔기를 꿰맨다. 코막음한 단이 팔 위쪽이 된다. 두 번째 팔도 같은 방법으로 반복한다.

❼ 팔의 옆솔기가 아래로 향하도록 놓고, 팔의 코막음한 단을 머리 바로 아래 몸통의 옆선에 꿰맨다. 작품 사진을 참고한다. 두 번째 팔도 같은 방법으로 꿰맨다.

❽ 다리의 뒷솔기를 꿰매고 솜을 채운 후 발을 막는다. 다리의 뒷솔기가 가운데를 향하도록 놓고 다리의 윗솔기를 수평으로 꿰맨다. 이때 다리 뒷중심선이 중앙에 있게 된다. 두 번째 다리도 같은 방법으로 작업한 후, 다리 2개를 몸통 아래쪽에, 다리가 인형 앞으로 가도록 꿰맨다.

❾ 꼬리의 옆솔기와 아랫솔기를 꿰매고 솜은 넣지 않는다. 꼬리 윗부분(시작단)을 몸통 엉덩이에 꿰맨다. 작품 사진을 참고한다.

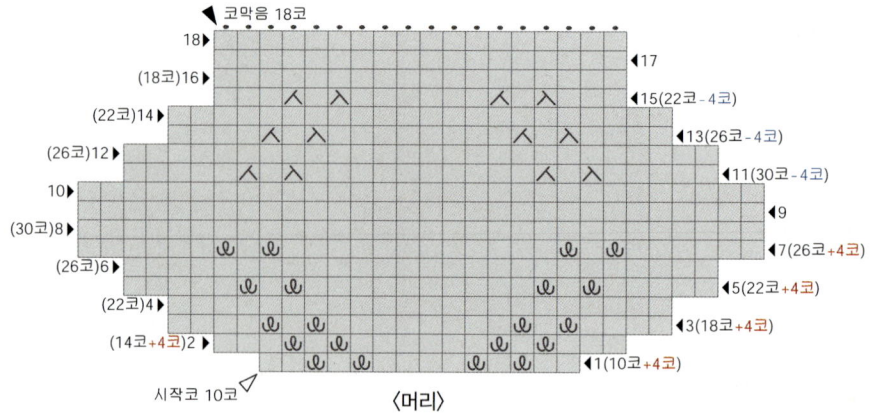

〈머리〉

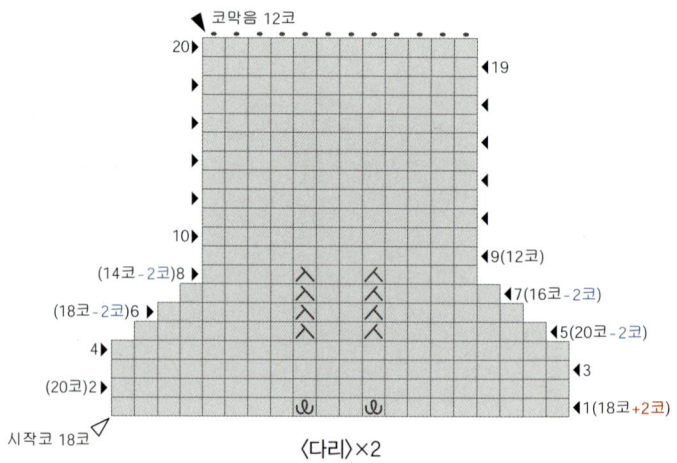

〈다리〉×2

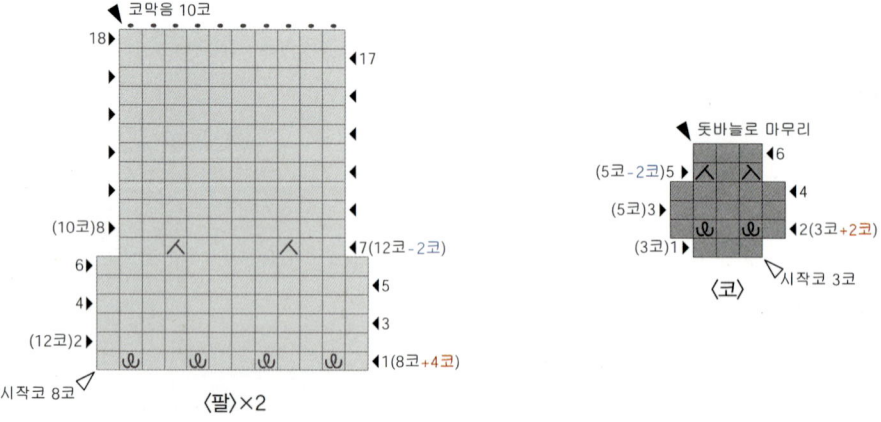

〈팔〉×2

〈코〉

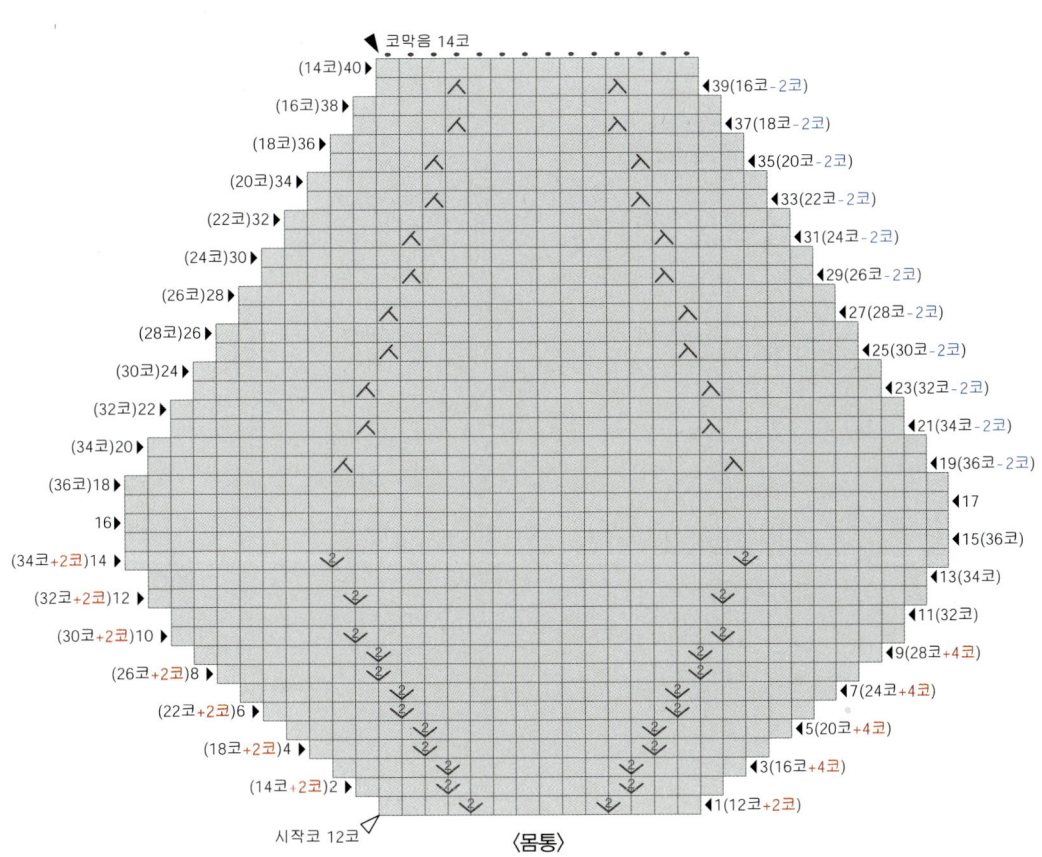

〈몸통〉

코막음 14코

(14코)40▶   39(16코 - 2코)▶
(16코)38▶   ◀37(18코 - 2코)
(18코)36▶   ◀35(20코 - 2코)
(20코)34▶   ◀33(22코 - 2코)
(22코)32▶   ◀31(24코 - 2코)
(24코)30▶   ◀29(26코 - 2코)
(26코)28▶   ◀27(28코 - 2코)
(28코)26▶   ◀25(30코 - 2코)
(30코)24▶   ◀23(32코 - 2코)
(32코)22▶   ◀21(34코 - 2코)
(34코)20▶   ◀19(36코 - 2코)
(36코)18▶   ◀17
16▶   ◀15(36코)
(34코+2코)14▶   ◀13(34코)
(32코+2코)12▶   ◀11(32코)
(30코+2코)10▶   ◀9(28코+4코)
(26코+2코)8▶   ◀7(24코+4코)
(22코+2코)6▶   ◀5(20코+4코)
(18코+2코)4▶   ◀3(16코+4코)
(14코+2코)2▶   ◀1(12코+2코)

시작코 12코

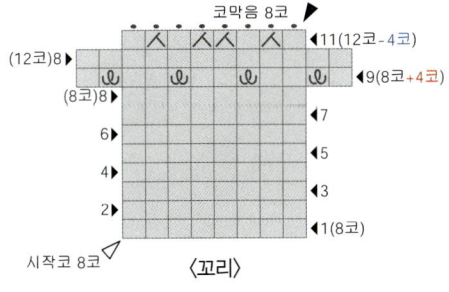

〈꼬리〉

코막음 8코

(12코)8▶   ◀11(12코 - 4코)
   ◀9(8코+4코)
(8코)8▶   ◀7
6▶   ◀5
4▶   ◀3
2▶   ◀1(8코)

시작코 8코

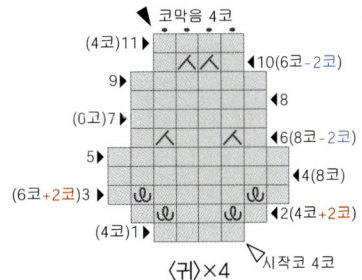

〈귀〉×4

코막음 4코

(4코)11▶
   ◀10(6코 - 2코)
9▶   ◀8
(0코)7▶   ◀6(8코 - 2코)
5▶   ◀4(8코)
(6코+2코)3▶   ◀2(4코+2코)
(4코)1▶

시작코 4코

8. 불스아이 Bullseye

반짝이는 검은색 눈이 매력적인 불스아이는 실재하는 캐릭터입니다. 검은색 반점은 따로 떠서 인형을 완성한 후에 꿰맵니다. 반점이 더 많은 강아지를 원하면 2~3개 더 떠서 꿰매면 됩니다.

준비물
- 크림색 실(10ply, Aran) 62m
- 검은색 실(10ply, Aran) 25m
- 장난감용 구름솜
- 인형눈: 10mm 검은색 기둥단추 2개
- 검은색 면사와 봉제용 바늘

바늘
- 대바늘 4mm(영국 8호, 미국 6호)

게이지
- 대바늘 4mm와 10ply실(Aran)을 사용하여 메리야스 뜨기로 5cm=9~10코

완성 사이즈
- 맞은편 사진에 보이는 것처럼 앉아있을 때 높이: 약 20cm

앞몸통

크림색 실(10ply, Aran)과 대바늘 4mm를 사용하여 시작코 20코를 만든다.

- 1~4단: 겉뜨기로 시작하여 메리야스뜨기 4단
- 5단: 겉뜨기 1코, 1코 만들기, 겉뜨기 8코, 1코 만들기, 겉뜨기 2코, 1코 만들기, 겉뜨기 8코, 1코 만들기, 겉뜨기 1코 (총 24코)
- 6단: 안뜨기 1단
- 7단: 겉뜨기 1코, 1코 만들기, 겉뜨기 10코, 1코 만들기, 겉뜨기 2코, 1코 만들기, 겉뜨기 10코, 1코 만들기, 겉뜨기 1코 (총 28코)
- 8단: 안뜨기 1단
- 9단: 겉뜨기 1코, 1코 만들기, 겉뜨기 12코, 1코 만들기, 겉뜨기 2코, 1코 만들기, 겉뜨기 12코, 1코 만들기, 겉뜨기 1코 (총 32코)
- 10단: 안뜨기 1단
- 11단: 겉뜨기 1코, 1코 만들기, 겉뜨기 14코, 1코 만들기, 겉뜨기 2코, 1코 만들기, 겉뜨기 14코, 1코 만들기, 겉뜨기 1코 (총 36코)
- 12~26단: 메리야스뜨기 15단

- 27단: 겉뜨기 1코, 오른코 모아뜨기, 겉뜨기 12코, 2코 모아뜨기, 겉뜨기 2코, 오른코 모아뜨기, 겉뜨기 12코, 2코 모아뜨기, 겉뜨기 1코(총 32코)
- 28~30단: 메리야스뜨기 3단
- 31단: 겉뜨기 1코, 오른코 모아뜨기, 겉뜨기 10코, 2코 모아뜨기, 겉뜨기 2코, 오른코 모아뜨기, 겉뜨기 10코, 2코 모아뜨기, 겉뜨기 1코(총 28코)
- 32단: 안뜨기 1단
- 33단: 겉뜨기 1코, 오른코 모아뜨기, 겉뜨기 8코, 2코 모아뜨기, 겉뜨기 2코, 오른코 모아뜨기, 겉뜨기 8코, 2코 모아뜨기, 겉뜨기 1코(총 24코)
- 34단: 안뜨기 1단
- 35단: 겉뜨기 1코, 오른코 모아뜨기, 3코 남을 때까지 겉뜨기, 2코 모아뜨기, 겉뜨기 1코(총 22코)
- 36단: 안뜨기 1단
- 37~42단: [35~36단] 3회 반복(총 16코)
- 43단: 겉뜨기 1코, 오른코 모아뜨기, 겉뜨기 2코, 2코 모아뜨기, 겉뜨기 2코, 오른코 모아뜨기, 겉뜨기 2코, 2코 모아뜨기, 겉뜨기 1코(총 12코)

모든 코를 안뜨기로 코막음한다.

뒷몸통

크림색 실(10ply, Aran)과 대바늘 4mm를 사용하여 시작코 20코를 만든다.

- 1~2단: 겉뜨기로 시작하여 메리야스뜨기 2단
- 3단: 겉뜨기 1코, 1코 만들기, 겉뜨기 8코, 1코 만들기, 겉뜨기 2코, 1코 만들기, 겉뜨기 8코, 1코 만들기, 겉뜨기 1코 (총 24코)
- 4단: 안뜨기 1단
- 5단: 겉뜨기 1코, 1코 만들기, 겉뜨기 10코, 1코 만들기, 겉뜨기 2코, 1코 만들기, 겉뜨기 10코, 1코 만들기, 겉뜨기 1코 (총 28코)
- 6단: 안뜨기 1단
- 7단: 겉뜨기 1코, 1코 만들기, 겉뜨기 12코, 1코 만들기, 겉뜨기 2코, 1코 만들기, 겉뜨기 12코, 1코 만들기, 겉뜨기 1코 (총 32코)
- 8~22단: 메리야스뜨기 15단
- 23단: 겉뜨기 1코, 오른코 모아뜨기, 3코 남을 때까지 겉뜨기, 2코 모아뜨기, 겉뜨기 1코(총 30코)

- 24단: 안뜨기 1단
- 25~46단: [23~24단]11회 반복(총 8코)

모든 코를 코막음한다.

바닥

크림색 실(10ply, Aran)과 대바늘 4mm를 사용하여 시작코 16코를 만든다.

- 1~2단: 겉뜨기로 시작하여 메리야스뜨기 2단
- 3단: 겉뜨기 1코, 1코 만들기, 1코 남을 때까지 겉뜨기, 1코 만들기, 겉뜨기 1코(총 18코)
- 4~12단: 메리야스뜨기 9단
- 13단: 겉뜨기 1코, 오른코 모아뜨기, 3코 남을 때까지 겉뜨기, 2코 모아뜨기, 겉뜨기 1코(총 16코)
- 14단: 안뜨기 1단
- 15단: 겉뜨기 1코, 오른코 모아뜨기, 3코 남을 때까지 겉뜨기, 2코 모아뜨기, 겉뜨기 1코(총 14코)
- 16단: 안뜨기 1코, 안뜨기로 2코 모아뜨기, 3코 남을 때까지 안뜨기, 안뜨기로 2코 모아 꼬아뜨기, 안뜨기 1코(총 12코)

모든 코를 코막음한다.

다리(2개)

크림색 실(10ply, Aran)과 대바늘 4mm를 사용하여 시작코 18코를 만든다.

- 1단: 겉뜨기 8코, 1코 만들기, 겉뜨기 2코, 1코 만들기, 겉뜨기 8코(총 20코)
- 2~4단: 메리야스뜨기 3단
- 5단: 겉뜨기 9코, 1코 만들기, 겉뜨기 2코, 1코 만들기, 겉뜨기 9코(총 22코)
- 6~8단: 메리야스뜨기 3단
- 9단: 겉뜨기 10코, 1코 만들기, 겉뜨기 2코, 1코 만들기, 겉뜨기 10코(총 24코)
- 10단: 안뜨기 1단
- 11단: 겉뜨기 11코, 1코 만들기, 겉뜨기 2코, 1코 만들기, 겉뜨기 11코(총 26코)
- 12단: 안뜨기 1단
- 13단: 겉뜨기 12코, 1코 만들기, 겉뜨기 2코, 1코 만들기, 겉뜨기 12코(총 28코)
- 14단: 안뜨기 1단
- 15단: 겉뜨기 13코, 1코 만들기, 겉뜨기 2코, 1코 만들기, 겉뜨기 13코(총 30코)
- 16단: 안뜨기 14코, 1코 만들기, 안뜨기 2코, 1코 만들기, 안뜨기 14코(총 32코)
- 17단: 겉뜨기 15코, 1코 만들기, 겉뜨기 2코, 1코 만들기, 겉뜨기 15코(총 34코)
- 18단: 안뜨기 16코, 1코 만들기, 안뜨기 2코, 1코 만들기, 안뜨기 16코(총 36코)

- 19~20단: 메리야스뜨기 2단
- 21단: 겉뜨기 1코, 오른코 모아뜨기, 겉뜨기 12코, 2코 모아뜨기, 겉뜨기 2코, 오른코 모아뜨기, 겉뜨기 12코, 2코 모아뜨기, 겉뜨기 1코(총 32코)
- 22단: 안뜨기 1코, 안뜨기로 2코 모아뜨기, 안뜨기 10코, 안뜨기로 2코 모아 꼬아뜨기, 안뜨기 2코, 안뜨기로 2코 모아뜨기, 안뜨기 10코, 안뜨기로 2코 모아 꼬아뜨기, 안뜨기 1코(총 28코)
- 23단: 11코 코막음, 단의 끝까지 겉뜨기(총 17코)
- 24단: 11코 코막음, 단의 끝까지 안뜨기(총 6코)
- 25~26단: 메리야스뜨기 2단
- 27단: 겉뜨기 1코, 1코 만들기, 1코 남을 때까지 겉뜨기, 1코 만들기, 겉뜨기 1코(총 8코)
- 28단: 안뜨기 1단
- 29~30단: 27~28단을 반복(총 10코)
- 31~32단: 메리야스뜨기 2단
- 33단: 겉뜨기 1코, 오른코 모아뜨기, 3코 남을 때까지 겉뜨기, 2코 모아뜨기, 겉뜨기 1코(총 8코)
- 34단: 안뜨기 1단
- 35~36단: 33~34단을 반복(총 6코)

모든 코를 코막음한다.

팔(2개)

크림색 실(10ply, Aran)과 대바늘 4mm를 사용하여 시작코 16코를 만든다.

- 1~12단: 겉뜨기로 시작하여 메리야스뜨기 12단
- 13단: 겉뜨기 1코, 1코 만들기, 겉뜨기 6코, 1코 만들기, 겉뜨기 2코, 1코 만들기, 겉뜨기 6코, 1코 만들기, 겉뜨기 1코(총 20코)
- 14단: 안뜨기 1단
- 15단: 겉뜨기 1코, 1코 만들기, 겉뜨기 8코, 1코 만들기, 겉뜨기 2코, 1코 만들기, 겉뜨기 8코, 1코 만들기, 겉뜨기 1코(총 24코)
- 16~18단: 메리야스뜨기 3단
- 19단: 겉뜨기 1코, 오른코 모아뜨기, 겉뜨기 6코, 2코 모아뜨기, 겉뜨기 2코, 오른코 모아뜨기, 겉뜨기 6코, 2코 모아뜨기, 겉뜨기 1코(총 20코)
- 20단: 안뜨기 1코, 안뜨기 2코 모아뜨기, 안뜨기 4코, 안뜨기로 2코 모아 꼬아뜨기, 안뜨기 2코, 안뜨기로 2코 모아뜨기, 안뜨기 4코, 안뜨기로 2코 모아 꼬아뜨기, 안뜨기 1코(총 16코)

〈대바늘로 떠서 잇기(p.21 참고)〉 기법으로 3개의 대바늘을 사용하여 코막음한다.

머리

크림색 실(10ply, Aran)과 대바늘 4mm를 사용하여 시작코 14코를 만든다.

- 1단: 안뜨기 1단
- 2단: 겉뜨기 1코, 1코 만들기, 1코 남을 때까지 겉뜨기, 1코 만들기, 겉뜨기 1코(총 16코)
- 3단: 안뜨기 1코, 1코 만들기, 1코 남을 때까지 안뜨기, 1코 만들기, 안뜨기 1코(총 18코)
- 4~7단: [2~3단] 2회 반복(총 26코)
- 8단: 겉뜨기 1코, 1코 만들기, 1코 남을 때까지 겉뜨기, 1코 만들기, 겉뜨기 1코(총 28코)
- 9단: 안뜨기 1단
- 10~11단: 8~9단을 반복(총 30코)
- 12단: 겉뜨기 14코, 1코 만들기, 겉뜨기 2코, 1코 만들기, 겉뜨기 14코(총 32코)
- 13단: 안뜨기 15코, 1코 만들기, 안뜨기 2코, 1코 만들기, 안뜨기 15코(총 34코)
- 14단: 겉뜨기 16코, 1코 만들기, 겉뜨기 2코, 1코 만들기, 겉뜨기 16코(총 36코)
- 15단: 안뜨기 17코, 1코 만들기, 안뜨기 2코, 1코 만들기, 안뜨기 17코(총 38코)
- 16단: 겉뜨기 18코, 1코 만들기, 겉뜨기 2코, 1코 만들기, 겉뜨기 18코(총 40코)
- 17단: 안뜨기 19코, 1코 만들기, 안뜨기 2코, 1코 만들기, 안뜨기 19코(총 42코)
- 18단: 겉뜨기 20코, 1코 만들기, 겉뜨기 2코, 1코 만들기, 겉뜨기 20코(총 44코)
- 19~27단: 메리야스뜨기 9단
- 28단: 겉뜨기 1코, 오른코 모아뜨기, 겉뜨기 16코, 2코 모아뜨기, 겉뜨기 2코, 오른코 모아뜨기, 겉뜨기 16코, 2코 모아뜨기, 겉뜨기 1코(총 40코)
- 29단: 안뜨기 1단
- 30단: 겉뜨기 1코, 오른코 모아뜨기, 겉뜨기 14코, 2코 모아뜨기, 겉뜨기 2코, 오른코 모아뜨기, 겉뜨기 14코, 2코 모아뜨기, 겉뜨기 1코(총 36코)
- 31단: 안뜨기 1단
- 32단: 겉뜨기 1코, 오른코 모아뜨기, 겉뜨기 12코, 2코 모아뜨기, 겉뜨기 2코, 오른코 모아뜨기, 겉뜨기 12코, 2코 모아뜨기, 겉뜨기 1코(총 32코)

당신에게 할 말이 있어요……

- 33단: 안뜨기 1코, 안뜨기로 2코 모아뜨기, 안뜨기 10코, 안뜨기로 2코 모아 꼬아뜨기, 안뜨기 2코, 안뜨기로 2코 모아뜨기, 안뜨기 10코, 안뜨기로 2코 모아 꼬아뜨기, 안뜨기 1코(총 28코)
- 34단: 겉뜨기 1코, 오른코 모아뜨기, 겉뜨기 8코, 2코 모아뜨기, 겉뜨기 2코, 오른코 모아뜨기, 겉뜨기 8코, 2코 모아뜨기, 겉뜨기 1코(총 24코)
- 35단: 안뜨기 1코, 안뜨기로 2코 모아뜨기, 안뜨기 6코, 안뜨기로 2코 모아 꼬아뜨기, 안뜨기 2코, 안뜨기로 2코 모아뜨기, 안뜨기 6코, 안뜨기로 2코 모아 꼬아뜨기, 안뜨기 1코(총 20코)
- 36단: 겉뜨기 1코, 오른코 모아뜨기, 겉뜨기 4코, 2코 모아뜨기, 겉뜨기 2코, 오른코 모아뜨기, 겉뜨기 4코, 2코 모아뜨기, 겉뜨기 1코(총 16코)

〈대바늘로 떠서 잇기(p.21 참고)〉 기법으로 3개의 대바늘을 사용하여 코막음한다.

귀(크림색으로 2개, 검은색으로 2개)

10ply실(Aran)과 대바늘 4mm를 사용하여 시작코 8코를 만든다.

- 1~6단: 겉뜨기로 시작하여 메리야스뜨기 6단
- 7단: 겉뜨기 1코, 1코 만들기, 1코 남을 때까지 겉뜨기, 1코 만들기, 겉뜨기 1코(총 10코)
- 8~14단: 메리야스뜨기 7단
- 15단: 겉뜨기 1코, 1코 만들기, 1코 남을 때까지 겉뜨기, 1코 만들기, 겉뜨기 1코(총 12코)
- 16~18단: 메리야스뜨기 3단
- 19단: 겉뜨기 1코, 오른코 모아뜨기, 3코 남을 때까지 겉뜨기, 2코 모아뜨기, 겉뜨기 1코(총 10코)

- 20단: 안뜨기 1코, 안뜨기로 2코 모아뜨기, 3코 남을 때까지 안뜨기, 안뜨기로 2코 모아 꼬아뜨기, 안뜨기 1코(총 8코)

모든 코를 코막음한다.

코

검은색 실(10ply, Aran)과 대바늘 4mm를 사용하여 시작코 5코를 만든다.

- 1~4단: 겉뜨기로 시작하여 메리야스뜨기 4단
- 5단: 오른코 모아뜨기, 겉뜨기 1코, 2코 모아뜨기(총 3코)
- 6단: 안뜨기 1단
- 7단: 오른코 3코 모아뜨기(총 1코)

입을 수놓을 만큼 충분히 실을 남기고 자른다. 남은 코 사이로 실을 뺀 후 잡아당겨 마무리한다.

얼굴에 있는 반점

검은색 실(10ply, Aran)과 대바늘 4mm를 사용하여 시작코 4코를 만든다.

- 1단: 안뜨기 1단
- 2단(겉면): 겉뜨기 1코, 1코 만들기, 겉뜨기 2코, 1코 만들기, 겉뜨기 1코(총 6코)
- 3단: 안뜨기 1코, 1코 만들기, 안뜨기 4코, 1코 만들기, 안뜨기 1코(총 8코)
- 4~5단: 메리야스뜨기 2단
- 6단: 겉뜨기 1코, 오른코 모아뜨기, 겉뜨기 2코, 2코 모아뜨기, 겉뜨기 1코(총 6코)
- 7단: 안뜨기 1코, 안뜨기로 2코 모아뜨기, 안뜨기로 2코 모아 꼬아뜨기, 안뜨기 1코(총 4코)

모든 코를 코막음한다.

꼬리

검은색 실(10ply, Aran)과 대바늘 4mm를 사용하여 시작코 10코를 만든다.

- 1~4단: 겉뜨기로 시작하여 메리야스뜨기 4단
- 5단: 겉뜨기 8코, (되돌아뜨기하고 편물을 뒤집는다)
- 6단: 안뜨기 6코, (되돌아뜨기하고 편물을 뒤집는다)
- 7단: 단의 끝까지 겉뜨기
- 8단: 안뜨기 1단

……지금 저를
꿰매려는 건가요?

- 9~12단: 5~8단을 반복한다.
- 13단: 겉뜨기 1코, 오른코 모아뜨기, 3코 남을 때까지 겉뜨기, 2코 모아뜨기, 겉뜨기 1코(총 8코)
- 14단: 안뜨기 1단
- 15~16단: 13~14단을 반복(총 6코)
- 17단: [2코 모아뜨기] 3회 반복(총 3코)

꼬리의 옆솔기를 꿰맬 실을 남긴 채 실을 자르고 돗바늘에 끼운 후, 남은 코 사이로 통과시키고 단단히 잡아당겨 마무리한다

몸에 있는 반점

검은색 실(10ply, Aran)과 대바늘 4mm를 사용하여 시작코 7코를 만든다.

- 1단: 겉뜨기 1단
- 2단: 안뜨기 1코, 1코 만들기, 1코 남을 때까지 안뜨기, 1코 만들기, 안뜨기 1코(총 9코)
- 3~4단: 메리야스뜨기 2단
- 5단: 겉뜨기 1코, 1코 만들기, 1코 남을 때까지 겉뜨기, 1코 만들기, 겉뜨기 1코(총 11코)
- 6~8단: 메리야스뜨기 3단
- 9단: 겉뜨기 1코, 오른코 모아뜨기, 3코 남을 때까지 겉뜨기, 2코 모아뜨기, 겉뜨기 1코(총 9코)
- 10단: 안뜨기 1단
- 11~12단: 9~10단을 반복(총 7코)

모든 코를 코막음한다.

연결하기

❶ 몸통의 옆솔기끼리 연결하여 시침핀으로 고정한 후 꿰맨다. 이때 시작단이 아래쪽이 된다. 몸통에 솜을 채우고, 바닥의 시작단이 몸통의 앞쪽으로 가도록 시침핀으로 고정한 후 꿰맨다.

❷ 머리는 모양이 잡힌 부분이 머리 윗부분이 되고 코막음한 단이 뒤통수가 되도록 놓고 머리의 아랫부분과 앞솔기를 이어 꿰맨다. 시작단에 이르면 크림색 실(10ply, Aran)을 돗바늘에 끼우고, 시작단에서 몇 단 들어와서 홈질한 후 실을 잡아당겨 코를 모은다. 이렇게 하면 코 모양이 약간 더 둥글게 마무리된다(p.23 참고).

❸ 작품 사진을 참고하여 반점을 얼굴에 꿰맨다. 검은색 면사를 사용하여 검은색 단추를 꿰매어 눈을 만든다. 눈의 안쪽과 머리의 아랫단을 한 땀씩 꿰맨 후 실을 아래쪽으로 약간 잡아당겨 고정한다. 두 번째 눈도 같은 방법으로 작업한다. 이렇게 하면 눈이 훨씬 더 사실적으로 보인다.

❹ 검은색 귀 2장을 안쪽면끼리 맞대고 꿰맨다. 크림색 귀도 같은 방법으로 작업한다. 검은색 귀가 검은색 얼굴 반점의 반대쪽에 오도록 머리 위에 시침핀으로 고정한 후 꿰맨다.

❺ 코는 코막음한 단이 위로 가도록 얼굴의 정면에 꿰맨다. 코에서 남은 검은색 실(10ply, Aran)을 사용하여 스트레이트 스티치로 입을 수놓는다.

❻ 팔의 옆솔기를 꿰매고 이 솔기가 팔 아래쪽으로 가도록 놓는다. 팔에 솜을 채운 후 코막음한 단끼리 꿰매고 검은색 실을 사용하여 손바닥에 스트레이트 스티치로 손가락 라인을 수놓는다. 두 번째 팔도 같은 방법으로 작업하고, 팔을 몸통에 시침핀으로 고정한 후 꿰맨다.

❼ 다리의 뒷솔기를 꿰매고 솜을 채운 후 발바닥을 꿰맨다. 2번째 다리도 같은 방법으로 작업한 후 다리가 몸통과 바닥의 연결부위에 오고, 솔기가 다리 아래로 가도록 시침핀으로 고정한 후 꿰맨다. 다리 위치를 잡을 때에는 작품 사진을 참고한다.

❽ 몸통용 검은색 반점을 꿰맨다.

❾ 꼬리의 솔기(몸통에 고정할 때 솔기가 위로 간다)를 꿰매고 솜을 약간 채운다. 작품 사진을 참고하여 몸통의 아랫부분에 꼬리를 꿰맨다.

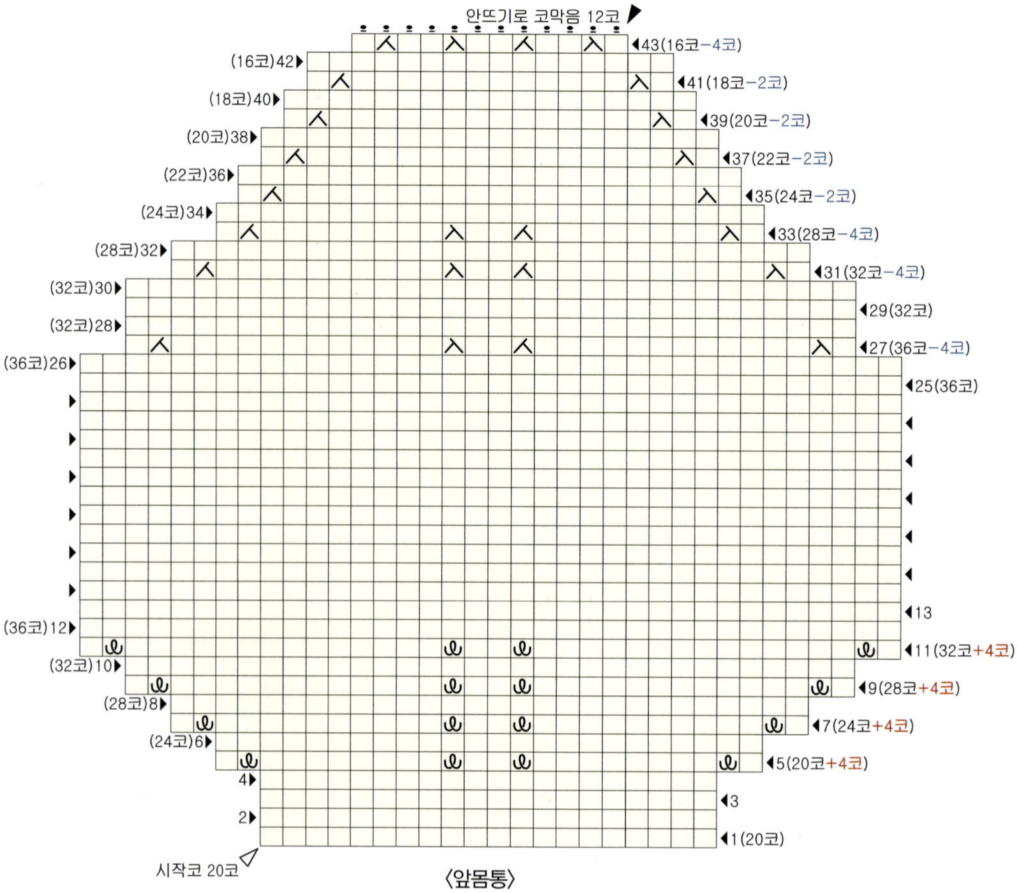

〈앞몸통〉

안뜨기로 코막음 12코

(16코)42▶	◀43(16코-4코)
(18코)40▶	◀41(18코-2코)
(20코)38▶	◀39(20코-2코)
(22코)36▶	◀37(22코-2코)
(24코)34▶	◀35(24코-2코)
(28코)32▶	◀33(28코-4코)
(32코)30▶	◀31(32코-4코)
(32코)28▶	◀29(32코)
(36코)26▶	◀27(36코-4코)
	◀25(36코)
	◀13
(36코)12▶	◀11(32코+4코)
(32코)10▶	◀9(28코+4코)
(28코)8▶	◀7(24코+4코)
(24코)6▶	◀5(20코+4코)
4▶	◀3
2▶	◀1(20코)

시작코 20코

〈머리〉

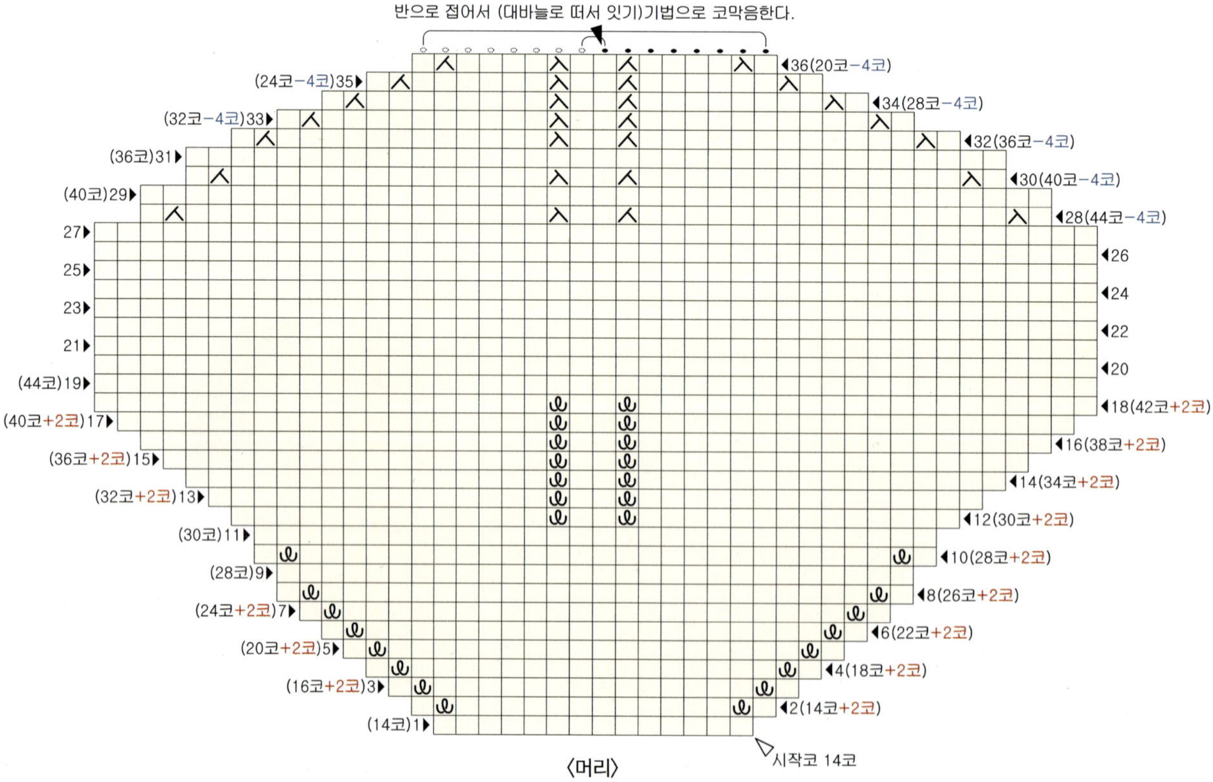

반으로 접어서 (대바늘로 떠서 잇기)기법으로 코막음한다.

(24코-4코)35▶	◀36(20코-4코)
(32코-4코)33▶	◀34(28코-4코)
(36코)31▶	◀32(36코-4코)
(40코)29▶	◀30(40코-4코)
27▶	◀28(44코-4코)
25▶	◀26
23▶	◀24
21▶	◀22
(44코)19▶	◀20
(40코+2코)17▶	◀18(42코+2코)
(36코+2코)15▶	◀16(38코+2코)
(32코+2코)13▶	◀14(34코+2코)
(30코)11▶	◀12(30코+2코)
(28코)9▶	◀10(28코+2코)
(24코+2코)7▶	◀8(26코+2코)
(20코+2코)5▶	◀6(22코+2코)
(16코+2코)3▶	◀4(18코+2코)
(14코)1▶	◀2(14코+2코)

시작코 14코

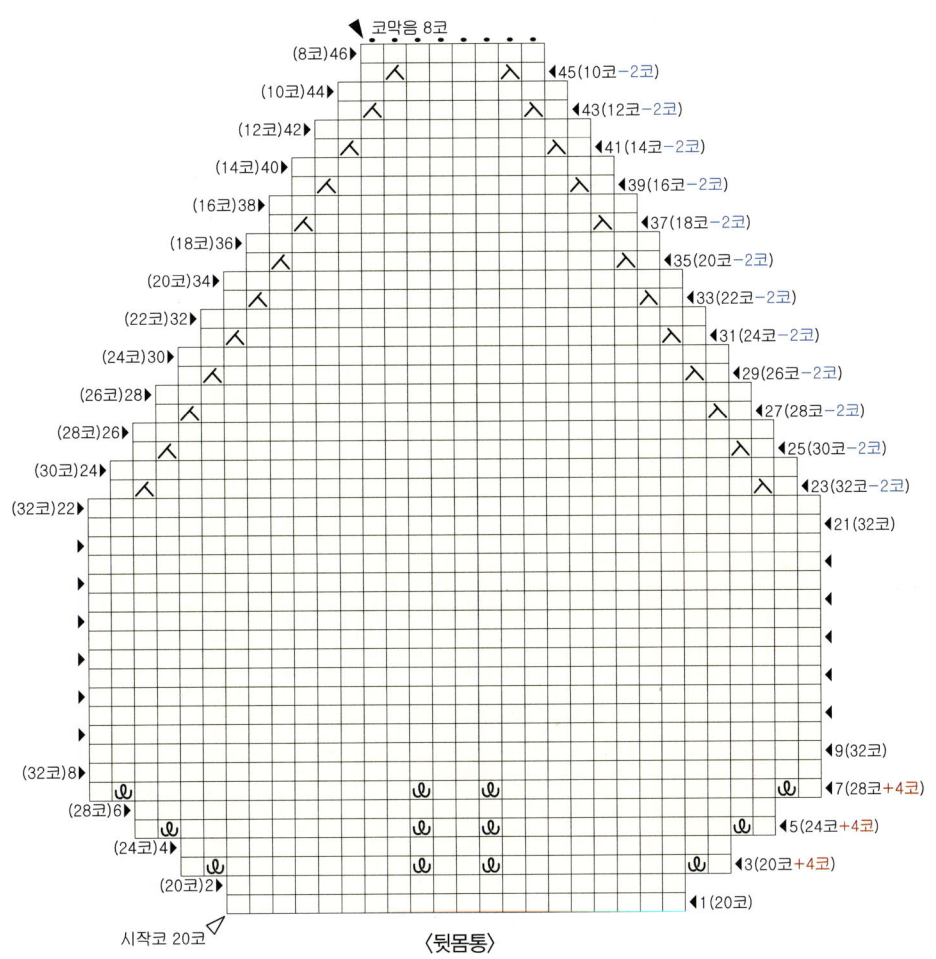

코막음 8코

(8코)46▶
(10코)44▶ ◀45(10코−2코)
(12코)42▶ ◀43(12코−2코)
(14코)40▶ ◀41(14코−2코)
(16코)38▶ ◀39(16코−2코)
(18코)36▶ ◀37(18코−2코)
(20코)34▶ ◀35(20코−2코)
(22코)32▶ ◀33(22코−2코)
(24코)30▶ ◀31(24코−2코)
(26코)28▶ ◀29(26코−2코)
(28코)26▶ ◀27(28코−2코)
(30코)24▶ ◀25(30코−2코)
(32코)22▶ ◀23(32코−2코)
◀21(32코)
◀9(32코)
(32코)8▶ ◀7(28코+4코)
(28코)6▶ ◀5(24코+4코)
(24코)4▶ ◀3(20코+4코)
(20코)2▶ ◀1(20코)
시작코 20코 ◁

〈뒷몸통〉

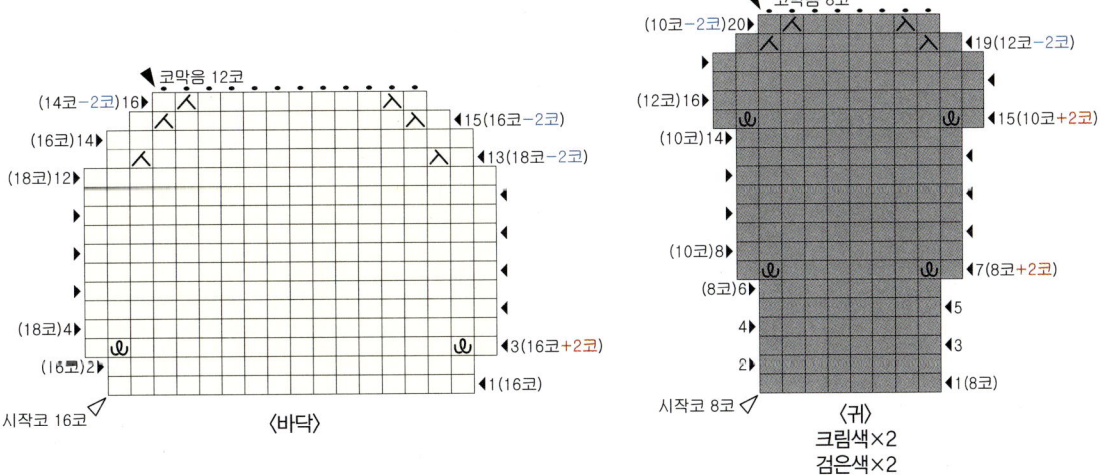

코막음 12코

(14코−2코)16▶ ◀15(16코−2코)
(16코)14▶ ◀13(18코−2코)
(18코)12▶
(18코)4▶ ◀3(16코+2코)
(16코)2▶ ◀1(16코)
시작코 16코 ◁

〈바닥〉

코막음 8코

(10코−2코)20▶ ◀19(12코−2코)
(12코)16▶
(10코)14▶ ◀15(10코+2코)
(10코)8▶
(8코)6▶ ◀7(8코+2코)
◀5
4▶ ◀3
2▶ ◀1(8코)
시작코 8코 ◁

〈귀〉
크림색×2
검은색×2

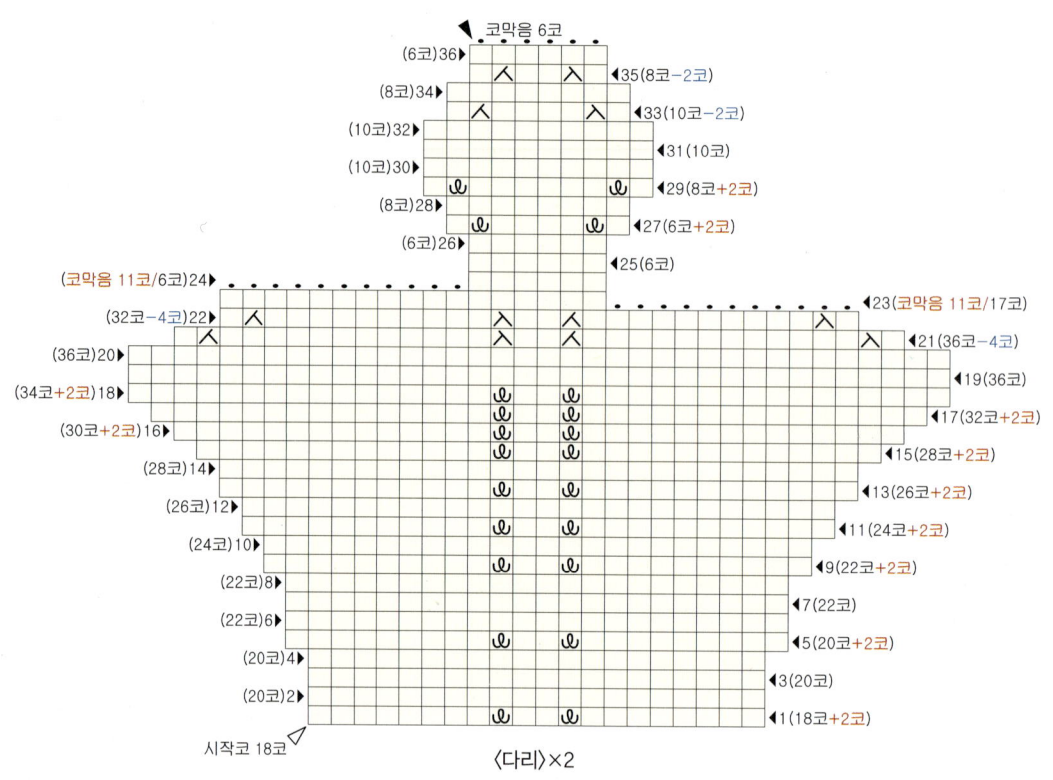

코막음 6코

(6코)36▶

(8코)34▶

◀35(8코−2코)

◀33(10코−2코)

(10코)32▶

(10코)30▶

◀31(10코)

(8코)28▶

◀29(8코+2코)

(6코)26▶

◀27(6코+2코)

◀25(6코)

코막음 11코/6코)24▶

◀23(코막음 11코/17코)

(32코−4코)22▶

◀21(36코−4코)

(36코)20▶

◀19(36코)

(34코+2코)18▶

◀17(32코+2코)

(30코+2코)16▶

◀15(28코+2코)

(28코)14▶

◀13(26코+2코)

(26코)12▶

◀11(24코+2코)

(24코)10▶

◀9(22코+2코)

(22코)8▶

◀7(22코)

(22코)6▶

◀5(20코+2코)

(20코)4▶

◀3(20코)

(20코)2▶

◀1(18코+2코)

시작코 18코

〈다리〉×2

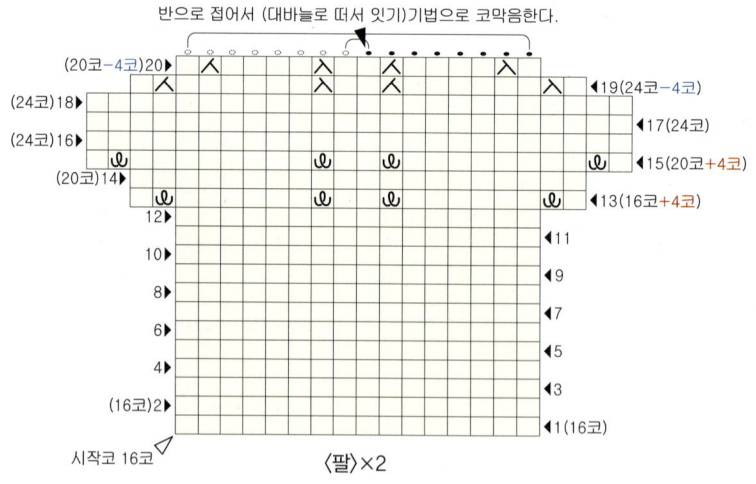

반으로 접어서 (대바늘로 떠서 잇기)기법으로 코막음한다.

(20코−4코)20▶

◀19(24코−4코)

(24코)18▶

◀17(24코)

(24코)16▶

◀15(20코+4코)

(20코)14▶

◀13(16코+4코)

12▶

◀11

10▶

◀9

8▶

◀7

6▶

◀5

4▶

◀3

(16코)2▶

◀1(16코)

시작코 16코

〈팔〉×2

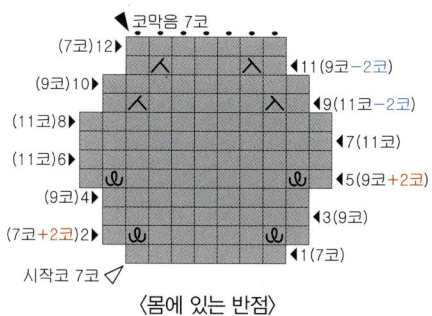

코막음 7코

(7코)12▶   ◀11(9코−2코)
(9코)10▶   ◀9(11코−2코)
(11코)8▶   ◀7(11코)
(11코)6▶   ◀5(9코+2코)
(9코)4▶   ◀3(9코)
(7코+2코)2▶   ◀1(7코)

시작코 7코

〈몸에 있는 반점〉

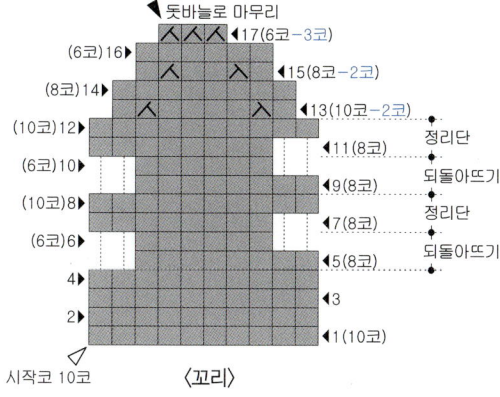

돗바늘로 마무리

◀17(6코−3코)
(6코)16▶   ◀15(8코−2코)
(8코)14▶   ◀13(10코−2코)   정리단
(10코)12▶   ◀11(8코)   되돌아뜨기
(6코)10▶   ◀9(8코)   정리단
(10코)8▶   ◀7(8코)   되돌아뜨기
(6코)6▶   ◀5(8코)
4▶   ◀3
2▶   ◀1(10코)

시작코 10코   〈꼬리〉

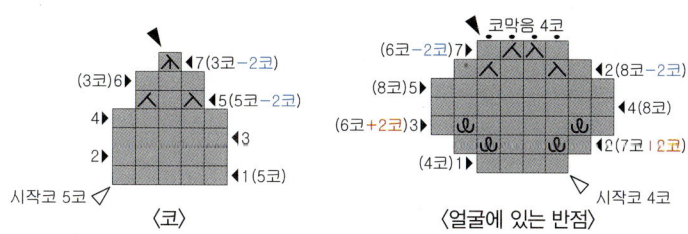

◀7(3코−2코)
(3코)6▶   ◀5(5코−2코)
4▶   ◀3
2▶   ◀1(5코)

시작코 5코   〈코〉

코막음 4코

(6코−2코)7▶   ◀2(8코−2코)
(8코)5▶   ◀4(8코)
(6코+2코)3▶   ◀2(7코 | 2코)
(4코)1▶   시작코 4코

〈얼굴에 있는 반점〉

9. 스트라이프 Stripes

줄무늬 얼굴이 재미있는 강아지, 스트라이프. 연속된 색상으로 따라서 뜨다 보면 컬러풀한 강아지가 완성됩니다. 아기를 위해 뜰 때에는 단추 대신에 안전한 눈을 사용하는 것을 잊지 마세요.

준비물
- 분홍색 면사(10ply, Aran) 70m: 메인색
- 보라색 면사(10ply, Aran) 62m: 배색
- 검은색 면사(4ply, fingering) 약간
- 장난감용 구름솜과 와이어

바늘
- 대바늘 3.75mm(영국 9호, 미국 5호)
- 대바늘 2.75mm(영국 12호, 미국 2호)

게이지
- 대바늘 3.75mm와 10ply실(Aran)을 사용하여 메리야스뜨기로 10cm=20코

완성 사이즈
- p.97의 사진처럼 앉아있을 때 높이: 18cm

사용한 줄무늬

* 6단 줄무늬 패턴
겉뜨기로 시작하여 메리야스뜨기로 다음과 같이 뜬다
: [배색 2단→메인색 4단] 반복하기
* 4단 줄무늬 패턴
겉뜨기로 시작하여 메리야스뜨기로 다음과 같이 뜬다
: [배색 2단→메인색 2단] 반복하기

머리

메인색 실과 대바늘 3.75mm를 사용하여 시작코 10코를 만든다.

- 1단: 안뜨기 1단
- 2단(겉면): 겉뜨기 1코, 1코 만들기, 1코 남을 때까지 겉뜨기, 1코 만들기, 겉뜨기 1코(총 12코)
- 3단: 안뜨기 1코, 1코 만들기, 1코 남을 때까지 안뜨기, 1코 만들기, 안뜨기 1코(총 14코)
- 4단: 겉뜨기 1코, 1코 만들기, 겉뜨기 4코, 1코 만들기, 겉뜨기 4코, 1코 만들기, 겉뜨기 4코, 1코 만들기, 겉뜨기 1코(총 18코)
- 5단: 안뜨기 1단
- 6단: 겉뜨기 1코, 1코 만들기, 겉뜨기 5코, 1코 만들기, 겉뜨기 6코, 1코 만들기, 겉뜨기 5코, 1코 만들기, 겉뜨기 1코(총 22코)

- 7단: 안뜨기 1단
- 8단: 겉뜨기 1코, 1코 만들기, 겉뜨기 6코, 1코 만들기, 겉뜨기 8코, 1코 만들기, 겉뜨기 6코, 1코 만들기, 겉뜨기 1코(총 26코)
- 9단: 안뜨기 1단
- 10단: 겉뜨기 1코, 1코 만들기, 겉뜨기 7코, 1코 만들기, 겉뜨기 10코, 1코 만들기, 겉뜨기 7코, 1코 만들기, 겉뜨기 1코(총 30코)
- 11단: 안뜨기 1단

배색실을 연결하고 다음 14단 동안 〈6단 줄무늬 패턴〉으로 뜬다(〈사용한 줄무늬〉 참고).

- 12단(배색): 겉뜨기 12코, 1코 만들기, 겉뜨기 6코, 1코 만들기, 겉뜨기 12코(총 32코)
- 13단: 안뜨기 13코, 1코 만들기, 안뜨기 6코, 1코 만들기, 안뜨기 13코(총 34코)
- 14단(메인색): 겉뜨기 14코, 1코 만들기, 겉뜨기 6코, 1코 만들기, 겉뜨기 14코(총 36코)
- 15단: 안뜨기 1단
- 16단: 겉뜨기 15코, 1코 만들기, 겉뜨기 6코, 1코 만들기, 겉뜨기 15코(총 38코)
- 17단: 안뜨기 1단
- 18단(배색): 겉뜨기 16코, 1코 만들기, 겉뜨기 6코, 1코 만들기, 겉뜨기 16코(총 40코)
- 19단: 안뜨기 1단
- 20~23단(메인색): 메리야스뜨기 4단
- 24~25단(배색): 메리야스뜨기 2단

지금부터 메인색 실로 끝까지 뜬다.

- 26~27단: 메리야스뜨기 2단
- 28단: 겉뜨기 1코, 오른코 모아뜨기, 겉뜨기 14코, 2코 모아뜨기, 겉뜨기 2코, 오른코 모아뜨기, 겉뜨기 14코, 2코 모아뜨기, 겉뜨기 1코(총 36코)
- 29단: 안뜨기 1단
- 30단: 겉뜨기 1코, 오른코 모아뜨기, 겉뜨기 12코, 2코 모아뜨기, 겉뜨기 2코, 오른코 모아뜨기, 겉뜨기 12코, 2코 모아뜨기, 겉뜨기 1코(총 32코)
- 31단: 안뜨기 1단
- 32단: 겉뜨기 1코, 오른코 모아뜨기, 겉뜨기 10코, 2코 모아뜨기, 겉뜨기 2코, 오른코 모아뜨기, 겉뜨기 10코, 2코 모아뜨기, 겉뜨기 1코(총 28코)

- 33단: 안뜨기 1코, 안뜨기로 2코 모아뜨기, 안뜨기 8코, 안 뜨기로 2코 모아 꼬아뜨기, 안뜨기 2코, 안뜨기로 2코 모아 뜨기, 안뜨기 8코, 안뜨기로 2코 모아 꼬아뜨기, 안뜨기 1코 (총 24코)
- 34단: 겉뜨기 1코, 오른코 모아뜨기, 겉뜨기 6코, 2코 모아뜨 기, 겉뜨기 2코, 오른코 모아뜨기, 겉뜨기 6코, 2코 모아뜨 기, 겉뜨기 1코(총 20코)
- 35단: 안뜨기 1코, 안뜨기로 2코 모아뜨기, 안뜨기 4코, 안 뜨기로 2코 모아 꼬아뜨기, 안뜨기 2코, 안뜨기로 2코 모아 뜨기, 안뜨기 4코, 안뜨기로 2코 모아 꼬아뜨기, 안뜨기 1코 (총 16코)

〈대바늘로 떠서 잇기(p.21 참고)〉 기법으로 대바늘 3개를 사용 하여 코막음한다.

몸통(27개)

메인색 실과 대바늘 3.75mm를 사용하여 시작코 10코를 만든다.
- 1~2단: 겉뜨기로 시작하여 메리야스뜨기 2단

지금부터 〈6단 줄무늬 패턴〉으로 뜬다.
- 3단: 겉뜨기 1코, 1코 만들기, 1코 남을 때까지 겉뜨기, 1코 만들기, 겉뜨기 1코(총 12코)
- 4단: 안뜨기 1단
- 5~12단: [3~4단] 4회 반복(총 20코)
- 13단: 겉뜨기 1코, 1코 만들기, 1코 남을 때까지 겉뜨기, 1코 만들기, 겉뜨기 1코(총 22코)

- 14~16단: 메리야스뜨기 3단
- 17~32단: [13~16단] 4회 반복(총 30코)
- 33~38단: 메리야스뜨기 6단
- 39단: 겉뜨기 1코, 오른코 모아뜨기, 겉뜨기 9코, 2코 모아뜨 기, 겉뜨기 2코, 오른코 모아뜨기, 겉뜨기 9코, 2코 모아뜨 기, 겉뜨기 1코(총 26코)
- 40단: 안뜨기 1단
- 41단: 겉뜨기 1코, 오른코 모아뜨기, 겉뜨기 7코, 2코 모아뜨 기, 겉뜨기 2코, 오른코 모아뜨기, 겉뜨기 7코, 2코 모아뜨 기, 겉뜨기 1코(총 22코)
- 42단: 안뜨기 1단
- 43단: 겉뜨기 1코, 오른코 모아뜨기, 겉뜨기 5코, 2코 모아뜨 기, 겉뜨기 2코, 오른코 모아뜨기, 겉뜨기 5코, 2코 모아뜨 기, 겉뜨기 1코(총 18코)
- 44단: 안뜨기 1코, 안뜨기로 2코 모아뜨기, 안뜨기 3코, 안 뜨기로 2코 모아 꼬아뜨기, 안뜨기 2코, 안뜨기로 2코 모아 뜨기, 안뜨기 3코, 안뜨기로 2코 모아 꼬아뜨기, 안뜨기 1코 (총 14코)

지금부터 메인색 실로 끝까지 뜬다.
- 45단: 쉽뜨기 1코, 오른코 모아뜨기, 겉뜨기 1코, 2코 모아뜨 기, 겉뜨기 2코, 오른코 모아뜨기, 겉뜨기 1코, 2코 모아뜨 기, 겉뜨기 1코(총 10코)

모든 코를 코막음한다.

코

검은색 실(4ply, fingering)과 대바늘 2.75mm를 사용하여 시작코 5코를 만든다.

- 1단: 안뜨기 1단
- 2단(겉면): 겉뜨기 1코, 1코 만들기, 1코 남을 때까지 겉뜨기, 1코 만들기, 겉뜨기 1코(총 7코)
- 3~5단: 메리야스뜨기 3단
- 6단: 겉뜨기 1코, 오른코 모아뜨기, 겉뜨기 1코, 2코 모아뜨기, 겉뜨기 1코(총 5코)
- 7단: 안뜨기 1단

입을 수놓을 만큼 충분히 길게 실을 남기고 자른다. 남은 코 사이로 실을 뺀 후 잡아당겨 마무리한다.

귀(2개)

배색실과 대바늘 3.75mm를 사용하여 시작코 6코를 만든다.

- 1~18단: 겉뜨기로 시작하여 메리야스뜨기 18단
- 19단: 겉뜨기 1코, 오른코 모아뜨기, 2코 모아뜨기, 겉뜨기 1코(총 4코)
- 20단: 안뜨기 1단
- 21단: 겉뜨기 1코, 1코 만들기, 겉뜨기 2코, 1코 만들기, 겉뜨기 1코(총 6코)
- 22~39단: 메리야스뜨기 18단

모든 코를 코막음한다.

다리(2개)

배색실과 대바늘 3.75mm를 사용하여 시작코 14코를 만든다.
겉뜨기로 시작하여 〈4단 줄무늬 패턴〉으로 메리야스뜨기로 16단을 뜬 후 코막음한다.

발(2개)

배색실과 대바늘 3.75mm를 사용하여 시작코 8코를 만든다.

- 1단: 안뜨기 1단
- 2단(겉면): 겉뜨기 1코, 1코 만들기, 1코 남을 때까지 겉뜨기, 1코 만들기, 겉뜨기 1코(총 10코)
- 3단: 안뜨기 1코, 1코 만들기, 1코 남을 때까지 안뜨기, 1코 만들기, 안뜨기 1코(총 12코)
- 4~9단: 메리야스뜨기 6단
- 10단: 겉뜨기 1코, 오른코 모아뜨기, 3코 남을 때까지 겉뜨기, 2코 모아뜨기, 겉뜨기 1코(총 10코)
- 11~12단: 메리야스뜨기 2단
- 13단: 안뜨기 1코, 1코 만들기, 1코 남을 때까지 안뜨기, 1코 만들기, 안뜨기 1코(총 12코)
- 14~19단: 메리야스뜨기 6단
- 20단: 겉뜨기 1코, 오른코 모아뜨기, 3코 남을 때까지 겉뜨기, 2코 모아뜨기, 겉뜨기 1코(총 10코)
- 21단: 안뜨기 1코, 안뜨기로 2코 모아뜨기, 3코 남을 때까지 안뜨기, 안뜨기로 2코 모아 꼬아뜨기, 안뜨기 1코(총 8코)
- 22단: 겉뜨기 1단

모든 코를 코막음한다.

팔(2개)

메인색 실과 대바늘 3.75mm를 사용하여 시작코 12코를 만든다.

- 1~2단: 겉뜨기로 시작하여 메리야스뜨기 2단

지금부터 〈4단 줄무늬 패턴〉으로 뜬다.

- 3~14단: 메리야스뜨기 12단

지금부터 배색실으로 끝까지 뜬다.

- 15단: 겉뜨기 1코, 1코 만들기, 겉뜨기 4코, 1코 만들기, 겉뜨기 2코, 1코 만들기, 겉뜨기 4코, 1코 만들기, 겉뜨기 1코(총 16코)
- 16단: 안뜨기 1단
- 17단: 겉뜨기 1코, 1코 만들기, 겉뜨기 6코, 1코 만들기, 겉

뜨기 2코, 1코 만들기, 겉뜨기 6코, 1코 만들기, 겉뜨기 1코 (총 20코)
- 18~22단: 메리야스뜨기 5단
- 23단: 겉뜨기 1코, 오른코 모아뜨기, 겉뜨기 4코, 2코 모아뜨기, 겉뜨기 2코, 오른코 모아뜨기, 겉뜨기 4코, 2코 모아뜨기, 겉뜨기 1코(총 16코)
- 24단: 안뜨기 1코, 안뜨기로 2코 모아뜨기, 안뜨기 2코, 안뜨기로 2코 모아 꼬아뜨기, 안뜨기 2코, 안뜨기로 2코 모아뜨기, 안뜨기 2코, 안뜨기로 2코 모아 꼬아뜨기, 안뜨기 1코 (총 12코)

〈대바늘로 떠서 잇기(p.21 참고)〉 기법으로 대바늘 3개를 사용하여 코막음한다.

꼬리

배색실과 대바늘 3.75mm를 사용하여 시작코 10코를 만든다.

- 1~10단: 겉뜨기로 시작하여 메리야스뜨기 10단
- 11단: [2코 모아뜨기] 5회 반복(총 5코)

실을 잘라 돗바늘에 끼우고 남은 코 사이로 통과시켜 코를 모은 후, 꼬리의 옆솔기를 꿰매고 마무리한다.

연결하기

❶ 몸통의 코막음한 단이 아래로 가도록 놓은 후 옆솔기를 꿰매고 솜을 채운다.
❷ 머리 아래와 앞부분이 될 솔기를 꿰매면서 솜을 채운다.

❸ 코의 가장자리를 홈질하여 코를 살짝 모으고 안에 솜을 조금 넣은 후, 얼굴 정면에 꿰맨다. 코를 꿰매고 남은 실을 사용하여 코끝에 스트레이트 스티치로 입을 수놓는다.
❹ 검은색 4ply(fingering) 면사를 사용하여 첫 번째 배색 줄무늬 바로 위에 프렌치노트 스티치로 눈을 수놓는다(p.23 참고).
❺ 귀는 반으로 접은 후 옆솔기를 꿰맨다. 와이어를 반으로 접어서 귀 안의 가장자리로 넣은 후, 모양을 잡아 구부린다. 두 번째 귀도 같은 방법으로 작업한다. 작품 사진을 참고하여 귀를 머리에 시침핀으로 고정한 후 꿰맨다. 줄모루 끝부분은 머리 속으로 넣어 뾰족한 끝이 튀어나오지 않도록 한다.
❻ 머리를 몸통에 꿰맨다.
❼ 팔의 옆솔기를 꿰매고 솜을 채운다. 메인색 실로 손바닥에 스트레이트 스티치 3개를 수놓아 손가락 느낌을 살린다. 두 번째 팔도 같은 방법으로 작업한다. 작품 사진을 참고하여 팔의 솔기가 아래로 가도록 강아지 옆선에 꿰맨다.
❽ 발의 솔기를 꿰매고 진행하면서 솜을 채운다. 다리의 옆솔기를 꿰매고 솜을 채운다. 솜을 채운 발을 다리 끝에 꿰맨다. 이때 다리의 솔기가 뒤로 가고, 발의 코막음한 단이 뒤로 가야 한다. 다리의 윗솔기를 좌우로 닫아서 꿰맨다. 메인색 실로 발바닥에 스티치 3개를 수놓아 발가락 느낌을 살린다. 두 번째 다리와 발도 같은 방법으로 작업한다. 작품 사진을 참고하여 다리를 몸통의 메인색 줄무늬에 고정한다.
❾ 꼬리는 뒷몸통의 가장 아래쪽에 있는 배색 줄무늬에 꿰맨다. 꼬리에는 솜을 넣지 않는다.

재밌네요. 다음은 뭔가요?

반으로 접어서 (대바늘로 떠서 잇기)기법으로 코막음한다.

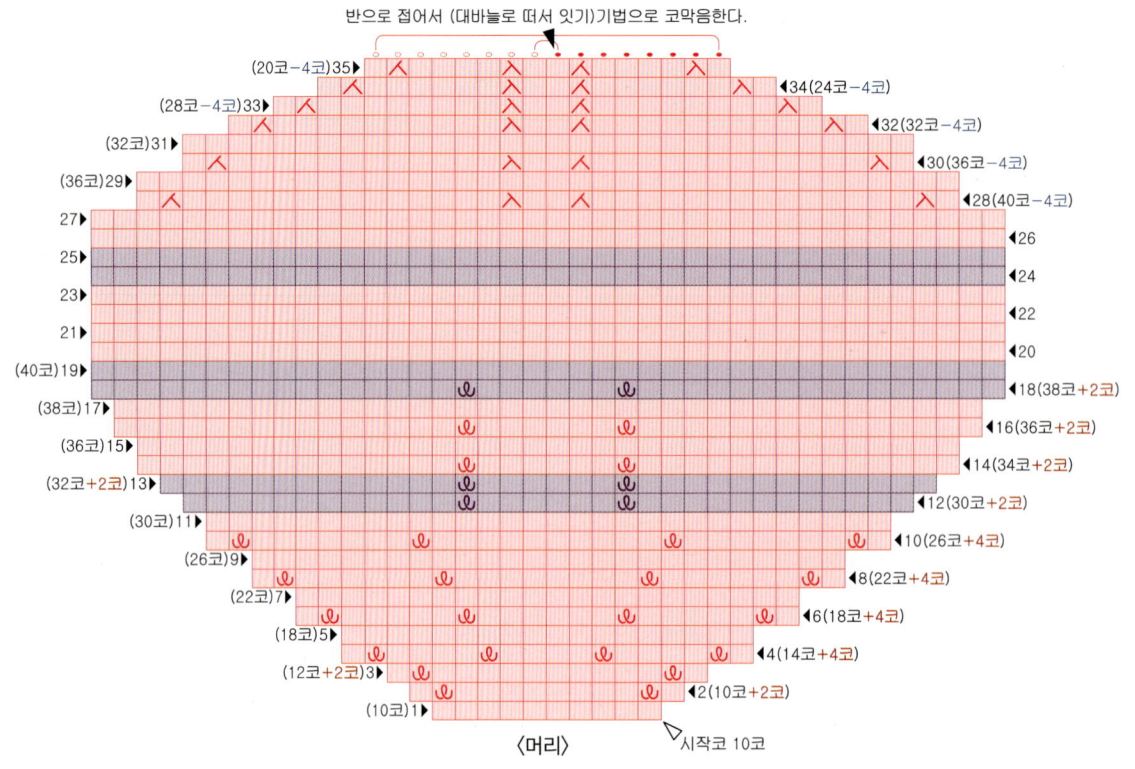

<머리>

시작코 10코

코막음 10코 ▶

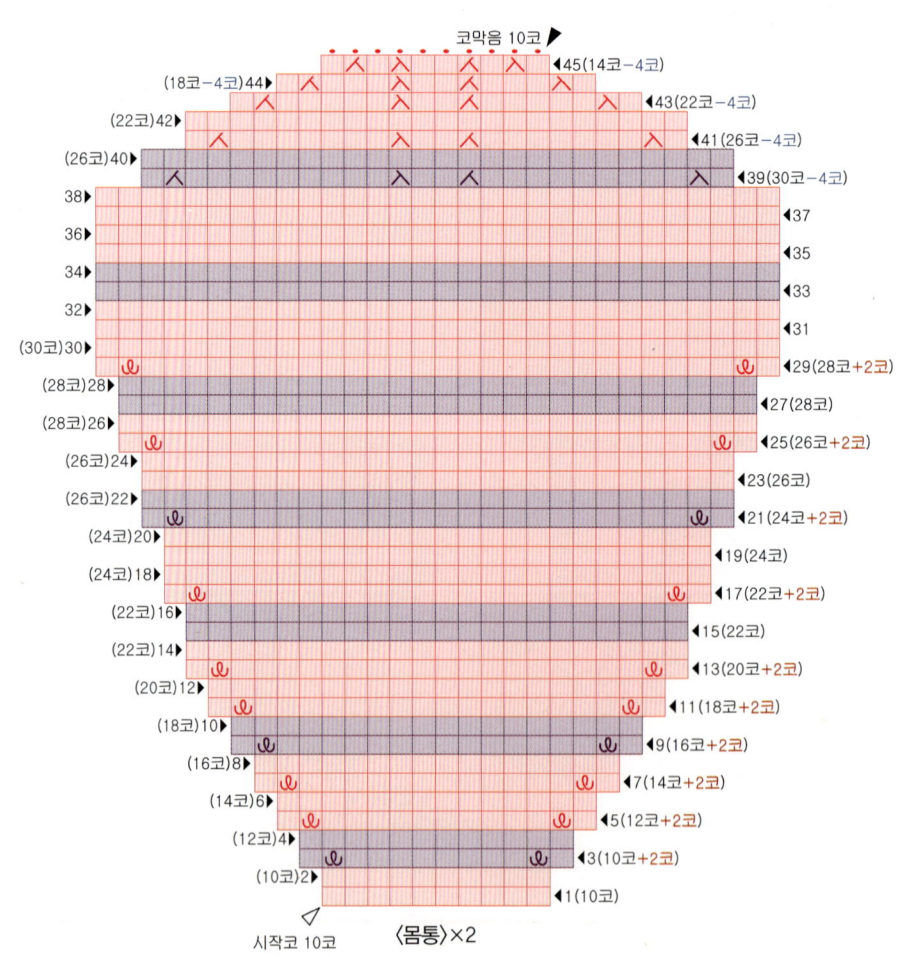

시작코 10코

<몸통>×2

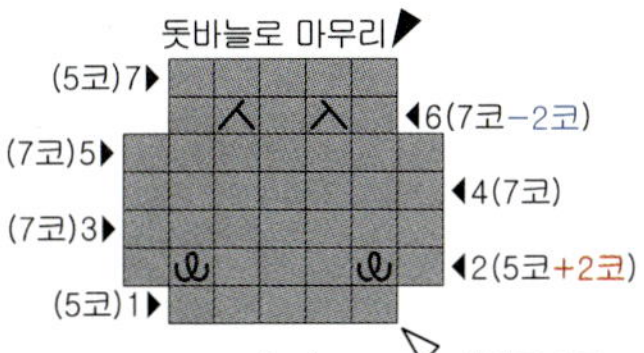

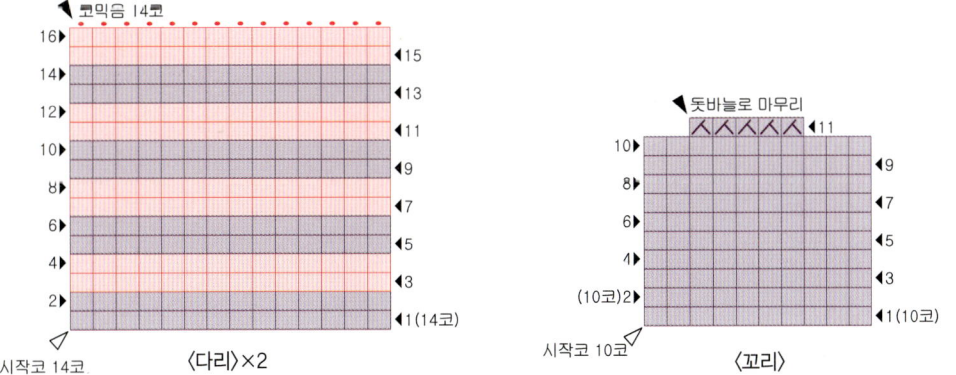

〈코〉

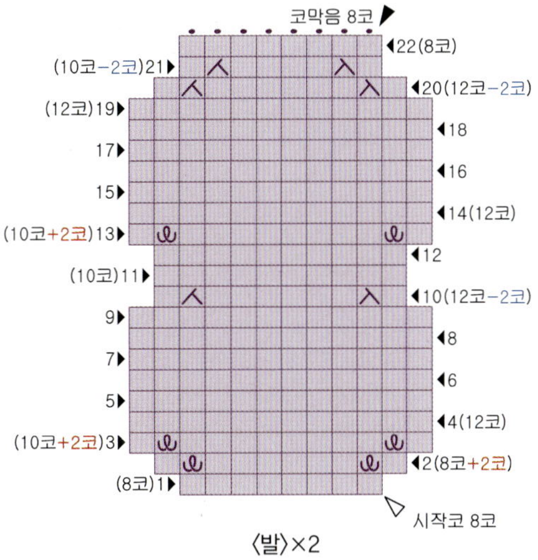

돗바늘로 마무리 ▶

(5코)7▶ ◀6(7코−2코)
(7코)5▶ ◀4(7코)
(7코)3▶ ◀2(5코+2코)
(5코)1▶

▽ 시작코 5코

〈발〉×2

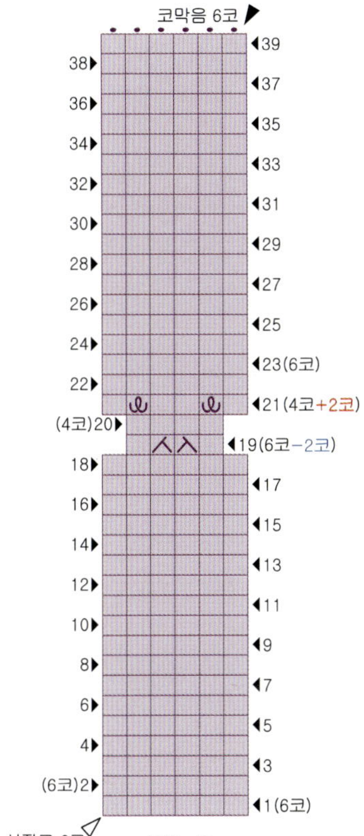

코막음 8코 ▶

(10코−2코)21▶ ◀22(8코)
(12코)19▶ ◀20(12코−2코)
17▶ ◀18
15▶ ◀16
◀14(12코)
(10코+2코)13▶
◀12
(10코)11▶ ◀10(12코−2코)
9▶ ◀8
7▶ ◀6
5▶ ◀4(12코)
(10코+2코)3▶ ◀2(8코+2코)
(8코)1▶

▽ 시작코 8코

〈귀〉×2

코막음 6코 ▶

38▶ ◀39
36▶ ◀37
34▶ ◀35
32▶ ◀33
30▶ ◀31
28▶ ◀29
26▶ ◀27
24▶ ◀25
◀23(6코)
22▶ ◀21(4코+2코)
(4코)20▶
◀19(6코−2코)
18▶ ◀17
16▶ ◀15
14▶ ◀13
12▶ ◀11
10▶ ◀9
8▶ ◀7
6▶ ◀5
4▶ ◀3
(6코)2▶ ◀1(6코)

▷ 시작코 6코

〈팔〉×2

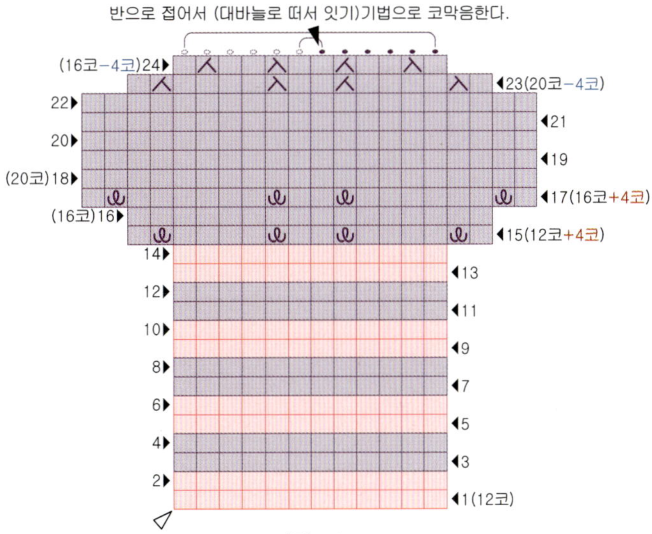

반으로 접어서 (대바늘로 떠서 잇기)기법으로 코막음한다.

(16코−4코)24▶ ◀23(20코−4코)
22▶ ◀21
20▶ ◀19
(20코)18▶ ◀17(16코+4코)
(16코)16▶ ◀15(12코+4코)
14▶ ◀13
12▶ ◀11
10▶ ◀9
8▶ ◀7
6▶ ◀5
4▶ ◀3
2▶ ◀1(12코)

▽ 시작코 12코

〈다리〉×2

◀ 코막음 14코

16▶ ◀15
14▶ ◀13
12▶ ◀11
10▶ ◀9
8▶ ◀7
6▶ ◀5
4▶ ◀3
2▶ ◀1(14코)

▽ 시작코 14코

〈꼬리〉

▶ 돗바늘로 마무리

◀11
10▶ ◀9
8▶ ◀7
6▶ ◀5
4▶ ◀3
(10코)2▶ ◀1(10코)

▽ 시작코 10코

10. 분홍 푸들 Pink Poodle

매력이 넘치는 분홍 푸들은 장밋빛 기쁨을 선사할 것입니다. 털이 복슬거리는 팔찌와 발찌는 따로 떠서 완성한 후에 꿰매므로 만들기도 쉽습니다. 긴 속눈썹을 만드는 것도 잊지 마세요.

준비물
- 연분홍색 실(5ply, sportweight) 80m
- 연분홍색 수면사(10ply, Aran) 45m
- 검은색 실(4ply, fingering) 약간
- 인형눈: 6mm 검은색 단추눈 2개
- 장난감용 구름솜
- 검은색 면사와 봉제용 바늘
- 분홍색 가는 리본테이프 약간
- 분홍색 봉제용 면사

바늘
- 대바늘 3.25mm(영국 10호, 미국 3호)
- 대바늘 4.5mm(영국 7호, 미국 7호)
- 대바늘 2.75mm(영국 12호, 미국 2호)

게이지
- 대바늘 3.25mm와 5ply실(sportweight)을 사용하여 메리야스뜨기로 10cm=25코

완성 사이즈
- 발바닥부터 머리끝까지 높이: 21cm

몸통

연분홍색 수면사(10ply, Aran)와 대바늘 4.5mm를 사용하여 시작코 12코를 만든다.

- 1~4단: 겉뜨기로 시작하여 메리야스뜨기 4단
- 5단: 겉뜨기 2코, [1코 늘리기] 2회 반복, 겉뜨기 4코, [1코 늘리기] 2회 반복, 겉뜨기 2코(총 16코)
- 6~8단: 메리야스뜨기 3단
- 9단: 겉뜨기 3코, [1코 늘리기] 2회 반복, 겉뜨기 6코, [1코 늘리기] 2회 반복, 겉뜨기 3코(총 20코)
- 10~12단: 메리야스뜨기 3단
- 13단: 겉뜨기 4코, [1코 늘리기] 2회 반복, 겉뜨기 8코, [1코 늘리기] 2회 반복, 겉뜨기 4코(총 24코)
- 14단: 안뜨기 1단
- 15단: 겉뜨기 5코, [1코 늘리기] 2회 반복, 겉뜨기 10코, [1코 늘리기] 2회 반복, 겉뜨기 5코(총 28코)
- 16단: 안뜨기 1단
- 17단: 겉뜨기 6코, [1코 늘리기] 2회 반복, 겉뜨기 12코, [1코 늘리기] 2회 반복, 겉뜨기 6코(총 32코)
- 18~24단: 메리야스뜨기 7단
- 25단: 겉뜨기 6코, [2코 모아뜨기] 2회 반복, 겉뜨기 12코, [2코 모아뜨기] 2회 반복, 겉뜨기 6코(총 28코)
- 26단: 안뜨기 1단
- 27단: 겉뜨기 5코, [2코 모아뜨기] 2회 반복, 겉뜨기 10코, [2코 모아뜨기] 2회 반복, 겉뜨기 5코(총 24코)
- 28단: 안뜨기 1단
- 29단: 겉뜨기 4코, [2코 모아뜨기] 2회 반복, 겉뜨기 8코, [2코 모아뜨기] 2회 반복, 겉뜨기 4코(총 20코)
- 30단: 안뜨기 3코, [안뜨기로 2코 모아뜨기] 2회 반복, 안뜨기 6코, [안뜨기로 2코 모아뜨기] 2회 반복, 안뜨기 3코(총 16코)

모든 코를 코막음한다.

다리(2개)

연분홍색 실(5ply, sportweight)과 대바늘 3.25mm를 사용하여 시작코 14코를 만든다.

겉뜨기로 시작하여 메리야스뜨기 14단을 뜬 후 모든 코를 코막음한다.

발(2개)

연분홍색 실(5ply, sportweight)과 대바늘 3.25mm를 사용하여 시작코 7코를 만든다.

- 1단: 안뜨기 1단
- 2단(겉면): 겉뜨기 1코, 1코 만들기, 1코 남을 때까지 겉뜨기, 1코 만들기, 겉뜨기 1코(총 9코)
- 3단: 안뜨기 1코, 1코 만들기, 1코 남을 때까지 안뜨기, 1코 만들기, 안뜨기 1코(총 11코)
- 4~9단: 메리야스뜨기 6단
- 10단: 겉뜨기 1코, 오른코 모아뜨기, 3코 남을 때까지 겉뜨기, 2코 모아뜨기, 겉뜨기 1코(총 9코)
- 11~12단: 메리야스뜨기 2단
- 13단: 안뜨기 1코, 1코 만들기, 1코 남을 때까지 안뜨기, 1코 만들기, 안뜨기 1코(총 11코)
- 14~19단: 메리야스뜨기 6단
- 20단: 겉뜨기 1코, 오른코 모아뜨기, 3코 남을 때까지 겉뜨기, 2코 모아뜨기, 겉뜨기 1코(총 9코)
- 21단: 안뜨기 1코, 안뜨기로 2코 모아뜨기, 3코 남을 때까지 안뜨기, 안뜨기로 2코 모아 꼬아뜨기, 안뜨기 1코(총 7코)
- 22단: 겉뜨기 1단

모든 코를 코막음한다.

분홍빛 세상에 있는 것 같아요!

팔(2개)

연분홍색 실(5ply, sportweight)과 대바늘 3.25mm를 사용하여 시작코 12코를 만든다.

- 1~12단: 겉뜨기로 시작하여 메리야스뜨기 12단
- 13단: 겉뜨기 1코, 1코 만들기, 겉뜨기 4코, 1코 만들기, 겉뜨기 2코, 1코 만들기, 겉뜨기 4코, 1코 만들기, 겉뜨기 1코(총 16코)
- 14단: 안뜨기 1단
- 15단: 겉뜨기 1코, 1코 만들기, 겉뜨기 6코, 1코 만들기, 겉뜨기 2코, 1코 만들기, 겉뜨기 6코, 1코 만들기, 겉뜨기 1코(총 20코)
- 16~18단: 메리야스뜨기 3단
- 19단: 겉뜨기 1코, 오른코 모아뜨기, 겉뜨기 4코, 2코 모아뜨기, 겉뜨기 2코, 오른코 모아뜨기, 겉뜨기 4코, 2코 모아뜨기, 겉뜨기 1코(총 16코)
- 20단: 안뜨기 1단
- 21단: 겉뜨기 1코, 오른코 모아뜨기, 겉뜨기 2코, 2코 모아뜨기, 겉뜨기 2코, 오른코 모아뜨기, 겉뜨기 2코, 2코 모아뜨기, 겉뜨기 1코(총 12코)

〈대바늘로 떠서 잇기(p.21 참고)〉 기법으로 대바늘 3개를 사용하여 코막음한다.

머리

연분홍색 실(5ply, sportweight)과 대바늘 3.25mm를 사용하여 시작코 10코를 만든다.

- 1단: 겉뜨기 1코, 1코 만들기, 1코 남을 때까지 겉뜨기, 1코 만들기, 겉뜨기 1코(총 12코)

- 2단: 안뜨기 1코, 1코 만들기, 1코 남을 때까지 안뜨기, 1코 만들기, 안뜨기 1코(총 14코)
- 3~4단: 1~2단을 반복(총 18코)
- 5단: 겉뜨기 1코, 1코 만들기, 1코 남을 때까지 겉뜨기, 1코 만들기, 겉뜨기 1코(총 20코)
- 6단: 안뜨기 1단
- 7~8단: 5~6단을 반복(총 22코)
- 9단: 겉뜨기 10코, 1코 만들기, 겉뜨기 2코, 1코 만들기, 겉뜨기 10코(총 24코)
- 10단: 안뜨기 11코, 1코 만들기, 안뜨기 2코, 1코 만들기, 안뜨기 11코(총 26코)
- 11단: 겉뜨기 12코, 1코 만들기, 겉뜨기 2코, 1코 만들기, 겉뜨기 12코(총 28코)
- 12단: 안뜨기 13코, 1코 만들기, 안뜨기 2코, 1코 만들기, 안뜨기 13코(총 30코)
- 13단: 겉뜨기 14코, 1코 만들기, 겉뜨기 2코, 1코 만들기, 겉뜨기 14코(총 32코)
- 14단: 안뜨기 15코, 1코 만들기, 안뜨기 2코, 1코 만들기, 안뜨기 15코(총 34코)
- 15~20단: 메리야스뜨기 6단
- 21단: 겉뜨기 1코, 오른코 모아뜨기, 겉뜨기 11코, 2코 모아뜨기, 겉뜨기 2코, 오른코 모아뜨기, 겉뜨기 11코, 2코 모아뜨기, 겉뜨기 1코(총 30코)
- 22단: 안뜨기 1단
- 23단: 겉뜨기 1코, 오른코 모아뜨기, 겉뜨기 9코, 2코 모아뜨기, 겉뜨기 2코, 오른코 모아뜨기, 겉뜨기 9코, 2코 모아뜨기, 겉뜨기 1코(총 26코)
- 24단: 안뜨기 1단

- 25단: 겉뜨기 1코, 오른코 모아뜨기, 겉뜨기 7코, 2코 모아뜨기, 겉뜨기 2코, 오른코 모아뜨기, 겉뜨기 7코, 2코 모아뜨기, 겉뜨기 1코(총 22코)
- 26단: 안뜨기 1코, 안뜨기로 2코 모아뜨기, 안뜨기 5코, 안뜨기로 2코 모아 꼬아뜨기, 안뜨기 2코, 안뜨기로 2코 모아뜨기, 안뜨기 5코, 안뜨기로 2코 모아 꼬아뜨기, 안뜨기 1코(총 18코)

〈대바늘로 떠서 잇기(p.21 참고)〉 기법으로 대바늘 3개를 사용하여 코막음한다.

코

검은색 실(4ply, fingering)과 대바늘 2.75mm를 사용하여 시작코 3코를 만든다.

- 1단: [겉뜨기 1코, 1코 만들기] 2회 반복, 겉뜨기 1코(총 5코)
- 2~3단: 메리야스뜨기 2단
- 4단: 안뜨기로 2코 모아뜨기, 안뜨기 1코, 안뜨기로 2코 모아뜨기(총 3코)
- 5단: 오른코 3코 모아뜨기(총 1코)

입을 수놓을 만큼 충분히 실을 남기고 자른다. 남은 코 사이로 실을 뺀 후 잡아당겨 마무리한다.

귀(2개)

가터뜨기로 뜬다.
연분홍색 수면사(10ply, Aran)와 대바늘 4.5mm를 사용하여 시작코 5코를 만든다.

- 1~6단: 겉뜨기 6단
- 7단: 겉뜨기 1코, 1코 만들기, 겉뜨기 3코, 1코 만들기, 겉뜨기 1코(총 7코)
- 8~12단: 겉뜨기 5단
- 13단: 겉뜨기 1코, 1코 만들기, 겉뜨기 5코, 1코 만들기, 겉뜨기 1코(총 9코)
- 14~18단: 겉뜨기 5단
- 19단: 2코 모아뜨기, 2코 남을 때까지 겉뜨기, 2코 모아뜨기(총 7코)
- 20단: 19단을 반복(총 5코)

모든 코를 코막음한다.

꼬리

연분홍색 실(5ply, sportweight)과 대바늘 3.25mm를 사용하여 시작코 8코를 만든다.

- 1~6단: 겉뜨기로 시작하여 메리야스뜨기 6단
- 7단: 2코 모아뜨기, 겉뜨기 4코, 2코 모아뜨기(총 6코)
- 8~13단: 메리야스뜨기 6단

실을 자르고 돗바늘에 끼운 후, 남은 코 사이로 통과시키고 단단히 잡아당겨 마무리한다.

털 장식(팔용 2개, 다리용 2개)

연분홍색 수면사(10ply, Aran)와 대바늘 4.5mm를 사용하여 시작코 4코를 만든다.
강아지의 팔/다리에 둘러질 때까지 메리야스뜨기로 뜬 후 모든 코를 코막음한다.

꼬리용 털 방울

가터뜨기로 뜬다.
연분홍색 수면사 10ply(Aran)와 대바늘 4.5mm를 사용하여 시작
코 6코를 만든다.
- 1단: 겉뜨기 1단
- 2단: 1코 늘리기, 1코 남을 때까지 겉뜨기, 1코 늘리기(총 8코)
- 3단: 겉뜨기 1단
- 4~5단: 2~3단을 반복(총 10코)
- 6~10단: 겉뜨기 5단
- 11단: 2코 모아뜨기, 2코 남을 때까지 겉뜨기, 2코 모아뜨기
  (총 8코)
- 12단: 겉뜨기 1단
- 13~14단: 11~12단을 반복(총 6코)

모든 코를 코막음한다.

털로 된 머리 윗부분

가터뜨기로 뜬다.
연분홍색 수면사(10ply, Aran)와 대바늘 4.5mm를 사용하여 시
작코 4코를 만든다.
- 1단: 겉뜨기 1단
- 2단: 겉뜨기 1코, 1코 만들기, 1코 남을 때까지 겉뜨기, 1코 만
  들기, 겉뜨기 1코(총 6코)
- 3~6단: 가터뜨기 4단
- 7단: 2코 모아뜨기, 2코 남을 때까지 겉뜨기, 2코 모아뜨기
  (총 4코)

모든 코를 코막음한다.

연결하기

❶ 몸통은 안뜨기면이 겉면이 되고 코막음한 단이 아래로 가
도록 놓고, 솔기를 꿰맨다. 진행하면서 솜을 채운다. 이 솔
기가 뒷중심이 된다. 아래쪽 솔기는 좌우로 닫아서 꿰맨다.

❷ 머리의 코막음한 단이 뒤통수가 되도록 놓고 머리의 아래쪽
이 될 솔기를 꿰맨다. 진행하면서 솜을 채운다. 시작단의 코
를 모아 코 모양을 만든다. 〈코 모양 만들기(p.23)〉를 참고
하여 머리를 완성한다.

❸ 작품 사진을 참고하여 눈의 위치를 잡아 검은색 단추눈을
시침핀으로 고정한 후 꿰맨다. 눈의 안쪽과 머리의 아랫단
을 한 땀씩 꿰맨 후 실을 아래쪽으로 약간 잡아당겨 고정한
다. 두 번째 눈도 같은 방법으로 작업한다. 이렇게 하면 눈
이 훨씬 더 사실적으로 보인다. 검은색 면사를 사용하여 스
트레이트 스티치로 속눈썹을 수놓는다.

❹ 털로 된 머리 윗부분을 머리 위에 올려놓고 솜을 약간 채
운 후 꿰맨다.

❺ 작품 사진을 참고하여 머리 위에 귀를 시침핀으로 고정한
후 꿰맨다.

❻ 검은색 실(4ply, fingering)을 사용하여 얼굴 정면에 검은
색 코를 꿰매고, 남은 실을 사용하여 스트레이트 스티치로
입을 수놓는다.

❼ 몸통에 머리를 시침핀으로 고정한 후 단단하게 꿰맨다.

❽ 발의 솔기를 꿰매고 진행하면서 솜을 채운다. 다리의 옆솔
기를 꿰매고 솜을 채우고, 발을 다리 끝에 꿰맨다. 이때 다
리의 솔기가 뒤로 가고 발의 코막음한 단이 뒤로 가야 한
다. 다리 위쪽 솔기를 좌우로 닫아서 꿰맨다. 발바닥에 스
티치 3개를 수놓아 발가락 느낌을 살린다. 두 번째 다리와
발도 같은 방법으로 작업한다. 작품 사진을 참고하여 다리
를 몸통에 고정한다.

❾ 팔을 반으로 접고 옆솔기를 꿰맨다. 팔의 코막음한 단이 손
바닥이 된다. 솜을 채우고 작품 사진을 참고하여 연분홍색
실로 손바닥에 스티치 3개를 수놓아 손가락 느낌을 살린
다. 두 번째 팔도 같은 방법으로 작업한다. 팔의 솔기가 아
래로 가도록 몸통의 옆선에 시침핀으로 고정한 후 꿰맨다.

❿ 작품 사진을 참고하여 푸들의 팔과 다리에 털 장식을 두르
고 연분홍색 실로 꿰맨다.

⓫ 꼬리의 옆솔기를 꿰매고 작품 사진을 참고하여 뒷몸통에 꿰
맨다. 꼬리에는 솜을 넣지 않는다. 연분홍색 실을 사용하여
털방울의 둘레를 홈질하여 코를 모으고 솜을 채운다. 꼬리
끝에 털방울을 단다.

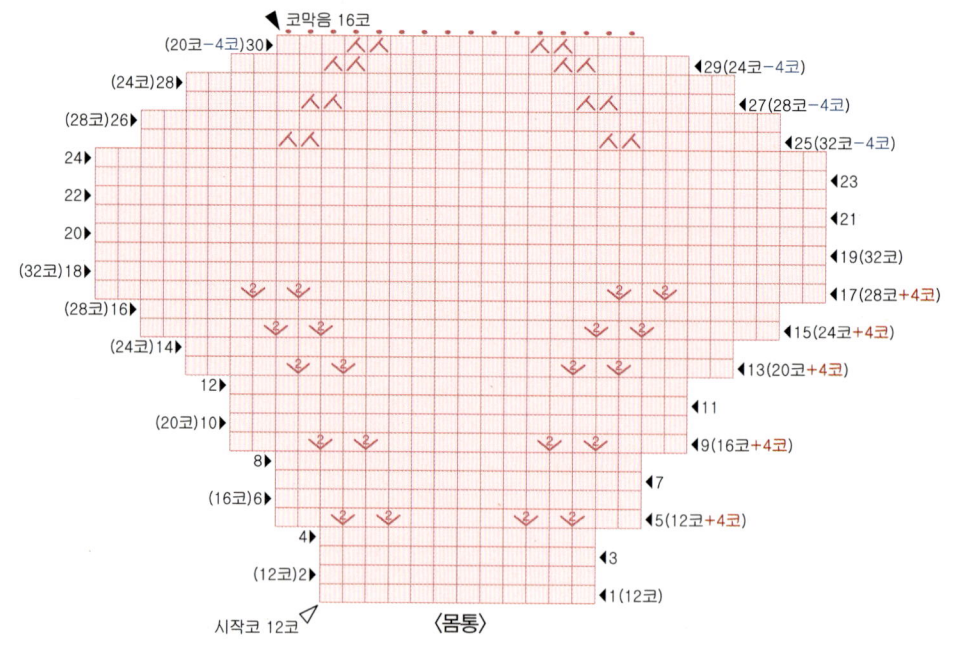

〈몸통〉

코막음 16코

(20코-4코)30 ▶　29(24코-4코) ◀
(24코)28 ▶　27(28코-4코) ◀
(28코)26 ▶　25(32코-4코) ◀
24 ▶　23 ◀
22 ▶　21 ◀
20 ▶　19(32코) ◀
(32코)18 ▶　17(28코+4코) ◀
(28코)16 ▶　15(24코+4코) ◀
(24코)14 ▶　13(20코+4코) ◀
12 ▶　11 ◀
(20코)10 ▶　9(16코+4코) ◀
8 ▶　7 ◀
(16코)6 ▶　5(12코+4코) ◀
4 ▶　3 ◀
(12코)2 ▶　1(12코) ◀

시작코 12코

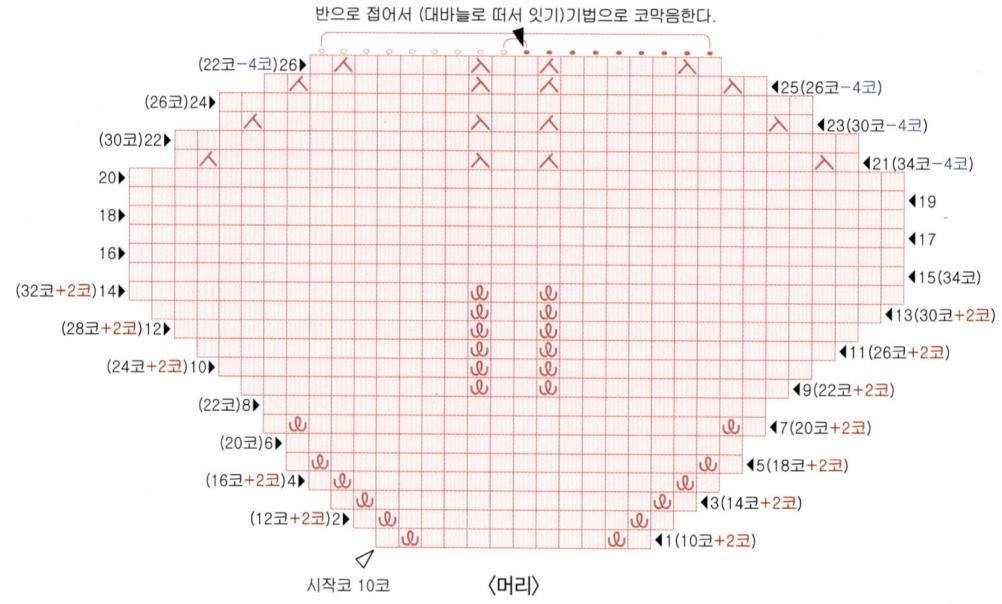

〈머리〉

반으로 접어서 (대바늘로 떠서 잇기)기법으로 코막음한다.

(22코-4코)26 ▶　25(26코-4코) ◀
(26코)24 ▶　23(30코-4코) ◀
(30코)22 ▶　21(34코-4코) ◀
20 ▶　19 ◀
18 ▶　17 ◀
16 ▶　15(34코) ◀
(32코+2코)14 ▶　13(30코+2코) ◀
(28코+2코)12 ▶　11(26코+2코) ◀
(24코+2코)10 ▶　9(22코+2코) ◀
(22코)8 ▶　7(20코+2코) ◀
(20코)6 ▶　5(18코+2코) ◀
(16코+2코)4 ▶　3(14코+2코) ◀
(12코+2코)2 ▶　1(10코+2코) ◀

시작코 10코

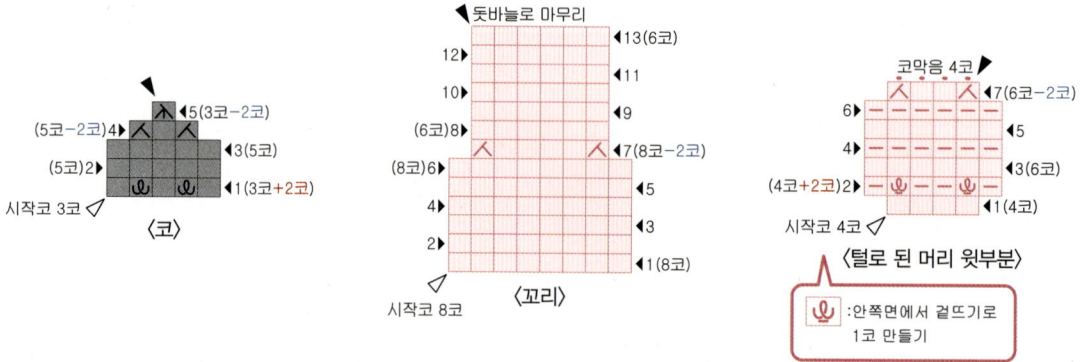

〈코〉

5(3코-2코) ▶
(5코-2코)4 ▶　3(5코) ◀
(5코)2 ▶　1(3코+2코) ◀

시작코 3코

〈꼬리〉

돗바늘로 마무리

13(6코) ◀
12 ▶　11 ◀
10 ▶　9 ◀
(6코)8 ▶　7(8코-2코) ◀
(8코)6 ▶　5 ◀
4 ▶　3 ◀
2 ▶　1(8코) ◀

시작코 8코

〈털로 된 머리 윗부분〉

코막음 4코 ▶

7(6코-2코) ◀
6 ▶　5 ◀
4 ▶　3(6코) ◀
(4코+2코)2 ▶　1(4코) ◀

시작코 4코

Ⓦ : 안쪽면에서 겉뜨기로
　　1코 만들기

106

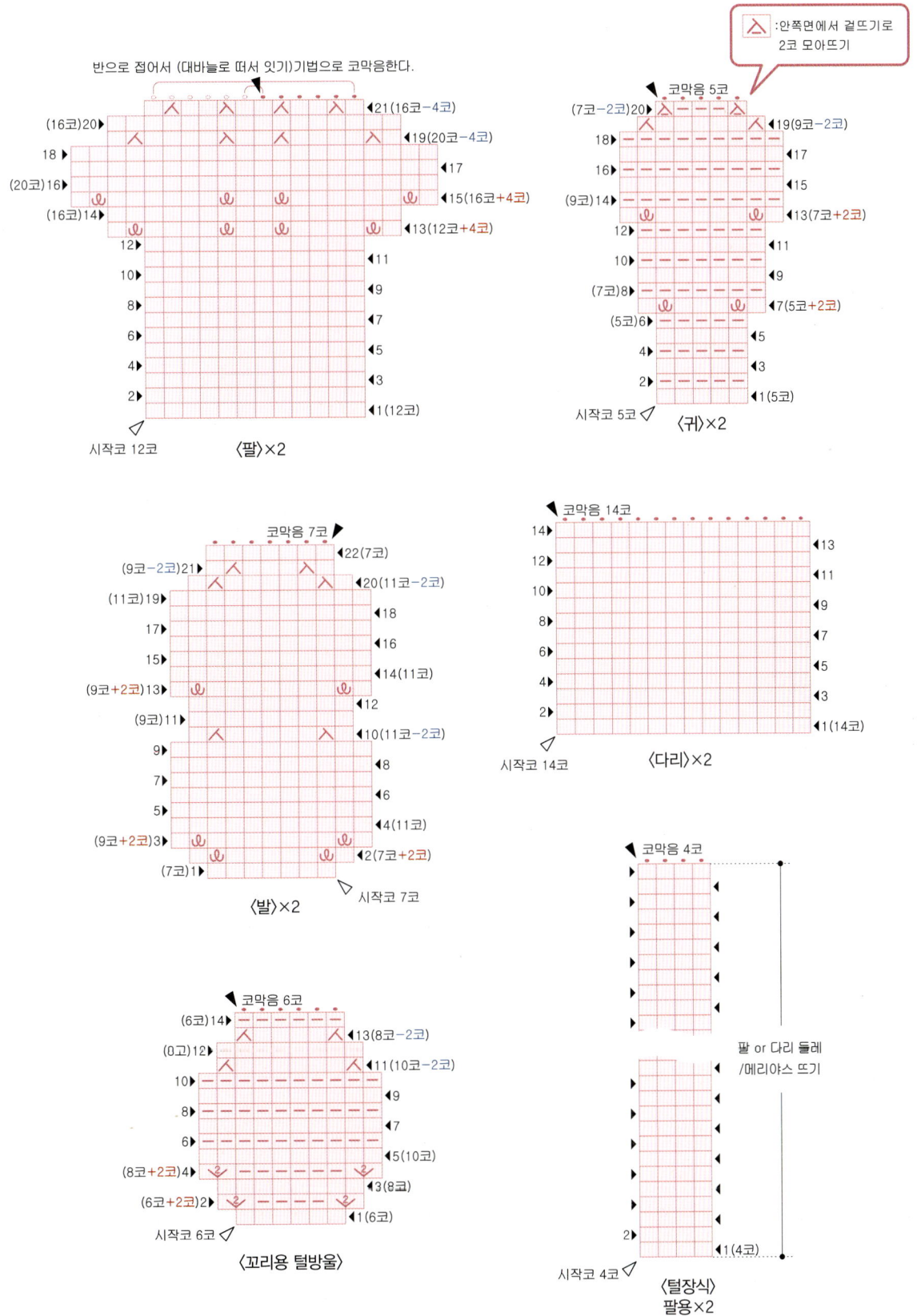

11. 외출용 강아지 Outdoors Dog

외출용 강아지는 귀여운 장화를 신고 웅덩이에서 첨벙첨벙 물을 튀기며 신나게 놀고 싶어 합니다. 날씨가 추운 날은 외출할 때 잊지 말고 코트를 입혀 주세요. 코트는 1단씩 설명을 따라 하면 쉽게 만들 수 있습니다.

준비물
- 연갈색 실(10ply, Aran) 45m
- 초록색 실(5ply, sportweight) 20m
- 갈색 실(5ply, sportweight) 10m
- 크림색 실(5ply, sportweight) 35m
- 검은색 실(4ply, fingering) 약간
- 장난감용 구름솜
- 인형눈: 6mm 검은색 단추눈 2개
- 검은색 면사와 봉제용 바늘
- 마커링 2개
- 와이어
- 안전핀 또는 여분의 바늘

바늘
- 대바늘 2.75mm(영국 12호, 미국 2호)
- 대바늘 3.25mm(영국 10호, 미국 3호)
- 대바늘 4mm(영국 8호, 미국 6호)

게이지
- 대바늘 4mm와 10ply실(Aran)을 사용하여 메리야스 뜨기로 5cm=9~10코

완성 사이즈
- 머리끝까지의 높이: 14cm

몸통과 앞다리

오른쪽 앞다리의 아래 가장자리부터 시작한다.
연갈색 실(10ply, Aran)과 대바늘 4mm를 사용하여 시작코 10코를 만든다.

- 1단: 겉뜨기 2코, [1코 늘리기] 3회 반복, 겉뜨기 5코(총 13코)
- 2단: 안뜨기 1단
- 3단: 겉뜨기 2코, [2코 모아뜨기] 3회 반복, 겉뜨기 5코(총 10코)
- 4~10단: 메리야스뜨기 7단
- 11단: 5코 코막음, 단의 끝까지 겉뜨기(총 5코)
- 12단: 2코 코막음, 단의 끝까지 안뜨기(총 3코)
- 13단: 겉뜨기 1코, 1코 만들기, 단의 끝까지 겉뜨기(총 4코)
- 14단: 10코 만들기, 1코 남을 때까지 안뜨기, 1코 만들기, 안뜨기 1코(총 15코)

- 15단: 1코 남을 때까지 겉뜨기, 1코 만들기, 겉뜨기 1코(총 16코)
- 16~34단: 메리야스뜨기 19단(25번째 단의 첫코(그림 도안의 ★)과 마지막 코(그림 도안의 ☆)에 마커링을 끼운다)
- 35단: 3코 남을 때까지 겉뜨기, 2코 모아뜨기, 겉뜨기 1코(총 15코)
- 36단: 10코 코막음, 3코 남을 때까지 안뜨기, 안뜨기로 2코 모아 꼬아뜨기, 안뜨기 1코(총 4코)
- 37단: 겉뜨기 1코, 2코 모아뜨기, 겉뜨기 1코(총 3코)
- 38단: 2코 만들기, 단의 끝까지 안뜨기(총 5코)
- 39단: 5코 만들기, 단의 끝까지 겉뜨기(총 10코)
- 40~46단: 메리야스뜨기 7단
- 47단: 겉뜨기 2코, [1코 늘리기] 3회 반복, 겉뜨기 5코(총 13코)
- 48단: 안뜨기 1단
- 49단: 겉뜨기 2코, [2코 모아뜨기] 3회 반복, 겉뜨기 5코(총 10코)

모든 코를 코막음한다. (안뜨기면)

배

연갈색 실(10ply, Aran)과 대바늘 4mm를 사용하여 시작코 4코를 만든다.

- 1~4단: 겉뜨기로 시작하여 메리야스뜨기 4단
- 5단: 겉뜨기 1코, 1코 만들기, 겉뜨기 2코, 1코 만들기, 겉뜨기 1코(총 6코)
- 6~10단: 메리야스뜨기 5단
- 11단: 겉뜨기 1코, 1코 만들기, 겉뜨기 4코, 1코 만들기, 겉뜨기 1코(총 8코)
- 12~32단: 메리야스뜨기 21단
- 33단: 겉뜨기 1코, 오른코 모아뜨기, 겉뜨기 2코, 2코 모아뜨기, 겉뜨기 1코(총 6코)
- 34~36단: 메리야스뜨기 3단
- 37단: 겉뜨기 1코, 오른코 모아뜨기, 2코 모아뜨기, 겉뜨기 1코(총 4코)
- 38~42단: 메리야스뜨기 5단

모든 코를 코막음한다.

머리

머리의 아랫부분부터 시작한다.

연갈색 실(10ply, Aran)과 대바늘 4mm를 사용하여 시작코 10코를 만든다.

- 1~2단: 겉뜨기로 시작하여 메리야스뜨기 2단

모든 코를 안전핀이나 여분의 바늘에 쉼코로 둔다(그림 도안의 ⓐ).

연갈색 실(10ply, Aran)과 대바늘 4mm를 사용하여 시작코 10코를 만든 후 다음과 같이 두 번째 조각을 만든다.

- 1~2단: 겉뜨기로 시작하여 메리야스뜨기 2단
- 3단: 겉면에서 바늘에 걸린 10코를 겉뜨기, 안전핀에 걸린 10코(그림 도안의 ⓐ)를 겉뜨기(총 20코)
- 4단: 안뜨기 1단
- 5단: 겉뜨기 1코, 1코 만들기, 겉뜨기 8코, 1코 만들기, 겉뜨기 2코, 1코 만들기, 겉뜨기 8코, 1코 만들기, 겉뜨기 1코(총 24코)
- 6단: 안뜨기 1코, 1코 만들기, 안뜨기 10코, 1코 만들기, 안뜨기 2코, 1코 만들기, 안뜨기 10코, 1코 만들기, 안뜨기 1코(총 28코)
- 7~8단: 메리야스뜨기 2단
- 9단: 겉뜨기 11코, 오른코 모아뜨기, 겉뜨기 2코, 2코 모아뜨기, 겉뜨기 11코(총 26코)
- 10단: 안뜨기 10코, 안뜨기로 2코 모아뜨기, 안뜨기 2코, 안뜨기로 2코 모아 꼬아뜨기, 안뜨기 10코(총 24코)
- 11단: 겉뜨기 9코, 오른코 모아뜨기, 겉뜨기 2코, 2코 모아뜨기, 겉뜨기 9코(총 22코)
- 12단: 안뜨기 8코, 안뜨기로 2코 모아뜨기, 안뜨기 2코, 안뜨기로 2코 모아 꼬아뜨기, 안뜨기 8코(총 20코)
- 13단: 겉뜨기 7코, 오른코 모아뜨기, 겉뜨기 2코, 2코 모아뜨기, 겉뜨기 7코(총 18코)
- 14단: 안뜨기 1단

- 15단: 겉뜨기 6코, 오른코 모아뜨기, 겉뜨기 2코, 2코 모아뜨기, 겉뜨기 6코(총 16코)
- 16단: 안뜨기 1코, 안뜨기로 2코 모아뜨기, 안뜨기 2코, 안뜨기로 2코 모아뜨기, 안뜨기 2코, 안뜨기로 2코 모아 꼬아뜨기, 안뜨기 2코, 안뜨기로 2코 모아 꼬아뜨기, 안뜨기 1코(총 12코)

모든 코를 코막음한다.

오른쪽 뒷다리

연갈색 실(10ply, Aran)과 대바늘 4mm를 사용하여 시작코 10코를 만든다.

- 1단: 겉뜨기 2코, [1코 늘리기] 3회 반복, 겉뜨기 5코(총 13코)
- 2단: 안뜨기 1단
- 3단: 겉뜨기 2코, [2코 모아뜨기] 3회 반복, 겉뜨기 5코(총 10코)
- 4~6단: 메리야스뜨기 3단
- 7단: 겉뜨기 8코, (되돌아뜨기하고 편물을 뒤집는다)
- 8단: 안뜨기 3코, (되돌아뜨기하고 편물을 뒤집는다)
- 9단: 단의 끝까지 겉뜨기
- 10단: 안뜨기 1단
- 11단: 겉뜨기 1코, 1코 만들기, [겉뜨기 3코, 1코 만들기] 2회 반복, 겉뜨기 3코(총 13코)
- 12단: 안뜨기 1단
- 13단: 9코 코막음, 1코 만들기, 겉뜨기 3코(총 5코)
- 14단: 2코 코막음, 1코 만들기, 안뜨기 1코, 1코 만들기, 안뜨기 1코(총 5코)
- 15단: 겉뜨기 1코, 1코 만들기, 1코 남을 때까지 겉뜨기, 1코 만들기, 겉뜨기 1코(총 7코)
- 16단: 안뜨기 1코, 1코 만들기, 1코 남을 때까지 안뜨기, 1코 만들기, 안뜨기 1코(총 9코)
- 17~20단: 메리야스뜨기 4단
- 21단: 겉뜨기 1코, 오른코 모아뜨기, 3코 남을 때까지 겉뜨기, 2코 모아뜨기, 겉뜨기 1코(총 7코)
- 22단: 안뜨기 1코, 2코 모아뜨기, 안뜨기 1코, 안뜨기로 2코 모아 꼬아뜨기, 안뜨기 1코(총 5코)

모든 코를 코막음한다.

나갈 준비 됐어요!

왼쪽 뒷다리

연갈색 실(10ply, Aran)과 대바늘 4mm를 사용하여 시작코 10코를 만든다.

- 1단: 겉뜨기 5코, [1코 늘리기] 3회 반복, 겉뜨기 2코(총 13코)
- 2단: 안뜨기 1단
- 3단: 겉뜨기 5코, [2코 모아뜨기] 3회 반복, 겉뜨기 2코(총 10코)
- 4~6단: 메리야스뜨기 3단
- 7단: 겉뜨기 5코, (되돌아뜨기하고 편물을 뒤집는다)
- 8단: 안뜨기 3코, (되돌아뜨기하고 편물을 뒤집는다)
- 9단: 단의 끝까지 겉뜨기
- 10단: 안뜨기 1단
- 11단: [겉뜨기 3코, 1코 만들기] 3회 반복, 겉뜨기 1코(총 13코)
- 12단: 안뜨기 1단
- 13단: 2코 코막음, 1코 만들기, 단의 끝까지 겉뜨기(총 12코)
- 14단: 9코 코막음, 1코 만들기, 1코 남을 때까지 안뜨기, 1코 만들기, 안뜨기 1코(총 5코)

15단부터 끝까지 오른쪽 뒷다리의 15단 이후와 같은 방법으로 작업한다.

귀(2개)

연갈색 실(10ply, Aran)과 대바늘 4mm를 사용하여 시작코 6코를 만든다.

- 1~4단: 겉뜨기로 시작하여 메리야스뜨기 4단
- 5단: 겉뜨기 1코, 오른코 모아뜨기, 2코 모아뜨기, 겉뜨기 1코(총 4코)
- 6~8단: 메리야스뜨기 3단
- 9단: 겉뜨기 1코, 2코 모아뜨기, 겉뜨기 1코(총 3코)
- 10단: 오른코 중심 3코 모아뜨기(총 1코)

연결할 만큼 실을 남기고 자른 후, 남은 코 사이로 실을 뺀 후 잡아당겨 마무리한다.

꼬리

연갈색 실(10ply, Aran)과 대바늘 4mm를 사용하여 시작코 4코를 만든다.

- 1~4단: 메리야스뜨기 4단
- 5단: 겉뜨기 1코, 1코 만들기, 1코 남을 때까지 겉뜨기, 1코 만들기, 겉뜨기 1코(총 6코)
- 6단: 안뜨기 1단
- 7단: 겉뜨기 4코, (되돌아뜨기하고 편물을 뒤집는다)
- 8단: 안뜨기 2코, (되돌아뜨기하고 편물을 뒤집는다)
- 9단: 단의 끝까지 겉뜨기
- 10~12단: 메리야스뜨기 3단

모든 코를 코막음한다.

코

검은색 실(4ply, fingering)과 대바늘 2.75mm를 사용하여 시작코 3코를 만든다.

- 1단: [겉뜨기 1코, 1코 만들기] 2회 반복, 겉뜨기 1코(총 5코)
- 2~4단: 메리야스뜨기 3단
- 5단: 오른코 모아뜨기, 겉뜨기 1코, 2코 모아뜨기(총 3코)
- 6단: 오른코 3코 모아뜨기(총 1코)

입을 수놓을 만큼 충분히 실을 남기고 자른다. 남은 코 사이로 실을 뺀 후 잡아당겨 마무리한다.

연결하기

① 앞다리부터 연결하기 시작한다. 연갈색 실(10ply, Aran)을 돗바늘에 끼우고 앞다리의 아랫코를 모아 발바닥 모양을 만든다. 옆선을 이어 꿰맨 후, 솜을 단단히 채우고 솜 사이로 와이어를 넣는다. 두 번째 다리도 같은 방법으로 반복한다.

② 배의 코막음한 단 가운데 코와 뒷몸통의 마커링(그림 도안의 ☆)을 맞추고, 배의 시작단 가운데 코와 앞몸통의 마커링(그림 도안의 ★)을 맞춰서 시침핀을 꽂는다. 배 가장자리를 꿰매면서 몸통에 솜을 단단히 채운다. 오른쪽 작품 사진을 참고하여, 앞다리의 윗부분에 있는 코막음한 단을 배에 꿰맨다.

③ 뒷다리도 앞다리와 같은 방법으로 꿰맨다. 작품 사진을 참고하여 뒷다리의 윗부분을 몸통에 시침핀으로 고정하고 솜을 약간 채운 후 꿰맨다. 다리 위쪽에 있는 코막음한 단을 배에 꿰맨다.

④ 머리는 코막음한 단을 반으로 접어서 코들을 같이 꿰맨다. 머리의 아래쪽이 될 솔기를 꿰매면서 솜을 채운다.

⑤ 귀의 마지막 단에 남아 있는 실을 돗바늘에 끼우고, 귀의 한쪽면 가장자리를 홈질한 후 살짝 잡아당겨 귀가 앞으로 구부러지게 한다. 두 번째 귀도 같은 방법으로 반복하는데, 이번에는 약간 더 세게 잡아당겨서 작품 사진처럼 귀가 더 구부러지게 한다. 작품 사진을 참고하여 머리 위에 귀를 시침핀으로 고정한 후 단단히 꿰맨다.

⑥ 검은색 면사를 사용하여 단추눈 2개를 달아 눈을 만든다.

⑦ 머리 앞부분에 검은색 코를 꿰맨다. 이때 코의 시작단이 위쪽으로 가도록 놓는다. 코를 꿰매고 남은 실을 사용하여 스트레이트 스티치로 입을 수놓는다.

⑧ 머리를 몸통 앞쪽에 단단히 꿰맨다.

⑨ 꼬리는 반으로 접어서 옆솔기를 꿰맨다. 작품 사진을 참고하여 꼬리의 솔기가 위쪽으로 오도록 놓고 몸통에 꿰맨다.

부츠(4개)

갈색 실(5ply, sportweight)과 대바늘 3.25mm를 사용하여 시작코 4코를 만든다.

- 1~2단: 겉뜨기 2단
- 3단: 겉뜨기 1코, 1코 만들기, 겉뜨기 2코, 1코 만들기, 겉뜨기 1코(총 6코)
- 4~7단: 겉뜨기 4단
- 8단: 겉뜨기 1코, [2코 모아뜨기] 2회 반복, 겉뜨기 1코(총 4코)
- 9~12단: 겉뜨기 4단
- 13단: 8코 만들기, 단의 끝까지 겉뜨기(총 12코)
- 14단: 8코 만들기, 단의 끝까지 겉뜨기(총 20코)

초록색 실(5ply, sportweight)로 바꾼다.

- 15(겉면)~16단: 겉뜨기로 시작하여 메리야스뜨기 2단
- 17단: 겉뜨기 7코, 오른코 모아뜨기, 겉뜨기 2코, 2코 모아뜨기, 겉뜨기 7코(총 18코)
- 18단: 안뜨기 6코, 안뜨기로 2코 모아뜨기, 안뜨기 2코, 안뜨기로 2코 모아 꼬아뜨기, 안뜨기 6코(총 16코)
- 19단: 겉뜨기 5코, 오른코 모아뜨기, 겉뜨기 2코, 2코 모아뜨기, 겉뜨기 5코(총 14코)
- 20~23단: 메리야스뜨기 4단
- 24~25단: 겉뜨기 2단

모든 코를 느슨하고 고르게 코막음한다.

연결하기

첫 번째 부츠의 뒷솔기를 꿰맨다. 부츠의 갈색 가장자리를 따라 발바닥을 꿰맨다. 부츠 앞코에 솜을 약간 넣고 부츠를 강아지 다리에 신긴다. 남은 부츠 3개도 같은 방법으로 작업한다.

코트

코트의 꽈배기 무늬를 뜰 때는 p.19의 뜨개기법을 참고한다.
크림색 실(5ply, sportweight)과 대바늘 3.25mm를 사용하여 시작코 20코를 만든다.

- **1단:** [안뜨기 2코, 겉뜨기 4코] 3회 반복, 안뜨기 2코
- **2단:** [겉뜨기 2코, 안뜨기 4코] 3회 반복, 겉뜨기 2코
- **3단:** 6코 만들기, 안뜨기 2코, 겉뜨기 4코, [안뜨기 2코, 오른코 위 2코 교차뜨기] 3회 반복, 안뜨기 2코(총 26코)
- **4단:** 6코 만들기, [겉뜨기 2코, 안뜨기 4코] 5회 반복, 겉뜨기 2코(총 32코)
- **5단:** [안뜨기 2코, 겉뜨기 4코] 5회 반복, 안뜨기 2코
- **6단:** [겉뜨기 2코, 안뜨기 4코] 5회 반복, 겉뜨기 2코
- **7단:** [안뜨기 2코, 오른코 위 2코 교차뜨기] 5회 반복, 안뜨기 2코
- **8단:** 6단을 반복한다.
- **9~16단:** [5~8단] 2회 반복한다.
- **17단:** [안뜨기 2코, 겉뜨기 4코] 2회 반복, 안뜨기 1코, 6코 코막음, [겉뜨기 4코, 안뜨기 2코] 2회 반복(13코짜리 2세트가 남는다.)

편물을 뒤로 돌려서 처음 13코(그림 도안의 ⓑ)만 가지고 이어 뜬다.

- **18단:** [겉뜨기 2코, 안뜨기 4코] 2회 반복, 겉뜨기 1코
- **19단:** 2코 코막음, 겉뜨기 2코, 안뜨기 2코, 오른코 위 2코 교차뜨기, 안뜨기 2코(총 11코)
- **20단:** 겉뜨기 2코, 안뜨기 4코, 겉뜨기 2코, 안뜨기 3코
- **21단:** 1코 코막음, 겉뜨기 1코, 안뜨기 2코, 겉뜨기 4코, 안뜨기 2코(총 10코)
- **22코:** 겉뜨기 2코, 안뜨기 4코, 겉뜨기 2코, 안뜨기 2코
- **23코:** 겉뜨기 2코, 안뜨기 2코, 오른코 위 2코 교차뜨기, 안뜨기 2코
- **24코:** 22단을 반복한다.
- **25단:** 겉뜨기 2코, 안뜨기 2코, 겉뜨기 4코, 안뜨기 2코
- **26단:** 22단을 반복한다.
- **27단:** 23단을 반복한다.
- **28단:** 22단을 반복한다.
- **29~32단:** 25~28단을 반복한다.

모든 코를 코막음한다.

안쪽면에 남아 있는 13코(그림 도안의 ⓒ)에 실을 연결한다.

- **18단:** 겉뜨기 1코, 안뜨기 4코, 겉뜨기 2코, 안뜨기 4코, 겉뜨기 2코
- **19단:** 안뜨기 2코, 오른코 위 2코 교차뜨기, 안뜨기 2코, 겉뜨기 4코, 안뜨기 1코
- **20단:** 2코 코막음, 안뜨기 2코, 겉뜨기 2코, 안뜨기 4코, 겉뜨기 2코(총 11코)
- **21단:** 안뜨기 2코, 겉뜨기 4코, 안뜨기 2코, 겉뜨기 3코
- **22단:** 1코 코막음, 안뜨기 1코, 겉뜨기 2코, 안뜨기 4코, 겉뜨기 2코(총 10코)
- **23단:** 안뜨기 2코, 오른코 위 2코 교차뜨기, 안뜨기 2코, 겉뜨기 2코
- **24단:** 안뜨기 2코, 겉뜨기 2코, 안뜨기 4코, 겉뜨기 2코
- **25단:** 안뜨기 2코, 겉뜨기 4코, 안뜨기 2코, 겉뜨기 2코
- **26단:** 24단을 반복한다.
- **27단:** 23단을 반복한다.
- **28단:** 24단을 반복한다.
- **29~32단:** 25~28단을 반복한다.

모든 코를 코막음한다.

연결하기

❶ 코트의 바깥쪽 가장자리를 따라 겉면에서 72코를 줍는다. 2코/2코 고무단으로 4단 뜬 후 모든 코를 코막음한다.

❷ 코트의 목둘레를 따라 겉면에서 32코를 줍는다. 2코/2코 고무단으로 8단 뜬 후 모든 코를 코막음한다.

❸ 코트의 앞솔기(목둘레 고무단부터 가장자리 고무단까지)를 꿰맨다.

❹ 강아지에게 코트를 입히고 칼라는 바깥으로 1번 접는다.

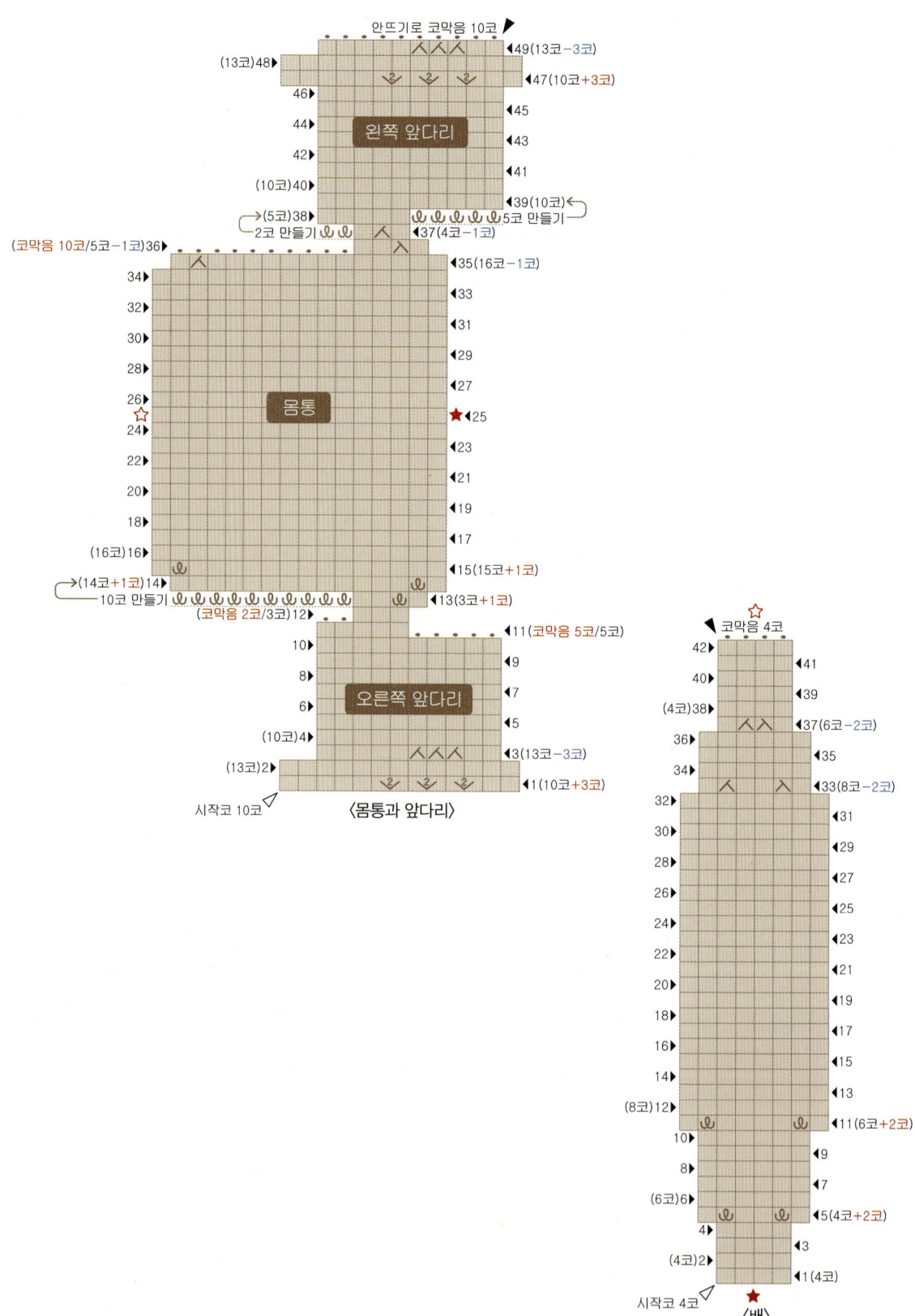

안뜨기로 코막음 10코 ▶

(13코)48▶ ◀49(13코−3코)

46▶ 왼쪽 앞다리 ◀47(10코+3코)

44▶ ◀45

42▶ ◀43

(10코)40▶ ◀41

(5코)38▶ 2코 만들기 ◀39(10코)
5코 만들기
◀37(4코−1코)

(코막음 10코/5코−1코)36▶ ◀35(16코−1코)

34▶ ◀33

32▶ 몸통 ◀31

30▶ ◀29

28▶ ◀27

26▶ ◀25 ★
☆
24▶ ◀23

22▶ ◀21

20▶ ◀19

18▶ ◀17

(16코)16▶ ◀15(15코+1코)

(14코+1코)14▶ ◀13(3코+1코)
10코 만들기
(코막음 2코/3코)12▶ ◀11(코막음 5코/5코)

10▶ ◀9

8▶ 오른쪽 앞다리 ◀7

6▶ ◀5

(10코)4▶ ◀3(13코−3코)

(13코)2▶ ◀1(10코+3코)

시작코 10코 ▷ 〈몸통과 앞다리〉

☆
◀ 코막음 4코
42▶ ◀41

40▶ ◀39

(4코)38▶ ◀37(6코−2코)

36▶ ◀35

34▶ ◀33(8코−2코)

32▶ ◀31

30▶ ◀29

28▶ ◀27

26▶ ◀25

24▶ ◀23

22▶ ◀21

20▶ ◀19

18▶ ◀17

16▶ ◀15

14▶ ◀13

(8코)12▶ ◀11(6코+2코)

10▶ ◀9

8▶ ◀7

(6코)6▶ ◀5(4코+2코)

4▶ ◀3

(4코)2▶ ◀1(4코)

시작코 4코 ▷
★
〈배〉

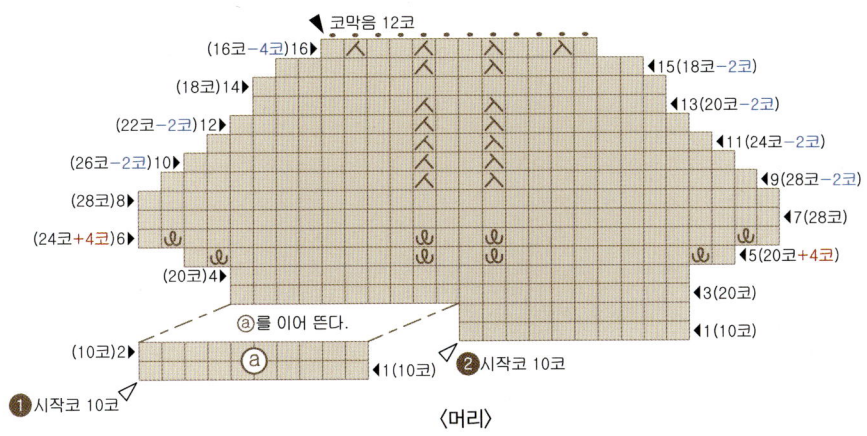

<머리>

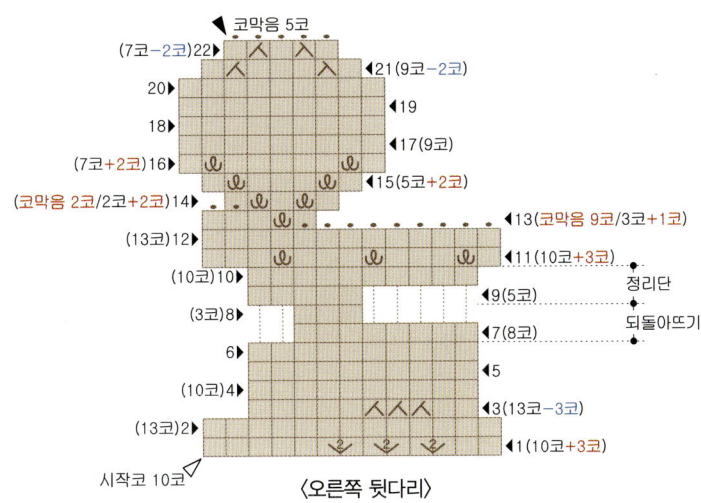

<오른쪽 뒷다리>

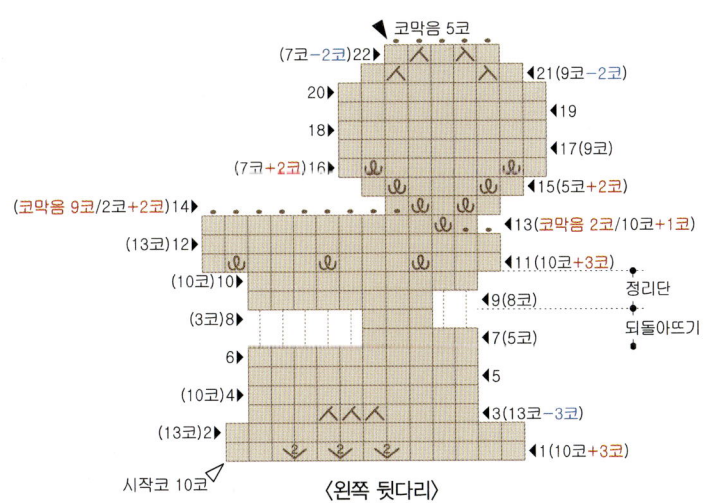

<왼쪽 뒷다리>

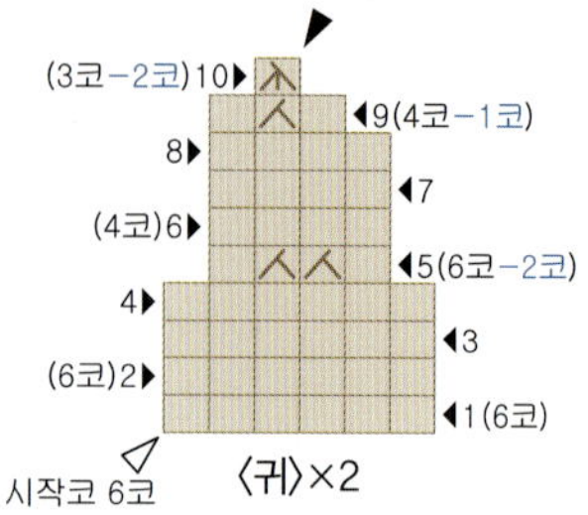
(3코–2코)10▶
◀9(4코–1코)
8▶
◀7
(4코)6▶
◀5(6코–2코)
4▶
◀3
(6코)2▶
◀1(6코)
시작코 6코

〈귀〉×2

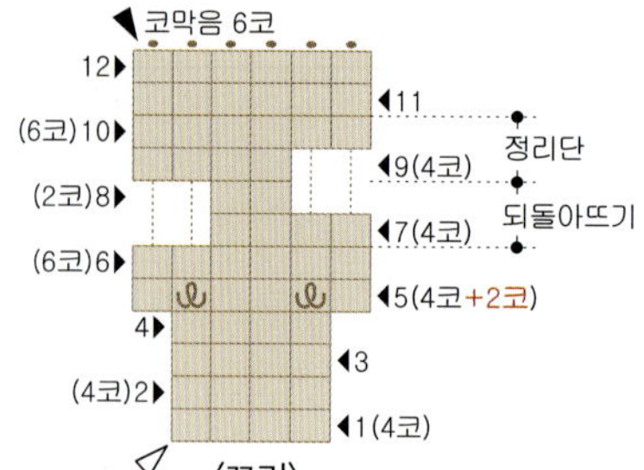
◀코막음 6코
12▶
◀11
(6코)10▶
◀9(4코)
정리단
(2코)8▶
되돌아뜨기
◀7(4코)
(6코)6▶
◀5(4코+2코)
4▶
◀3
(4코)2▶
◀1(4코)
시작코 4코

〈꼬리〉

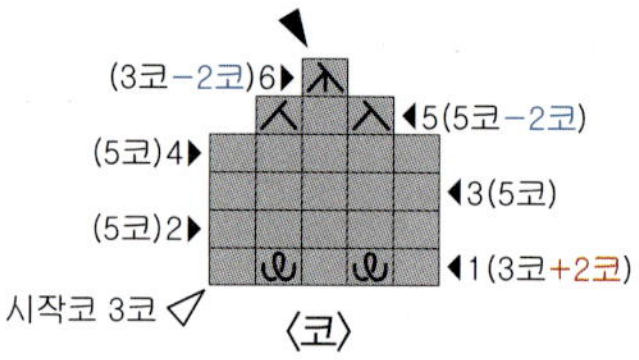
(3코–2코)6▶
◀5(5코–2코)
(5코)4▶
◀3(5코)
(5코)2▶
◀1(3코+2코)
시작코 3코

〈코〉

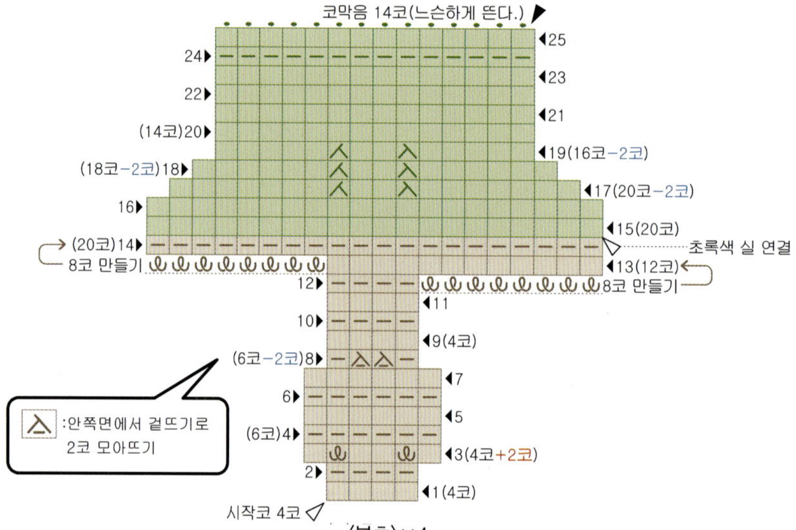
코막음 14코(느슨하게 뜬다.)
◀25
24▶
◀23
22▶
◀21
(14코)20▶
◀19(16코–2코)
(18코–2코)18▶
◀17(20코–2코)
16▶
◀15(20코)
(20코)14▶
초록색 실 연결
8코 만들기
◀13(12코)
12▶
8코 만들기
◀11
10▶
◀9(4코)
(6코–2코)8▶
◀7
6▶
◀5
(6코)4▶
◀3(4코+2코)
2▶
◀1(4코)
시작코 4코
:안쪽면에서 겉뜨기로 2코 모아뜨기

〈부츠〉×4

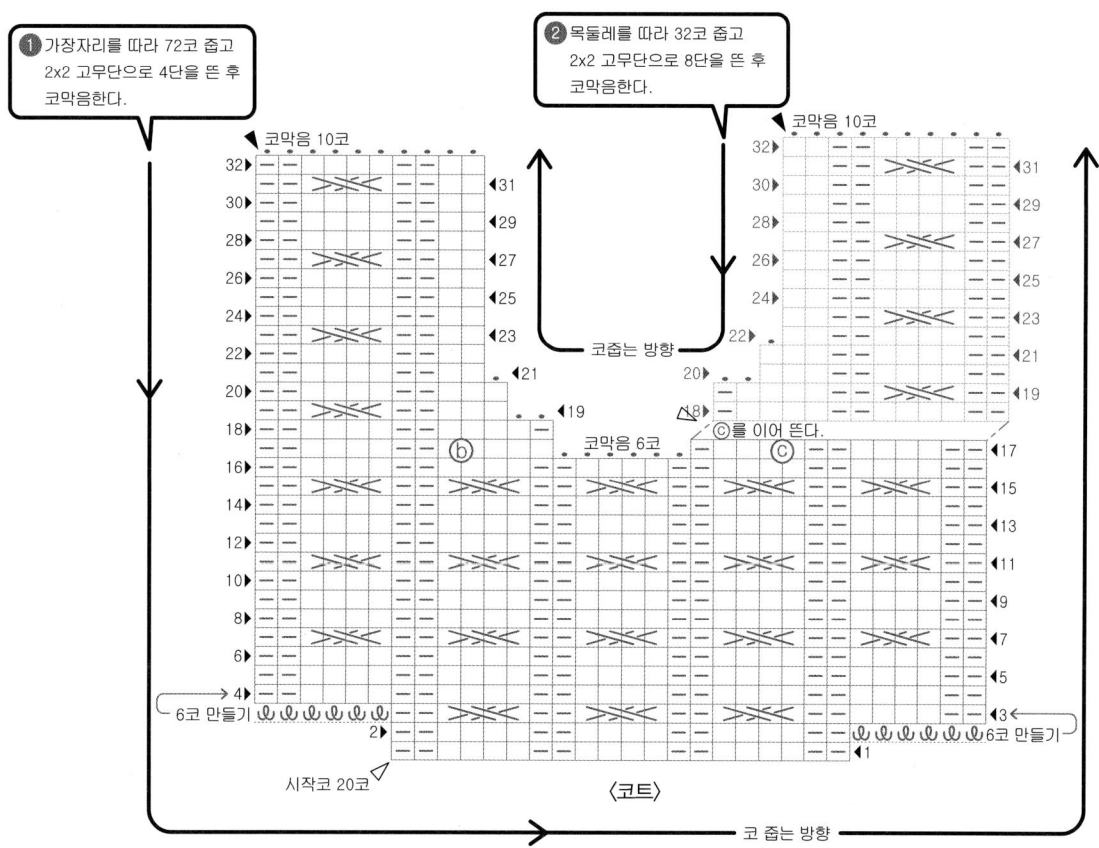

1 가장자리를 따라 72코 줍고
2x2 고무단으로 4단을 뜬 후
코막음한다.

2 목둘레를 따라 32코 줍고
2x2 고무단으로 8단을 뜬 후
코막음한다.

코막음 10코

코막음 10코

32▶ 31◀
30▶ 29◀
28▶ 27◀
26▶ 25◀
24▶ 23◀
22▶ 21◀
20▶ 19◀
18▶ 17◀
16▶ 15◀
14▶ 13◀
12▶ 11◀
10▶ 9◀
8▶ 7◀
6▶ 5◀
4▶ 3◀
2▶ 1◀

코줍는 방향

ⓑ

코막음 6코

ⓒ

ⓒ를 이어 뜬다.

6코 만들기

6코 만들기

시작코 20코

〈코트〉

코 줍는 방향

12. 크리스마스 강아지 Christmas Dog

크리스마스 강아지와 페어아일 기법(p.20 참고)으로 뜨고 자수로 마무리한 재미있는 스웨터입니다. 사슴뿔 덕분에 크리스마스 파티 분위기가 더욱 납니다.

준비물
- 갈색 실(10ply, Aran) 100m
- 검은색 실(4ply, fingering) 약간
- 장난감용 구름솜
- 인형눈: 8mm 검은색 기둥단추 2개

바늘
- 대바늘 4mm(영국 8호, 미국 6호)
- 대바늘 2.75mm(영국 12호, 미국 2호)

게이지
- 대바늘 4mm와 10ply실(Aran)을 사용하여 메리야스 뜨기로 5cm=9~10코

완성 사이즈
- 머리끝부터 발바닥까지 높이: 26cm

앞몸통

갈색 실(10ply, Aran)과 대바늘 4mm를 사용하여 시작코 12코를 만든다.

- 1~2단: 겉뜨기로 시작하여 메리야스뜨기 2단
- 3단: 겉뜨기 1코, 1코 만들기, 1코 남을 때까지 겉뜨기, 1코 만들기, 겉뜨기 1코(총 14코)
- 4~6단: 메리야스뜨기 3단
- 7단: 겉뜨기 1코, 1코 만들기, 겉뜨기 5코, 1코 만들기, 겉뜨기 2코, 1코 만들기, 겉뜨기 5코, 1코 만들기, 겉뜨기 1코(총 18코)
- 8~10단: 메리야스뜨기 3단
- 11단: 겉뜨기 1코, 1코 만들기, 겉뜨기 7코, 1코 만들기, 겉뜨기 2코, 1코 만들기, 겉뜨기 7코, 1코 만들기, 겉뜨기 1코(총 22코)
- 12~14단: 메리야스뜨기 3단
- 15단: 겉뜨기 1코, 1코 만들기, 겉뜨기 9코, 1코 만들기, 겉뜨기 2코, 1코 만들기, 겉뜨기 9코, 1코 만들기, 겉뜨기 1코(총 26코)
- 16단: 안뜨기 1단
- 17단: 겉뜨기 1코, 1코 만들기, 겉뜨기 11코, 1코 만들기, 겉뜨기 2코, 1코 만들기, 겉뜨기 11코, 1코 만들기, 겉뜨기 1코(총 30코)

- 18~30단: 메리야스뜨기 13단
- 31단: 겉뜨기 1코, 오른코 모아뜨기, 겉뜨기 9코, 2코 모아뜨기, 겉뜨기 2코, 오른코 모아뜨기, 겉뜨기 9코, 2코 모아뜨기, 겉뜨기 1코(총 26코)
- 32단: 안뜨기 1단
- 33단: 겉뜨기 1코, 오른코 모아뜨기, 겉뜨기 7코, 2코 모아뜨기, 겉뜨기 2코, 오른코 모아뜨기, 겉뜨기 7코, 2코 모아뜨기, 겉뜨기 1코(총 22코)
- 34단: 안뜨기 1단
- 35단: 겉뜨기 1코, 오른코 모아뜨기, 겉뜨기 5코, 2코 모아뜨기, 겉뜨기 2코, 오른코 모아뜨기, 겉뜨기 5코, 2코 모아뜨기, 겉뜨기 1코(총 18코)
- 36단: 안뜨기 1코, 안뜨기로 2코 모아뜨기, 안뜨기 3코, 안뜨기로 2코 모아 꼬아뜨기, 안뜨기 2코, 안뜨기로 2코 모아뜨기, 안뜨기 3코, 안뜨기로 2코 모아 꼬아뜨기, 안뜨기 1코(총 14코)
- 37단: 겉뜨기 1코, 오른코 모아뜨기, 겉뜨기 1코, 2코 모아뜨기, 겉뜨기 2코, 오른코 모아뜨기, 겉뜨기 1코, 2코 모아뜨기, 겉뜨기 1코(총 10코)
- 38단: 안뜨기 1코, [안뜨기로 2코 모아뜨기, 안뜨기로 2코 모아 꼬아뜨기] 2회 반복, 안뜨기 1코(총 6코)

모든 코를 코막음한다.

뒷몸통

갈색 실(10ply, Aran)과 대바늘 4mm를 사용하여 시작코 10코를 만든다.

- 1~2단: 겉뜨기로 시작하여 메리야스뜨기 2단
- 3단: 겉뜨기 1코, 1코 만들기, 1코 남을 때까지 겉뜨기, 1코 만들기, 겉뜨기 1코(총 12코)
- 4~6단: 메리야스뜨기 3단
- 7~10단: 3~6단을 반복(총 14코)
- 11단: 겉뜨기 1코, 1코 만들기, 겉뜨기 5코, 1코 만들기, 겉뜨기 2코, 1코 만들기, 겉뜨기 5코, 1코 만들기, 겉뜨기 1코(총 18코)
- 12~14단: 메리야스뜨기 3단
- 15단: 겉뜨기 1코, 1코 만들기, 겉뜨기 7코, 1코 만들기, 겉뜨기 2코, 1코 만들기, 겉뜨기 7코, 1코 만들기, 겉뜨기 1코(총 22코)
- 16~18단: 메리야스뜨기 3단

- 19단: 겉뜨기 1코, 1코 만들기, 겉뜨기 9코, 1코 만들기, 겉뜨기 2코, 1코 만들기, 겉뜨기 9코, 1코 만들기, 겉뜨기 1코 (총 26코)
- 20~26단: 메리야스뜨기 7단
- 27단: 겉뜨기 1코, 오른코 모아뜨기, 겉뜨기 7코, 2코 모아뜨기, 겉뜨기 2코, 오른코 모아뜨기, 겉뜨기 7코, 2코 모아뜨기, 겉뜨기 1코(총 22코)
- 28단: 안뜨기 1단
- 29단: 겉뜨기 1코, 오른코 모아뜨기, 겉뜨기 5코, 2코 모아뜨기, 겉뜨기 2코, 오른코 모아뜨기, 겉뜨기 5코, 2코 모아뜨기, 겉뜨기 1코(총 18코)
- 30단: 안뜨기 1단
- 31단: 겉뜨기 1코, 오른코 모아뜨기, 겉뜨기 3코, 2코 모아뜨기, 겉뜨기 2코, 오른코 모아뜨기, 겉뜨기 3코, 2코 모아뜨기, 겉뜨기 1코(총 14코)
- 32단: 안뜨기 1단
- 33단: 겉뜨기 1코, 오른코 모아뜨기, 겉뜨기 1코, 2코 모아뜨기, 겉뜨기 2코, 오른코 모아뜨기, 겉뜨기 1코, 2코 모아뜨기, 겉뜨기 1코(총 10코)
- 34단: 안뜨기 1코, [안뜨기로 2코 모아뜨기, 안뜨기로 2코 모아 꼬아뜨기] 2회 반복, 안뜨기 1코(총 6코)

모든 코를 코막음한다.

다리(2개)

갈색 실(10ply, Aran)과 대바늘 4mm를 사용하여 시작코 14코를 만든다.

- 1~12단: 겉뜨기로 시작해서 메리야스뜨기 12단
- 13단: 겉뜨기 6코, 1코 만들기, 겉뜨기 2코, 1코 만들기, 겉뜨기 6코(총 16코)
- 14단: 안뜨기 7코, 1코 만들기, 안뜨기 2코, 1코 만들기, 안뜨기 7코(총 18코)
- 15단: 겉뜨기 8코, 1코 만들기, 겉뜨기 2코, 1코 만들기, 겉뜨기 8코(총 20코)
- 16단: 안뜨기 9코, 1코 만들기, 안뜨기 2코, 1코 만들기, 안뜨기 9코(총 22코)
- 17단: 겉뜨기 10코, 1코 만들기, 겉뜨기 2코, 1코 만들기, 겉뜨기 10코(총 24코)
- 18단: 안뜨기 11코, 1코 만들기, 안뜨기 2코, 1코 만들기, 안뜨기 11코(총 26코)
- 19~22단: 메리야스뜨기 4단
- 23단: 겉뜨기 1코, 오른코 모아뜨기, 겉뜨기 7코, 2코 모아뜨기, 겉뜨기 2코, 오른코 모아뜨기, 겉뜨기 7코, 2코 모아뜨기, 겉뜨기 1코(총 22코)

남은 22코를 〈대바늘로 떠서 잇기(p.13 참고)〉 기법으로 대바늘 3개를 사용하여 코막음한다.

팔(2개)

갈색 실(10ply, Aran)과 대바늘 4mm를 사용하여 시작코 12코를 만든다.

- 1~12단: 겉뜨기로 시작하여 메리야스뜨기 12단
- 13단: 겉뜨기 1코, 1코 만들기, 겉뜨기 4코, 1코 만들기, 겉뜨기 2코, 1코 만들기, 겉뜨기 4코, 1코 만들기, 겉뜨기 1코 (총 16코)
- 14단: 안뜨기 1단
- 15단: 겉뜨기 1코, 1코 만들기, 겉뜨기 6코, 1코 만들기, 겉뜨기 2코, 1코 만들기, 겉뜨기 6코, 1코 만들기, 겉뜨기 1코 (총 20코)
- 16~18단: 메리야스뜨기 3단
- 19단: 겉뜨기 1코, 오른코 모아뜨기, 겉뜨기 4코, 2코 모아뜨기, 겉뜨기 2코, 오른코 모아뜨기, 겉뜨기 4코, 2코 모아뜨기, 겉뜨기 1코(총 16코)
- 20단: 안뜨기 1단

〈대바늘로 떠서 잇기(p.13 참고)〉 기법으로 대바늘 3개를 사용하여 코막음한다.

머리

갈색 실(10ply, Aran)과 대바늘 4mm를 사용하여 시작코 14코를 만든다.

- 1단: 안뜨기 1단
- 2단(겉면): 겉뜨기 1코, 1코 만들기, 1코 남을 때까지 겉뜨기, 1코 만들기, 겉뜨기 1코(총 16코)
- 3단: 안뜨기 1코, 1코 만들기, 1코 남을 때까지 안뜨기, 1코 만들기, 안뜨기 1코(총 18코)
- 4~5단: 2~3단을 반복(총 22코)
- 6단: 겉뜨기 1코, 1코 만들기, 1코 남을 때까지 겉뜨기, 1코 만들기, 겉뜨기 1코(총 24코)
- 7단: 안뜨기 1단
- 8~9단: 6~7단을 반복(총 26코)
- 10단: 겉뜨기 12코, 1코 만들기, 겉뜨기 2코, 1코 만들기, 겉뜨기 12코(총 28코)
- 11단: 안뜨기 13코, 1코 만들기, 안뜨기 2코, 1코 만들기, 안뜨기 13코(총 30코)
- 12단: 겉뜨기 14코, 1코 만들기, 겉뜨기 2코, 1코 만들기, 겉뜨기 14코(총 32코)
- 13단: 안뜨기 15코, 1코 만들기, 안뜨기 2코, 1코 만들기, 안뜨기 15코(총 34코)
- 14단: 겉뜨기 16코, 1코 만들기, 겉뜨기 2코, 1코 만들기, 겉뜨기 16코(총 36코)
- 15단: 안뜨기 17코, 1코 만들기, 안뜨기 2코, 1코 만들기, 안뜨기 17코(총 38코)
- 16~23단: 메리야스뜨기 8단
- 24단: 겉뜨기 1코, 오른코 모아뜨기, 겉뜨기 13코, 2코 모아뜨기, 겉뜨기 2코, 오른코 모아뜨기, 겉뜨기 13코, 2코 모아뜨기, 겉뜨기 1코(총 34코)

- **25단**: 안뜨기 1단
- **26단**: 겉뜨기 1코, 오른코 모아뜨기, 겉뜨기 11코, 2코 모아뜨기, 겉뜨기 2코, 오른코 모아뜨기, 겉뜨기 11코, 2코 모아뜨기, 겉뜨기 1코(총 30코)
- **27단**: 안뜨기 1단
- **28단**: 겉뜨기 1코, 오른코 모아뜨기, 겉뜨기 9코, 2코 모아뜨기, 겉뜨기 2코, 오른코 모아뜨기, 겉뜨기 9코, 2코 모아뜨기, 겉뜨기 1코(총 26코)
- **29단**: 안뜨기 1코, 안뜨기로 2코 모아뜨기, 안뜨기 7코, 안뜨기로 2코 모아 꼬아뜨기, 안뜨기 2코, 안뜨기로 2코 모아뜨기, 안뜨기 7코, 안뜨기로 2코 모아 꼬아뜨기(총 22코)
- **30단**: 겉뜨기 1코, 오른코 모아뜨기, 겉뜨기 5코, 2코 모아뜨기, 겉뜨기 2코, 오른코 모아뜨기, 겉뜨기 5코, 2코 모아뜨기, 겉뜨기 1코(총 18코)

남은 18코를 〈대바늘로 떠서 잇기(p.13 참고)〉 기법으로 대바늘 3개를 사용하여 코막음한다.

귀(2개)

갈색 실(10ply, Aran)과 대바늘 4mm를 사용하여 시작코 7코를 만든다.

- **1~6단**: 겉뜨기로 시작하여 메리야스뜨기 6단
- **7단**: 오른코 모아뜨기, 2코 남을 때까지 겉뜨기, 2코 모아뜨기(총 5코)
- **8단**: 안뜨기 1단
- **9~10단**: 7~8단을 반복(총 3코)
- **11단**: 오른코 3코 모아뜨기(총 1코)
- **12단**: 2코 늘리기(총 3코)

코

검은색 실(4ply, fingering)과 대바늘 2.75mm를 사용하여 시작코 7코를 만든다.

- **1~2단**: 겉뜨기로 시작하여 메리야스뜨기 2단
- **3단**: 겉뜨기 1코, 오른코 모아뜨기, 겉뜨기 1코, 2코 모아뜨기, 겉뜨기 1코(총 5코)
- **4단**: 안뜨기 1단
- **5단**: 오른코 모아뜨기, 겉뜨기 1코, 2코 모아뜨기(총 3코)
- **6단**: 안뜨기로 왼코 3코 모아뜨기(총 1코)=걸러뜨기 1코, 안뜨기로 2코 모아뜨기, 걸러뜬 코로 덮어씌우기

입을 수놓을 수 있을 만큼 남기고 실을 자른다. 남은 코 사이로 실을 뺀 후 잡아당겨 마무리한다.

꼬리

갈색 실(10ply, Aran)과 대바늘 4mm를 사용하여 시작코 8코를 만든다.

- **1~2단**: 겉뜨기로 시작하여 메리야스뜨기 2단
- **3단**: 겉뜨기 6코, (되돌아뜨기하고 편물을 뒤집는다)
- **4단**: 안뜨기 4코, (되돌아뜨기하고 편물을 뒤집는다)
- **5단**: 단의 끝까지 겉뜨기
- **6단**: 안뜨기 1단
- **7~10단**: 3~6단을 반복한다.
- **11단**: 오른코 모아뜨기, 2코 남을 때까지 겉뜨기, 2코 모아뜨기(총 6코)
- **12단**: 안뜨기 1단
- **13~14단**: 11~12단을 반복(총 4코)

실을 마무리할 수 있는 길이만큼 남겨 자르고 돗바늘에 끼운 후, 남은 코 사이로 통과시키고 단단히 잡아당겨 마무리한다.

13단: 겉뜨기 1단
- **13단**: 겉뜨기 1단
- **14단**: 안뜨기 1코, 1코 만들기, 1코 남을 때까지 안뜨기, 1코 만들기, 안뜨기 1코(총 5코)
- **15단**: 겉뜨기 1단
- **16단**: 14단을 반복(총 7코)
- **17~22단**: 메리야스뜨기 6단

모든 코를 코막음한다.

연결하기

❶ 앞뒤 몸통의 옆솔기와 코막음한 단을 시침핀으로 고정하고 솜을 채운 후 꿰맨다.

❷ 머리를 연결하기 위해서는 코막음한 단이 뒤통수가 되도록 놓고, 머리의 아래쪽이 될 솔기를 꿰매면서 솜을 채운다. 시작단의 코를 모아 코 모양을 만든다. 〈코 모양 만들기(p.23 참고)〉를 참고하여 머리를 완성한다.

❸ 작품 사진을 참고하여 단추를 달아 눈을 만든다. 눈의 안쪽과 머리의 아랫단을 한 땀씩 꿰맨 후 실을 아래쪽으로 약간 잡아당겨 고정한다. 두 번째 눈도 같은 방법으로 작업한다. 이렇게 하면 눈이 훨씬 사실적으로 보인다.

❹ 귀는 안쪽면끼리 마주보도록 반으로 접은 후 솔기를 꼼꼼하게 꿰맨다. 두 번째 귀도 같은 방법으로 작업한다. 머리 위에 귀를 시침핀으로 고정한 후 꿰맨다. 이때 작품 사진을 참고하여 귀를 살짝 구부려서 고정한다.

❺ 얼굴 정면에 코를 꿰매고, 남은 실을 사용하여 코끝에 스트레이트 스티치로 입을 수놓는다.

❻ 머리 아래솔기가 몸통 중앙에 오도록 놓고 머리를 몸통에 꿰맨다.

❼ 팔을 반으로 접은 후 옆솔기를 꿰매고 솜을 채운다. 작품 사진을 참고하여 갈색 실(10ply, Aran)로 손바닥에 스트레이트 스티치로 수놓아 손가락 느낌을 살린다. 두 번째 팔도 같은 방법으로 작업한다. 팔의 솔기가 아래로 가도록 몸통의 옆선에 꿰맨다.

❽ 다리의 뒷솔기를 꿰매고 솜을 채운다. 두 번째 다리도 같은 방법으로 작업한 후, 작품 사진을 참고하여 몸통의 아랫부분에 다리를 시침핀으로 고정한 후 꿰맨다.

❾ 꼬리의 솔기를 꿰매고(몸통에 꿰맬 때 솔기가 위로 간다) 안에 솜을 약간 넣는다. 몸통의 아랫부분에 꿰맨다.

사슴뿔

준비물
• 진갈색 실(4ply, fingering) 약간(두 겹으로 사용)
• 빨간색 실(4ply, fingering) 약간
• 와이어

바늘
• 대바늘 4mm(영국 8호, 미국 6호)
• 대바늘 2.75mm(영국 12호, 미국 2호)

긴 뿔(2개)

진갈색 실(4ply, fingering) 두 겹과 대바늘 4mm를 사용하여 시작코 6코를 만든다.
길이가 6cm 될 때까지 메리야스뜨기로 뜬 후 모든 코를 코막음한다.

짧은 뿔(4개)

진갈색 실(4ply, fingering) 두 겹과 대바늘 4mm를 사용하여 시작코 6코를 만든다.
길이가 2cm 될 때까지 메리야스뜨기로 뜬 후 모든 코를 코막음한다.

머리띠

빨간색 실(4ply, fingering)과 대바늘 2.75mm를 사용하여 시작코 10코를 만든다.
길이가 10cm 될 때까지 메리야스뜨기로 뜬 후 모든 코를 코막음한다.

연결하기

❶ 뿔부터 만든다. 〈옆솔기 꿰매기(p.23 참고)〉를 사용하여 가장자리에서 1코 들어와서 큰 뿔의 옆솔기를 꿰맨다. 그렇게 하면 뿔이 더 잘 선다. 작은 뿔 2개를 같은 방법으로 꿰매고, 작품 사진을 참고하여 작은 뿔을 큰 뿔의 양쪽에 꿰맨다. 두 번째 뿔도 같은 방법으로 작업한다.

❷ 머리띠를 반으로 접은 후 옆솔기를 꿰맨다. 진행하면서 안에 와이어를 넣는다. 남은 솔기도 꿰매어 마무리한다.

❸ 작품 사진을 사용하여 머리띠 위에 뿔을 고정하는데, 뿔의 간격을 1cm 벌려서 머리띠 가운데에 꿰맨다.

❹ 머리띠가 강아지 머리에 편안하게 맞도록 살짝 구부린다.

- 28단: 2코 코막음, 단의 끝까지 안뜨기(총 36코)
- 29단: 겉뜨기 1코, 오른코 모아뜨기, 3코 남을 때까지 겉뜨기, 2코 모아뜨기, 겉뜨기 1코(총 34코)
- 30단: 안뜨기 1코, 안뜨기로 2코 모아뜨기, 3코 남을 때까지 안뜨기, 안뜨기로 2코 모아 꼬아뜨기, 안뜨기 1코(총 32코)
- 31단: 29단을 반복(총 30코)
- 32~42단: 메리야스뜨기 11단

다음과 같이 목둘레를 만든다.

- 43단: 겉뜨기 11코, 8코 코막음, 겉뜨기 10코(11코짜리 2세트가 남는다)

처음 11코(그림 도안의 ⓐ)만 가지고 이어 뜬다.

- 44단: 안뜨기 1단
- 45단: 2코 코막음, 단의 끝까지 겉뜨기(총 9코)
- 46단: 안뜨기 1단
- 47~48단: 45~46단을 반복(총 7코)
- 49단: 겉뜨기 1코, 오른코 모아뜨기, 겉뜨기 4코(총 6코)
- 50단: 안뜨기 1단

6코를 코막음한다.

안쪽면에서 남아 있는 11코(그림 도안의 ⓑ)에 실을 연결한다.

- 44단: 2코 코막음, 단의 끝까지 안뜨기(총 9코)
- 45단: 겉뜨기 1단
- 46~47단: 44~45단을 반복(총 7코)
- 48단: 안뜨기 1단
- 49단: 겉뜨기 4코, 2코 모아뜨기, 겉뜨기 1코(총 6코)
- 50단: 안뜨기 1단

모든 코를 코막음한다.

뒤판

로얄블루색 실(4ply, fingering)과 대바늘 3mm를 사용하여 시작코 40코를 만든다.

31단까지 앞판과 같은 방법으로 뜬다(배색무늬 제외)

- 32~46단: 안뜨기로 시작하여 메리야스뜨기 15단
- 47단: 겉뜨기 10코, 10코 코막음, 겉뜨기 9코

처음 10코(그림 도안의 ⓒ)만 가지고 이어 뜬다.

- 48단: 안뜨기 1단(총 10코)
- 49단: 4코 코막음, 겉뜨기 5코(총 6코)
- 50단: 안뜨기 1단

모든 코를 코막음한다.

안쪽면에 남아 있는 10코(그림 도안의 ⓓ)에 실을 연결한다.

- 48단: 4코 코막음, 단의 끝까지 안뜨기(총 6코)
- 49~50단: 메리야스뜨기 2단

모든 코를 코막음하다

크리스마스 스웨터

준비물
- 로얄블루색 실(4ply, fingering) 80m
- 갈색 실(4ply, fingering) 10m
- 진갈색 실(4ply, fingering) 3m
- 빨간색 실(4ply, fingering) 약간
- 반짝이는 흰색 실(4ply, fingering) 약간

바늘
- 대바늘 3mm(영국 11호, 미국 2/3호)

게이지
- 대바늘 3mm를 사용하여 메리야스뜨기로 2.5cm=7코

앞판

로얄블루색 실(4ply, fingering)과 대바늘 3mm를 사용하여 시작코 40코를 만든다.

- 1~4단: 2코/2코 고무단으로 4단
- 5단~26단: 사슴무늬 도안(p.127 그림도안 참고)을 따라 페어아일 기법(p.20 참고)으로 배색하며, 겉뜨기로 시작하여 메리야스뜨기를 22단 뜬다.

지금부터는 그림 도안을 따라 배색하면서 다음과 같이 진동둘레를 줄이며 뜬다.

- 27단: 2코 코막음, 단의 끝까지 겉뜨기(총 38코)

소매(2개)

로얄블루색 실(4ply, fingering)과 대바늘 3mm를 사용하여 시작코 28코를 만든다.

- 1~4단: 2코/2코 고무단으로 4단
- 5~6단: 겉뜨기로 시작하여 메리야스뜨기 2단
- 7단: 겉뜨기 1코, 1코 만들기, 1코 남을 때까지 겉뜨기, 1코 만들기, 겉뜨기 1코(총 30코)
- 8~10단: 메리야스뜨기 3단
- 11~14단: 7~10단을 반복(총 32코)
- 15~16단: 메리야스뜨기 2단
- 17단: 2코 코막음, 단의 끝까지 겉뜨기(총 30코)
- 18단: 2코 코막음, 단의 끝까지 안뜨기(총 28코)
- 19단: 겉뜨기 1코, 오른코 모아뜨기, 3코 남을 때까지 겉뜨기, 2코 모아뜨기, 겉뜨기 1코(총 26코)
- 20단: 안뜨기 1단
- 21~22단: 19~20단을 반복(총 24코)

모든 코를 코막음한다.

연결하기

❶ 앞판과 뒤판의 오른쪽 어깨끼리 꿰맨다.

❷ 로얄블루색 실(4ply, fingering)을 사용하여 겉면에서 앞목둘레를 따라 24코, 뒷목둘레를 따라 20코를 줍는다(총 44코).

  2코/2코 고무단으로 4단 뜬 후 모든 코를 코막음한다.

❸ 앞판과 뒤판의 왼쪽 어깨끼리 연결한다.

❹ 소매를 몸판의 진동둘레에 꿰매고, 몸판의 옆솔기와 소매의 아랫솔기를 이어 꿰맨다.

❺ 옆의 작품 사진을 참고하여 사슴에 디테일을 수놓는다.

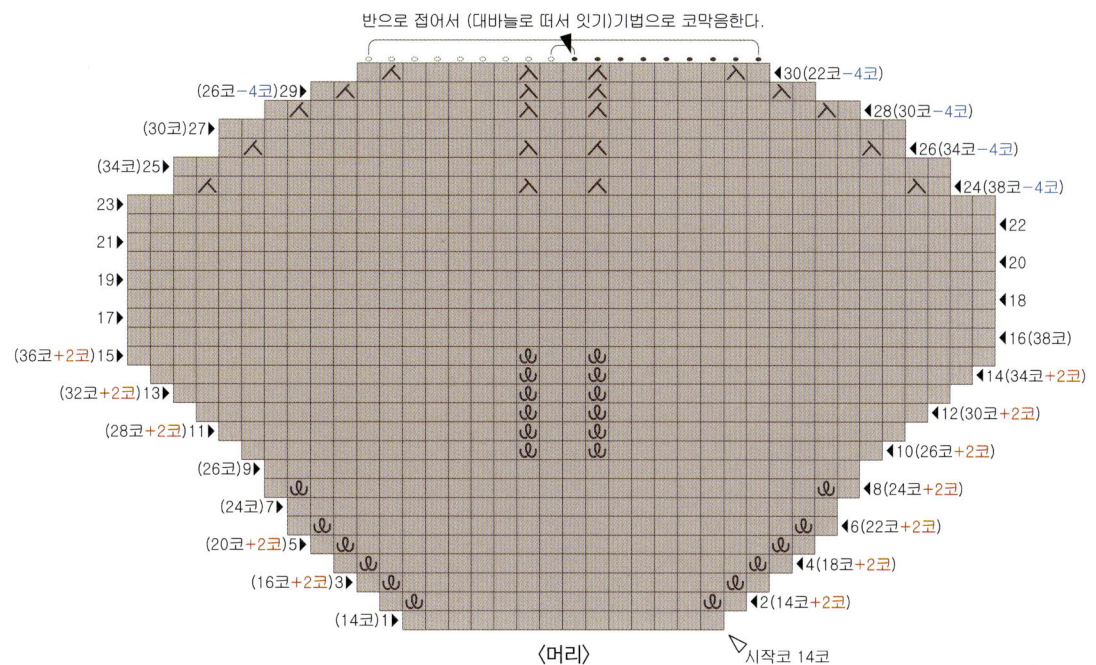

반으로 접어서 (대바늘로 떠서 잇기)기법으로 코막음한다.

(26코−4코)29▶ ◀30(22코−4코)
(30코)27▶ ◀28(30코−4코)
(34코)25▶ ◀26(34코−4코)
23▶ ◀24(38코−4코)
21▶ ◀22
19▶ ◀20
17▶ ◀18
(36코+2코)15▶ ◀16(38코)
(32코+2코)13▶ ◀14(34코+2코)
(28코+2코)11▶ ◀12(30코+2코)
(26코)9▶ ◀10(26코+2코)
(24코)7▶ ◀8(24코+2코)
(20코+2코)5▶ ◀6(22코+2코)
(16코+2코)3▶ ◀4(18코+2코)
(14코)1▶ ◀2(14코+2코)

〈머리〉 시작코 14코

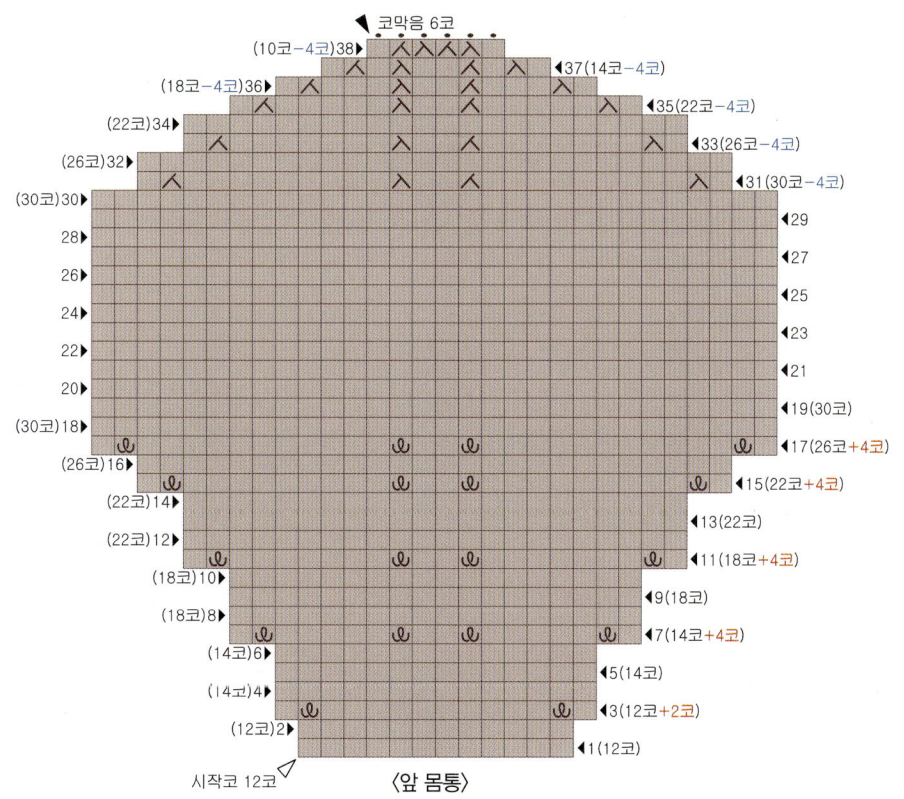

코막음 6코

(10코−4코)38▶ ◀37(14코−4코)
(18코−4코)36▶ ◀35(22코−4코)
(22코)34▶ ◀33(26코−4코)
(26코)32▶ ◀31(30코−4코)
(30코)30▶ ◀29
28▶ ◀27
26▶ ◀25
24▶ ◀23
22▶ ◀21
20▶ ◀19(30코)
(30코)18▶ ◀17(26코+4코)
(26코)16▶ ◀15(22코+4코)
(22코)14▶ ◀13(22코)
(22코)12▶ ◀11(18코+4코)
(18코)10▶ ◀9(18코)
(18코)8▶ ◀7(14코+4코)
(14코)6▶ ◀5(14코)
(14코)4▶ ◀3(12코+2코)
(12코)2▶ ◀1(12코)

시작코 12코 〈앞 몸통〉

125

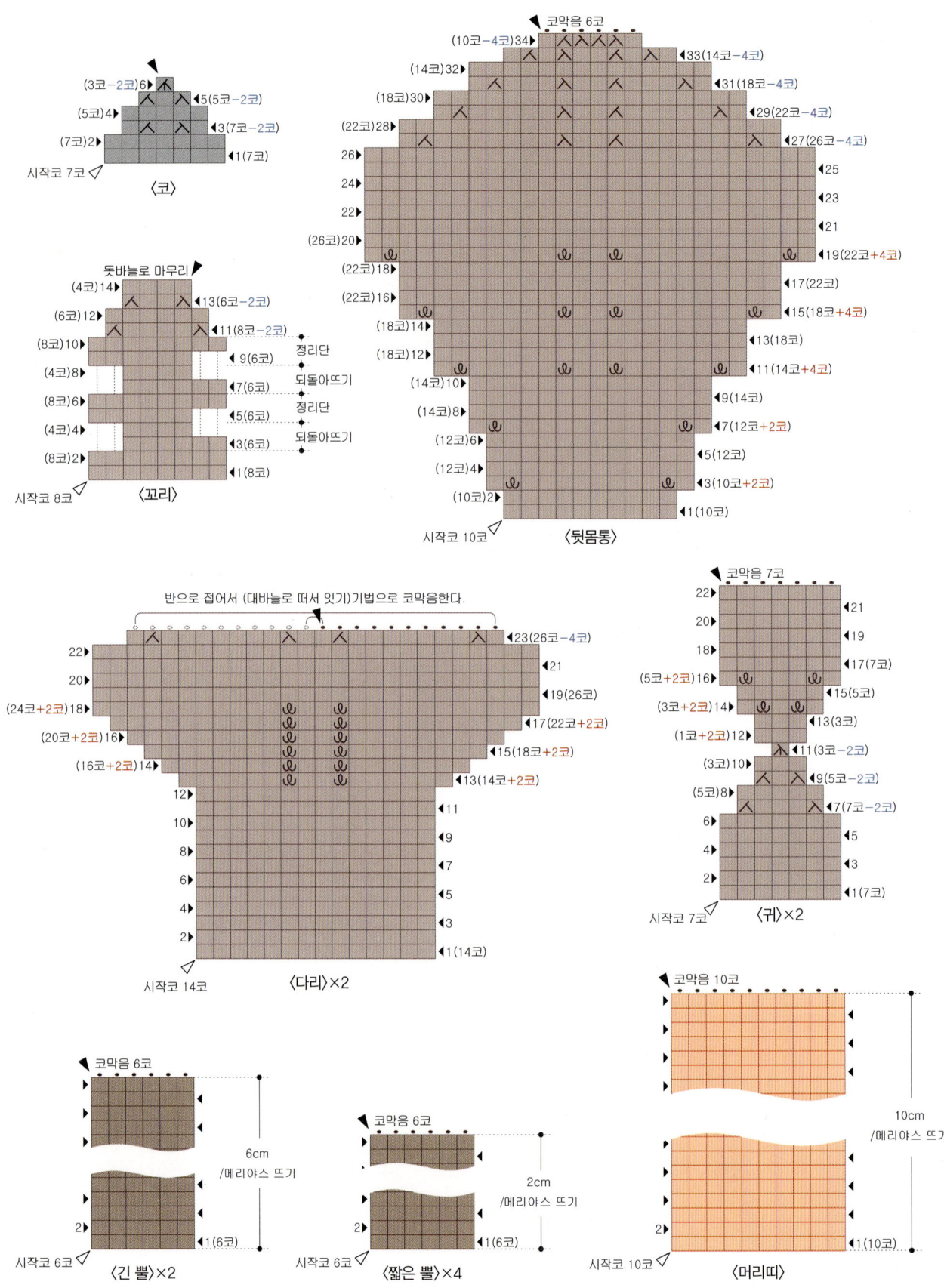

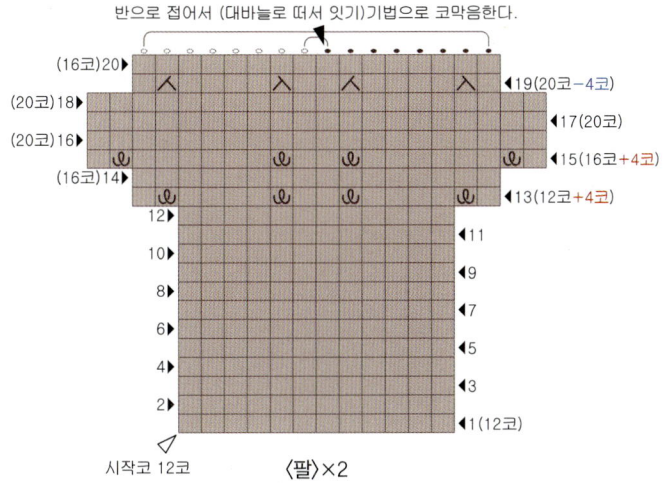

반으로 접어서 (대바늘로 떠서 잇기)기법으로 코막음한다.

(16코)20▶
(20코)18▶ ◀19(20코−4코)
(20코)16▶ ◀17(20코)
(16코)14▶ ◀15(16코+4코)
◀13(12코+4코)
12▶ ◀11
10▶ ◀9
8▶ ◀7
6▶ ◀5
4▶ ◀3
2▶ ◀1(12코)

시작코 12코

〈팔〉×2

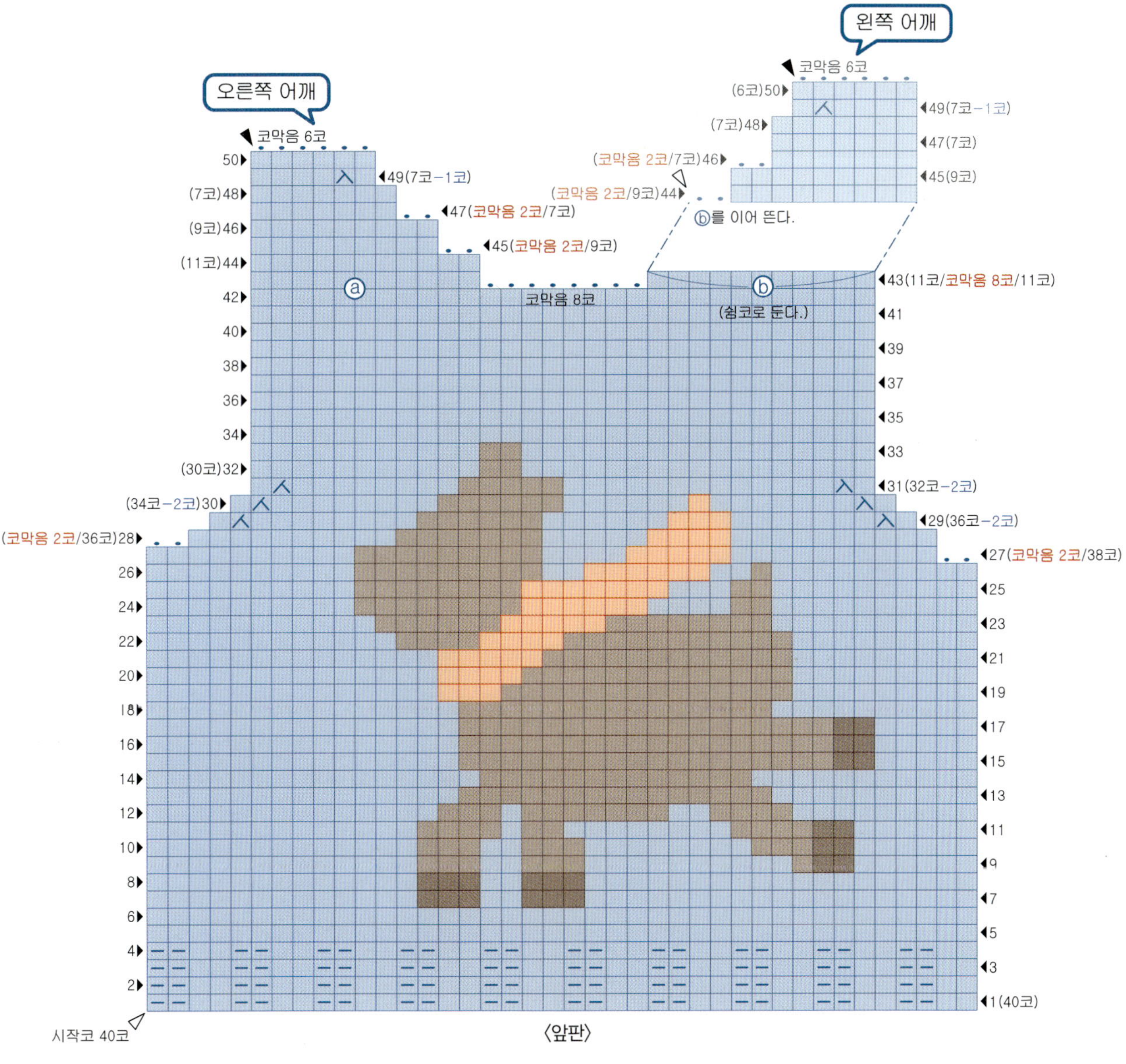

왼쪽 어깨

◀ 코막음 6코
(6코)50▶
◀49(7코−1코)
(7코)48▶ ◀47(7코)
코막음 2코/7코)46▶ ◀45(9코)
ⓑ를 이어 뜬다.

오른쪽 어깨

◀ 코막음 6코
50▶
(7코)48▶ ◀49(7코−1코)
(9코)46▶ ◀47(코막음 2코/7코)
(11코)44▶ ◀45(코막음 2코/9코)
42▶ ⓐ
40▶
38▶
36▶
34▶
(30코)32▶
(34코−2코)30▶ ◀31(32코−2코)
(코막음 2코/36코)28▶ ◀29(36코−2코)
◀27(코막음 2코/38코)
26▶ ◀25
24▶ ◀23
22▶ ◀21
20▶ ◀19
18▶ ◀17
16▶ ◀15
14▶ ◀13
12▶ ◀11
10▶ ◀9
8▶ ◀7
6▶ ◀5
4▶ ◀3
2▶ ◀1(40코)

(코막음 2코/9코)44▶
코막음 8코
ⓑ ◀43(11코/코막음 8코/11코)
◀41
(쉼코로 둔다.)

시작코 40코

〈앞판〉

127

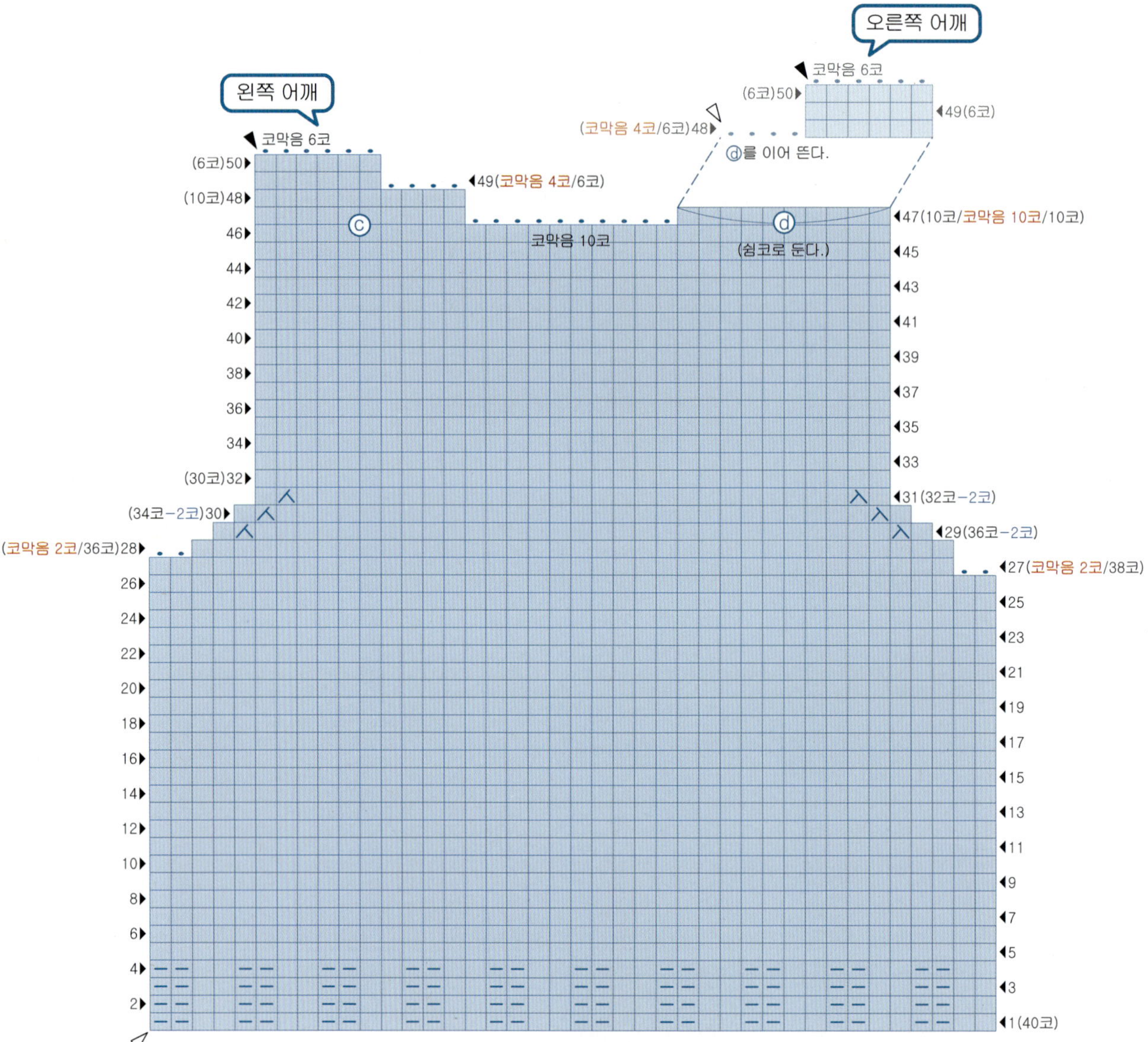

오른쪽 어깨

코막음 6코
(6코)50▶ ◀49(6코)
(코막음 4코/6코)48▶
ⓓ를 이어 뜬다.

왼쪽 어깨

코막음 6코
(6코)50▶
(10코)48▶ ◀49(코막음 4코/6코)
46▶ ⓒ 코막음 10코 (쉼코로 둔다.) ⓓ ◀47(10코/코막음 10코/10코)
44▶ ◀45
42▶ ◀43
40▶ ◀41
38▶ ◀39
36▶ ◀37
34▶ ◀35
(30코)32▶ ◀33
(34코-2코)30▶ ◀31(32코-2코)
(코막음 2코/36코)28▶ ◀29(36코-2코)
26▶ ◀27(코막음 2코/38코)
24▶ ◀25
22▶ ◀23
20▶ ◀21
18▶ ◀19
16▶ ◀17
14▶ ◀15
12▶ ◀13
10▶ ◀11
8▶ ◀9
6▶ ◀7
4▶ ◀5
2▶ ◀3
◀1(40코)

시작코 40코　　　〈뒤판〉

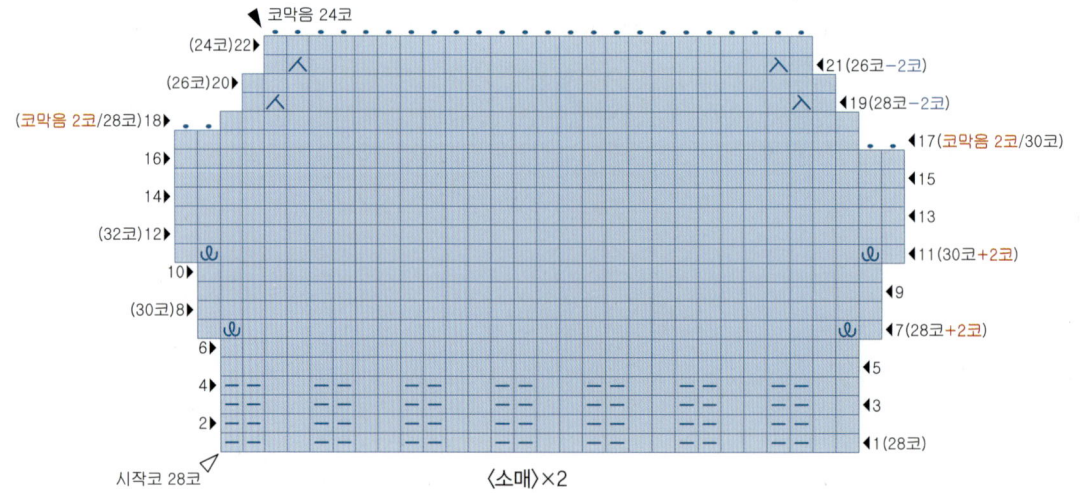

코막음 24코
(24코)22▶
(26코)20▶ ◀21(26코-2코)
(코막음 2코/28코)18▶ ◀19(28코-2코)
16▶ ◀17(코막음 2코/30코)
14▶ ◀15
(32코)12▶ ◀13
10▶ ◀11(30코+2코)
(30코)8▶ ◀9
6▶ ◀7(28코+2코)
4▶ ◀5
2▶ ◀3
◀1(28코)

시작코 28코　　　〈소매〉×2

13. 데인저 도그 Danger Dog

하늘을 올려다보니 데인저 도그가 있네요! 이 작은 슈퍼 영웅은 모자와 망토, 다리 토시를 입고 지금 당장이라도 출동할 준비가 되어 있습니다. 망토에 있는 번갯불 모티브는 〈페어아일 기법 (p.12 참고)〉으로 뜨세요.

준비물
- 회색 실(5ply, sportweight) 57m
- 검은색 실(4ply, fingering) 약간
- 인형눈: 6mm 검은색 단추눈 2개
- 장난감용 구름솜
- 검은색 면사와 봉제용 바늘
- 와이어
- 마커링

바늘
- 대바늘 3.25mm(영국 10호, 미국 3호)
- 대바늘 2.75mm(영국 12호, 미국 2호)

게이지
- 대바늘 3.25mm와 실(5ply, sportweight)을 사용하여 메리야스뜨기로 10cm=25코

완성 사이즈
- 코부터 꼬리까지 길이: 14cm

몸통과 앞다리

오른쪽 앞다리의 아래 가장자리부터 시작한다.
회색 실(5ply, sportweight)과 대바늘 3.25mm를 사용하여 시작코 10코를 만든다.

- 1단: 겉뜨기 5코, (편물을 뒤집는다)
- 2단: 안뜨기 3코, (편물을 뒤집는다)
- 3단: 겉뜨기 3코, (편물을 뒤집는다)
- 4단: 안뜨기 3코, (편물을 뒤집는다)
- 5단: 단의 끝까지 겉뜨기
- 6단: 안뜨기 5코, [3단 아래 코를 끌어올려 안뜨기로 2코 모아뜨기] 3회 반복, 안뜨기 2코
- 7~18단: 메리야스뜨기 12단
- 19단: 5코 코막음, 단의 끝까지 겉뜨기(총 5코)
- 20단: 2코 코막음, 단의 끝까지 안뜨기(총 3코)
- 21단: 겉뜨기 1코, 1코 만들기, 단의 끝까지 겉뜨기(총 4코)
- 22단: 14코 만들기, 1코 남을 때까지 안뜨기, 1코 만들기, 안뜨기 1코(총 19코)
- 23단: 겉뜨기 1단
- 24단: 2코 만들기, 단의 끝까지 안뜨기(총 21코)

- 25~51단: 메리야스뜨기 27단(37번째 단의 첫코(그림 도안의 ★)와 마지막 코(그림 도안의 ☆)에 마커링을 끼운다.)
- 52단: 2코 코막음, 단의 끝까지 안뜨기(총 19코)
- 53단: 겉뜨기 1단
- 54단: 14코 코막음, 3코 남을 때까지 안뜨기, 안뜨기로 2코 모아 꼬아뜨기, 안뜨기 1코(총 4코)
- 55단: 겉뜨기 1코, 2코 모아뜨기, 겉뜨기 1코(총 3코)
- 56단: 2코 만들기, 단의 끝까지 안뜨기(총 5코)
- 57단: 5코 만들기, 단의 끝까지 겉뜨기(총 10코)
- 58~70단: 메리야스뜨기 13단
- 71~76단: 1~6단을 반복한다.

모든 코를 코막음한다.

배

회색 실(5ply, sportweight)과 대바늘 3.25mm를 사용하여 시작코 5코를 만든다.

- 1~4단: 겉뜨기로 시작하여 메리야스뜨기 4단
- 5단: 겉뜨기 1코, 1코 만들기, 겉뜨기 3코, 1코 만들기, 겉뜨기 1코(총 7코)
- 6~10단: 메리야스뜨기 5단
- 11단: 겉뜨기 1코, 1코 만들기, 겉뜨기 5코, 1코 만들기, 겉뜨기 1코(총 9코)
- 12~26단: 메리야스뜨기 15단
- 27단: 겉뜨기 1코, 오른코 모아뜨기, 겉뜨기 3코, 2코 모아뜨기, 겉뜨기 1코(총 7코)
- 28~44단: 메리야스뜨기 17단
- 45단: 겉뜨기 1코, 오른코 모아뜨기, 겉뜨기 1코, 2코 모아뜨기, 겉뜨기 1코(총 5코)
- 46~50단: 메리야스뜨기 5단

모든 코를 코막음한다.

오른쪽 뒷다리

회색 실(5ply, sportweight)과 대바늘 3.25mm를 사용하여 시작코 10코를 만든다.

- 1단: 겉뜨기 5코, (편물을 뒤집는다)
- 2단: 안뜨기 3코, (편물을 뒤집는다)
- 3단: 겉뜨기 3코, (편물을 뒤집는다)
- 4단: 안뜨기 3코, (편물을 뒤집는다)
- 5단: 단의 끝까지 겉뜨기

- 6단: 안뜨기 5코, [3단 아래 코를 끌어올려 안뜨기로 2코 모아뜨기] 3회 반복, 안뜨기 2코
- 7~18단: 메리야스뜨기 12단
- 19단: 5코 코막음, 단의 끝까지 겉뜨기(총 5코)
- 20단: 1코 코막음, 단의 끝까지 안뜨기(총 4코)
- 21단: 겉뜨기 1코, 1코 만들기, 1코 남을 때까지 겉뜨기, 1코 만들기, 겉뜨기 1코(총 6코)
- 22단: 안뜨기 1코, 1코 만들기, 1코 남을 때까지 안뜨기, 1코 만들기, 안뜨기 1코(총 8코)
- 23~24단: 21~22단을 반복한다.
- 25~30단: 메리야스뜨기 6단
- 31단: 겉뜨기 1코, 오른코 모아뜨기, 3코 남을 때까지 겉뜨기, 2코 모아뜨기, 겉뜨기 1코(총 10코)
- 32단: 안뜨기 1코, 안뜨기로 2코 모아뜨기, 3코 남을 때까지 안뜨기, 안뜨기로 2코 모아 꼬아뜨기, 안뜨기 1코(총 8코)
- 33단: 겉뜨기 1코, 오른코 모아뜨기, 3코 남을 때까지 겉뜨기, 2코 모아뜨기, 겉뜨기 1코(총 6코)

모든 코를 코막음한다.

왼쪽 뒷다리

회색 실(5ply, sportweight)과 대바늘 3.25mm를 사용하여 시작코 10코를 만든다.

- 1단: 겉뜨기 8코, (편물을 뒤집는다)
- 2단: 안뜨기 3코, (편물을 뒤집는다)
- 3단: 겉뜨기 3코, (편물을 뒤집는다)
- 4단: 안뜨기 3코, (편물을 뒤집는다)
- 5단: 단의 끝까지 겉뜨기

- 6단: 안뜨기 2코, [3단 아래 코를 끌어올려 안뜨기로 2코 모아뜨기] 3회 반복, 안뜨기 5코
- 7~18단: 메리야스뜨기 12단
- 19단: 1코 코막음, 단의 끝까지 겉뜨기(총 9코)
- 20단: 5코 코막음, 단의 끝까지 안뜨기(총 4코)

21단부터 끝까지 오른쪽 뒷다리와 같은 방법으로 작업한다.

머리

회색 실(5ply, sportweight)과 대바늘 3.25mm를 사용하여 시작코 10코를 만든다.

- 1단: 겉뜨기 1코, 1코 만들기, 1코 남을 때까지 겉뜨기, 1코 만들기, 겉뜨기 1코(총 12코)
- 2단: 안뜨기 1코, 1코 만들기, 1코 남을 때까지 안뜨기, 1코 만들기, 안뜨기 1코(총 14코)
- 3~4단: 1~2단을 반복(총 18코)
- 5단: 겉뜨기 1코, 1코 만들기, 1코 남을 때까지 겉뜨기, 1코 만들기, 겉뜨기 1코(총 20코)
- 6단: 안뜨기 1단
- 7~8단: 5~6단을 반복(총 22코)
- 9단: 겉뜨기 10코, 1코 만들기, 겉뜨기 2코, 1코 만들기, 겉뜨기 10코(총 24코)
- 10단: 안뜨기 11코, 1코 만들기, 안뜨기 2코, 1코 만들기, 안뜨기 11코(총 26코)
- 11단: 겉뜨기 12코, 1코 만들기, 겉뜨기 2코, 1코 만들기, 겉뜨기 12코(총 28코)
- 12단: 안뜨기 13코, 1코 만들기, 안뜨기 2코, 1코 만들기, 안뜨기 13코(총 30코)
- 13단: 겉뜨기 14코, 1코 만들기, 겉뜨기 2코, 1코 만들기, 겉뜨기 14코(총 32코)
- 14단: 안뜨기 15코, 1코 만들기, 안뜨기 2코, 1코 만들기, 안뜨기 15코(총 34코)
- 15~20단: 메리야스뜨기 6단
- 21단: 겉뜨기 1코, 오른코 모아뜨기, 겉뜨기 11코, 2코 모아뜨기, 겉뜨기 2코, 오른코 모아뜨기, 겉뜨기 11코, 2코 모아뜨기, 겉뜨기 1코(총 30코)
- 22단: 안뜨기 1단
- 23단: 겉뜨기 1코, 오른코 모아뜨기, 겉뜨기 9코, 2코 모아뜨기, 겉뜨기 2코, 오른코 모아뜨기, 겉뜨기 9코, 2코 모아뜨기, 겉뜨기 1코(총 26코)
- 24단: 안뜨기 1단
- 25단: 겉뜨기 1코, 오른코 모아뜨기, 겉뜨기 7코, 2코 모아뜨기, 겉뜨기 2코, 오른코 모아뜨기, 겉뜨기 7코, 2코 모아뜨기, 겉뜨기 1코(총 22코)
- 26단: 안뜨기 1코, 안뜨기로 2코 모아뜨기, 안뜨기 5코, 안뜨기로 2코 모아 꼬아뜨기, 안뜨기 2코, 안뜨기로 2코 모아뜨기, 안뜨기 5코, 안뜨기로 2코 모아 꼬아뜨기, 안뜨기 1코(총 18코)

〈대바늘로 떠서 잇기(p.21 참고)〉 기법으로 대바늘 3개를 사용하여 코막음한다.

코

검은색 실(4ply, fingering)과 대바늘 2.75mm를 사용하여 시작
코 3코를 만든다.

- 1단: [겉뜨기 1코, 1코 만들기] 2회 반복, 겉뜨기 1코(총 5코)
- 2~3단: 메리야스뜨기 2단
- 4단: 안뜨기로 2코 모아뜨기, 안뜨기 1코, 안뜨기로 2코 모
  아뜨기(총 3코)
- 5단: 오른코 3코 모아뜨기(총 1코)

입을 수놓을 만큼의 충분히 실을 남기고 자른다. 남은 코 사이
로 실을 뺀 후 잡아당겨 마무리한다.

귀(4개)

회색 실(5ply, sportweight)과 대바늘 3.25mm를 사용하여 시작
코 6코를 만든다.

- 1~4단: 겉뜨기로 시작하여 메리야스뜨기 4단
- 5단: 2코 모아뜨기, 겉뜨기 2코, 2코 모아뜨기(총 4코)
- 6단: 안뜨기 1단
- 7단: [2코 모아뜨기] 2회 반복(총 2코)
- 8단: 안뜨기로 2코 모아뜨기(총 1코)

실을 자르고 남은 코 사이로 실을 뺀 후 잡아당겨 마무리한다.

꼬리

회색 실(5ply, sportweight)과 대바늘 3.25mm를 사용하여 시작
코 7코를 만든다.

- 1~6단: 겉뜨기로 시작하여 메리야스뜨기 6단
- 7단: 겉뜨기 1코, 2코 모아뜨기, 겉뜨기 1코, 2코 모아뜨기,
  겉뜨기 1코(총 5코)
- 8~14단: 메리야스뜨기 7단

실을 자르고 돗바늘에 끼운 후, 남은 코 사이로 통과시키고 단
단히 잡아당겨 마무리한다.

연결하기

❶ 앞다리부터 연결하기 시작한다. 앞다리 아래 가장자리에 실
  을 연결하고 발바닥의 아랫코를 모아 발바닥 모양을 만든
  다. 옆선을 이어 꿰맨 후 솜을 채우고, 솜 사이로 와이어를
  넣는다. 두 번째 다리도 같은 방법으로 반복한다.

❷ 배의 코막음한 단의 가운데 코를 몸통 등에 있는 마커링(그
  림 도안의 ☆)에 맞추고, 배의 시작단의 가운데 코는 몸통
  앞에 있는 마커링(그림 도안의 ★)에 맞추어 시침핀을 꽂는
  다. 배를 몸통에 꿰매면서 몸통에 솜을 단단히 채운다. 각
  앞다리 위쪽에 있는 코막음한 단을 배에 꿰맨다. 이때 다리
  에 있는 와이어의 끝을 몸통으로 밀어 넣는다.

❸ 각 뒷다리를 앞다리와 같은 방법으로 꿰맨다. 사진에 보이
  는 것처럼 각 뒷다리의 윗부분을 몸통에 시침핀으로 고정하
  고 솜을 약간씩 채우면서 꿰맨다. 다리 위쪽에 있는 코막음
  한 단을 배에 꿰맨다.

❹ 머리를 연결하기 위해서는 코막음한 단을 머리 뒤통수가 되
  도록 놓고, 머리 아래쪽이 될 솔기를 꿰매며 솜을 채운다.
  시작단의 코를 모아 코의 모양을 만든다. 〈코 모양 만들기
  (p.23 참고)〉를 참고하여 머리를 완성한다.

❺ 작품 사진을 참고하여 단추를 달아 눈을 만든다. 눈의 안쪽
  과 머리의 아랫단을 한 땀씩 꿰맨 후 실을 아래쪽으로 약간
  잡아당겨 고정한다. 두 번째 눈도 같은 방법으로 작업한다.
  이렇게 하면 눈이 훨씬 더 사실적으로 보인다.

❻ 귀 2장을 안쪽면끼리 마주보도록 놓고 솔기를 꿰맨다. 두
  번째 귀도 같은 방법으로 작업한다. 작품 사진을 참고하
  여 귀의 간격을 2cm 벌려서 머리 위에 시침핀으로 고정
  한 후 꿰맨다.

❼ 검은색 실(4ply, fingering)을 사용하여 얼굴 정면에 코를
  꿰매고, 남은 실을 사용하여 코끝에 스트레이트 스티치로
  입을 수놓는다.

❽ 작품 사진을 참고하여 머리를 몸통에 시침핀으로 고정한
  후 단단히 꿰맨다.

❾ 꼬리의 솔기를 꿰매고 안에 와이어를 넣는다. 꼬리의 아랫
  부분에 솜을 약간 넣는다. 와이어의 끝부분을 몸통으로 안
  전하게 밀어 넣고, 몸통에 꼬리를 꿰맨다.

데인저 도그의 외출복

준비물

- 파란색 실(5ply, sportweight) 35m
- 라임색 실(5ply, sportweight) 15m
- 인형눈: 6mm 검은색 단추눈 2개
- 작은 별모양 단추

바늘

- 대바늘 3.25mm(영국 10호, 미국 3호)

망토

파란색 실(5ply, sportweight)과 대바늘 3.25mm를 사용하여 시작코 28코를 만든다.

- 1~4단: 가터뜨기 4단

〈망토〉의 그림 도안을 보며 중앙에 번개불 모티브를 페어아일 기법으로 배색하며 다음과 같이 뜬다.

- 5단: 겉뜨기 1단
- 6단: 겉뜨기 3코, 3코 남을 때까지 안뜨기, 겉뜨기 3코
- 7단: 겉뜨기 2코, 오른코 모아뜨기, 4코 남을 때까지 겉뜨기, 2코 모아뜨기, 겉뜨기 2코(총 26코)
- 8단: 겉뜨기 3코, 3코 남을 때까지 안뜨기, 겉뜨기 3코
- 9~20단: [7~8단] 6회 반복(총 14코)
- 21단: 겉뜨기 2코, 오른코 모아뜨기, 4코 남을 때까지 겉뜨기, 2코 모아뜨기, 겉뜨기 2코(총 12코)
- 22단: 겉뜨기 3코, 3코 남을 때까지 안뜨기, 겉뜨기 3코
- 23단: 6코 만들기, 겉뜨기 9코, 오른코 모아뜨기, 겉뜨기 2코, 2코 모아뜨기, 겉뜨기 3코(총 16코)
- 24단: 6코 만들기, 단의 끝까지 겉뜨기(총 22코)
- 25단: 4코 남을 때까지 겉뜨기, 2코 모아뜨기, 바늘 비우기, 겉뜨기 2코(단춧구멍이 만들어진다)
- 26단: 겉뜨기 1단

모든 코를 코막음한다.

레깅스(4개)

파란색 실(5ply, sportweight)과 대바늘 3.25mm를 사용하여 시작코 12코를 만든다.

- 1단: 겉뜨기 1단
- 2(겉면)~9단: 겉뜨기로 시작하여 메리야스뜨기 8단
- 10단: 안뜨기 1단

모든 코를 코막음한다.

번개불 조각(4개)

라임색 실(5ply, sportweight)과 대바늘 3.25mm를 사용하여 시작코 4코를 만든다.

- 1~2단: 가터뜨기 2단
- 3단: 2코 모아뜨기, 겉뜨기 2코(총 3코)
- 4단: 겉뜨기 1코, 2코 모아뜨기(총 2코)
- 5단: 2코 모아뜨기(총 1코)
- 6단: 겉뜨기 1코
- 7단: 3코 만들기, 겉뜨기 1단(총 4코)
- 8~13단: 1~6단을 반복(총 1코)

남은 1코를 코막음한다.

모자(2개)

파란색 실(5ply, sportweight)과 대바늘 3.25mm를 사용하여 시작코 22코를 만든다.

- 1~2단: 겉뜨기로 시작하여 메리야스뜨기 2단
- 3단: 겉뜨기 17코, (되돌아뜨기하고 편물을 뒤집는다)
- 4단: 안뜨기 4코, 안뜨기로 2코 모아뜨기, 안뜨기로 2코 모아 꼬아뜨기, 안뜨기 4코, (되돌아뜨기하고 편물을 뒤집는다)
- 5단: 겉뜨기 3코, 오른코 모아뜨기, 2코 모아뜨기, 겉뜨기 2코, (되돌아뜨기하고 편물을 뒤집는다)
- 6단: 안뜨기 1코, 안뜨기로 2코 모아뜨기, 안뜨기로 2코 모아 꼬아뜨기, 안뜨기 1코, (되돌아뜨기하고 편물을 뒤집는다)
- 7단: 단의 끝까지 겉뜨기
- 8단: 겉뜨기 1단(총 22코)

라임색 실(5ply, sportweight)로 바꾼 후, 모든 코를 느슨하고 고르게 코막음한다.

위와 같이 1장을 더 뜬다. 모자 조각 2장의 시작단끼리 꿰매는데, 귀가 통과할 구멍 2개를 2cm씩 남긴다.

라임색 실(5ply, sportweight)과 대바늘 3.25mm를 사용하여 다음과 같이 모자의 턱끈을 만든다.

- 1단: 모자 한쪽 옆면 가장자리를 따라 겉면에서 8코 줍기(총 8코)
- 2단(안쪽면): 안뜨기 1단
- 3단: 겉뜨기 1코, 오른코 모아뜨기, 3코 남을 때까지 겉뜨기, 2코 모아뜨기, 겉뜨기 1코(총 6코)
- 4단: 안뜨기 1단
- 5~6단: 3~4단을 반복(총 4코)
- 7~12단: 메리야스뜨기 6단

실을 자르고 돗바늘에 끼운 후, 남은 코 사이로 통과시키고 단단히 잡아당겨 마무리한다.

모자 반대편에도 위와 같은 방법으로 턱끈을 1개 만든다.

뾰족한 조각(3개)

라임색 실(5ply, sportweight)과 대바늘 3.25mm를 사용하여 시작코 5코를 만든다.

- 1~2단: 겉뜨기 2단
- 3단: 2코 모아뜨기, 단 끝까지 겉뜨기(총 4코)
- 4단: 2코 남을 때까지 겉뜨기, 2코 모아뜨기(총 3코)
- 5~6단: 3~4단을 반복(총 1코)

실을 자르고 남은 코 사이로 실을 뺀 후 잡아당겨 마무리한다.

연결하기

① 망토의 남은 실들을 안으로 정리하고 살짝 다림질한다. 단 첫구멍 맞은편에 별모양 단추를 단다.

② 작품 사진을 참고하여 모자 중앙에 뾰족한 조각들을 꿰맨다.

③ 턱끈 2개의 끝을 서로 꿰맨 후, 강아지 귀를 모자 구멍에 통과시켜 모자를 머리에 씌운다.

④ 레깅스의 옆솔기를 꿰맨다. 이 솔기가 뒷면이다. 작품 사진을 참고하여 번갯불 조각을 레깅스의 뒷솔기를 따라 꿰맨다. 데인저 도그 다리에 레깅스를 입힌다.

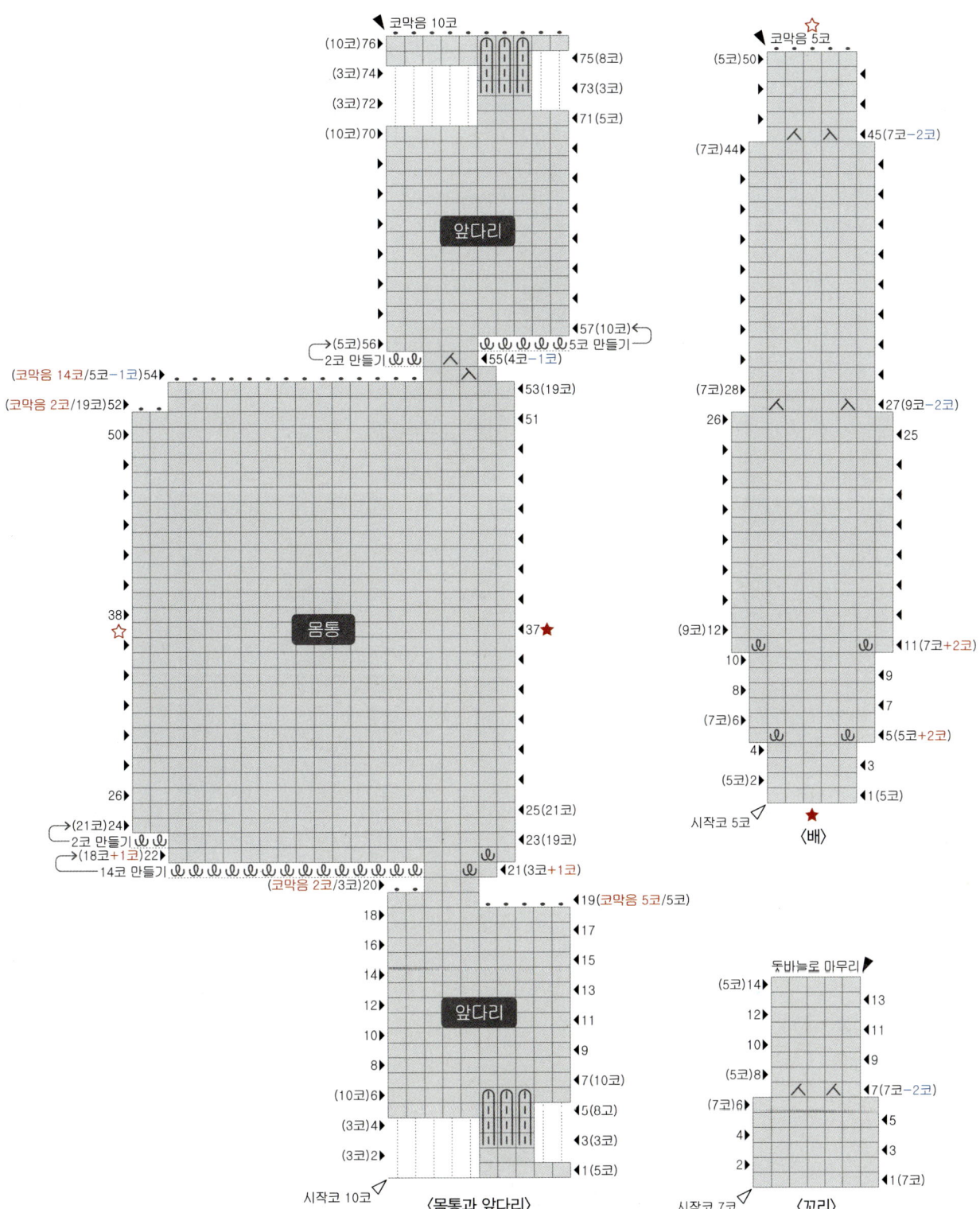

코막음 10코

(10코)76
(3코)74
(3코)72
(10코)70

75(8코)▶
73(3코)▶
71(5코)▶

앞다리

57(10코)◀

(5코)56
2코 만들기
5코 만들기
55(4코-1코)▶
57(10코)←

(코막음 14코/5코-1코)54▶
(코막음 2코/19코)52▶

53(19코)▶
51◀

50

몸통

38
☆

37 ★◀

26
▶(21코)24
2코 만들기
(18코+1코)22
14코 만들기
(코막음 2코/3코)20

25(21코)◀
23(19코)◀
21(3코+1코)◀
19(코막음 5코/5코)◀

18▶
16▶
14▶
12▶
10▶
8▶
(10코)6▶
(3코)4▶
(3코)2▶

앞다리

17◀
15◀
13◀
11◀
9◀
7(10코)◀
5(8고)◀
3(3코)◀
1(5코)◀

시작코 10코

〈몸통과 앞다리〉

코막음 5코 ☆

(5코)50

45(7코-2코)▶

(7코)44

(7코)28

27(9코-2코)▶

26▶

25◀

(9코)12
10▶
8▶
(7코)6▶
4▶
(5코)2▶

11(7코+2코)◀
9◀
7◀
5(5코+2코)◀
3◀
1(5코)◀

시작코 5코

★

〈배〉

돗바늘로 마무리 ▶

(5코)14▶
12▶
10▶
(5코)8▶

13◀
11◀
9◀
7(7코-2코)◀

(7코)6▶

5◀
3◀
1(7코)◀

4▶
2▶

시작코 7코

〈꼬리〉

135

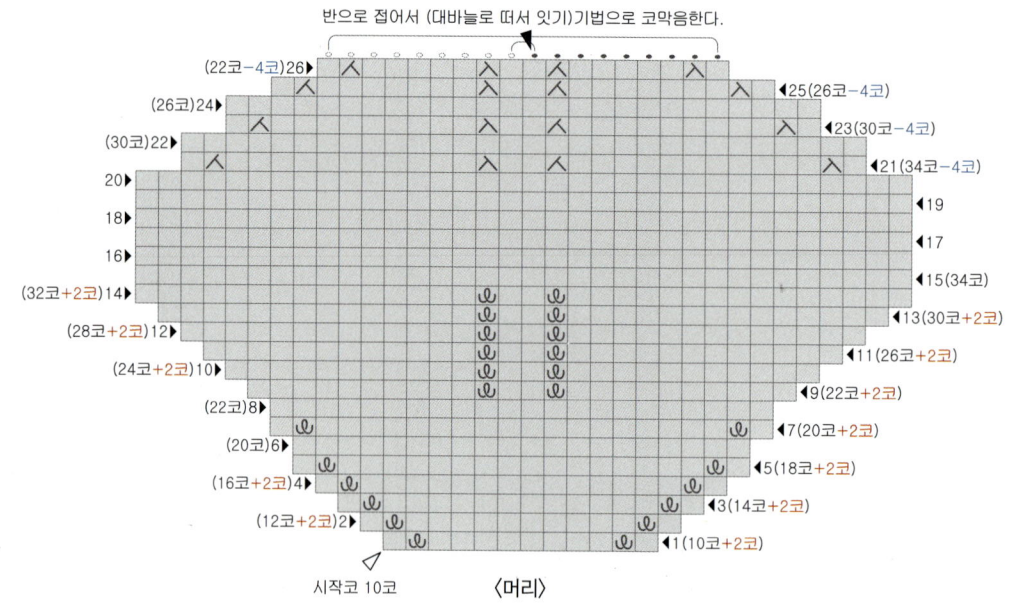

반으로 접어서 (대바늘로 떠서 잇기)기법으로 코막음한다.

(22코−4코)26▶
(26코)24▶
(30코)22▶
20▶
18▶
16▶
(32코+2코)14▶
(28코+2코)12▶
(24코+2코)10▶
(22코)8▶
(20코)6▶
(16코+2코)4▶
(12코+2코)2▶

◀25(26코−4코)
◀23(30코−4코)
◀21(34코−4코)
◀19
◀17
◀15(34코)
◀13(30코+2코)
◀11(26코+2코)
◀9(22코+2코)
◀7(20코+2코)
◀5(18코+2코)
◀3(14코+2코)
◀1(10코+2코)

시작코 10코   〈머리〉

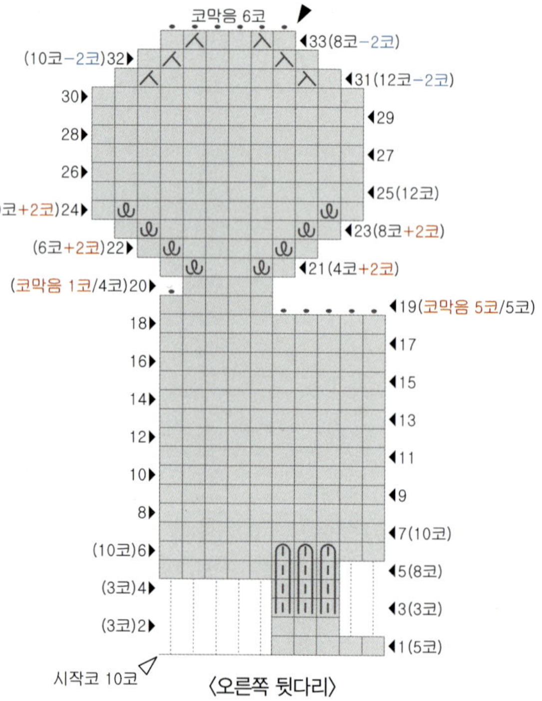

코막음 6코 ▶
(10코−2코)32▶
30▶
28▶
26▶
(10코+2코)24▶
(6코+2코)22▶
(코막음 1코/4코)20▶
18▶
16▶
14▶
12▶
10▶
8▶
(10코)6▶
(3코)4▶
(3코)2▶

◀33(8코−2코)
◀31(12코−2코)
◀29
◀27
◀25(12코)
◀23(8코+2코)
◀21(4코+2코)
◀19(코막음 5코/5코)
◀17
◀15
◀13
◀11
◀9
◀7(10코)
◀5(8코)
◀3(3코)
◀1(5코)

시작코 10코   〈오른쪽 뒷다리〉

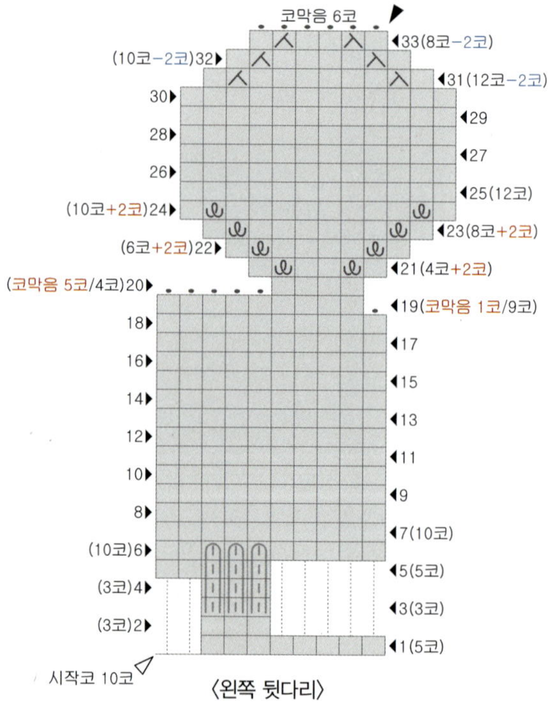

코막음 6코 ▶
(10코−2코)32▶
30▶
28▶
26▶
(10코+2코)24▶
(6코+2코)22▶
(코막음 5코/4코)20▶
18▶
16▶
14▶
12▶
10▶
8▶
(10코)6▶
(3코)4▶
(3코)2▶

◀33(8코−2코)
◀31(12코−2코)
◀29
◀27
◀25(12코)
◀23(8코+2코)
◀21(4코+2코)
◀19(코막음 1코/9코)
◀17
◀15
◀13
◀11
◀9
◀7(10코)
◀5(5코)
◀3(3코)
◀1(5코)

시작코 10코   〈왼쪽 뒷다리〉

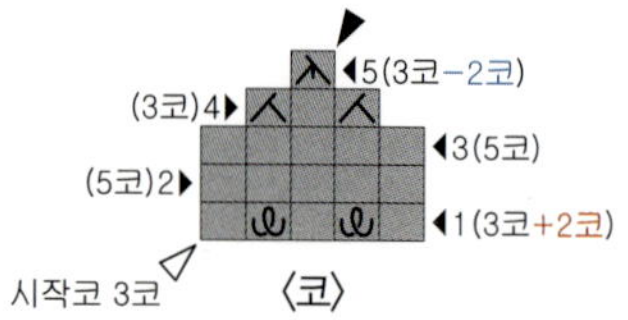

(3코)4▶
(5코)2▶

◀5(3코−2코)
◀3(5코)
◀1(3코+2코)

시작코 3코   〈코〉

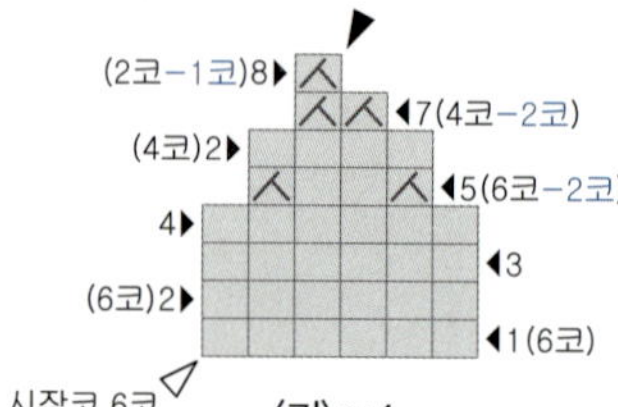

(2코−1코)8▶
(4코)2▶
4▶
(6코)2▶

◀7(4코−2코)
◀5(6코−2코)
◀3
◀1(6코)

시작코 6코   〈귀〉×4

136

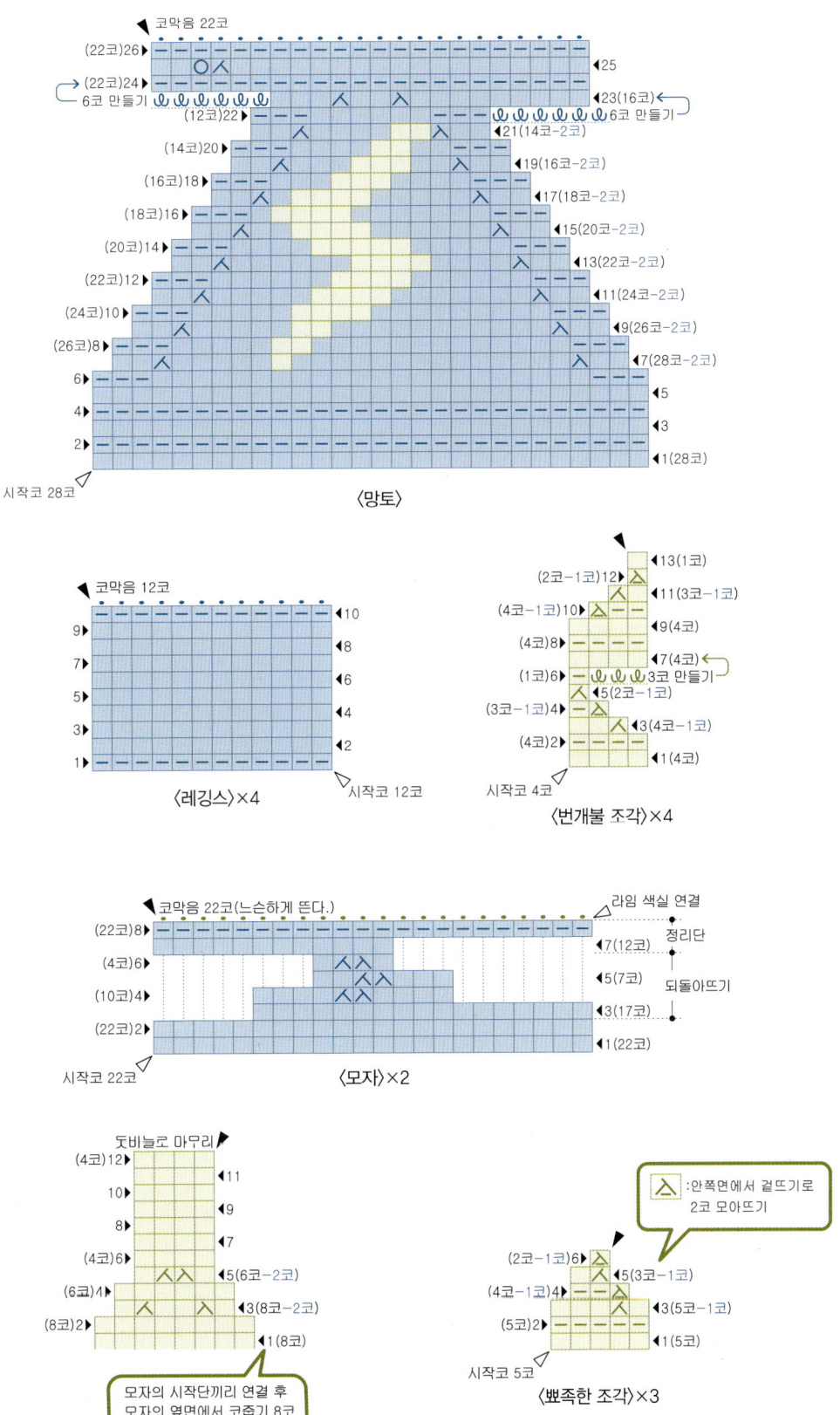

◀코막음 22코

(22코)26▶
(22코)24▶
→6코 만들기
(12코)22▶
(14코)20▶
(16코)18▶
(18코)16▶
(20코)14▶
(22코)12▶
(24코)10▶
(26코)8▶
6▶
4▶
2▶
시작코 28코

◀25
◀23(16코)←
6코 만들기
◀21(14코-2코)
◀19(16코-2코)
◀17(18코-2코)
◀15(20코-2코)
◀13(22코-2코)
◀11(24코-2코)
◀9(26코-2코)
◀7(28코-2코)
◀5
◀3
◀1(28코)

〈망토〉

◀코막음 12코

9▶
7▶
5▶
3▶
1▶

◀10
◀8
◀6
◀4
◀2

〈레깅스〉×4
시작코 12코

◀13(1코)
(2코-1코)12▶
(4코-1코)10▶
(4코)8▶
(1코)6▶
(3코-1코)4▶
(4코)2▶
시작코 4코

◀11(3코-1코)
◀9(4코)
◀7(4코)←
3코 만들기
◀5(2코-1코)
◀3(4코-1코)
◀1(4코)

〈번개불 조각〉×4

◀코막음 22코(느슨하게 뜬다.)
라임 색실 연결

(22코)8▶
(4코)6▶
(10코)4▶
(22코)2▶
시작코 22코

◀7(12코)   정리단
◀5(7코)
◀3(17코)   되돌아뜨기
◀1(22코)

〈모자〉×2

돗비늘로 마무리▶

(4코)12▶
10▶
8▶
(4코)6▶
(6코)4▶
(8코)2▶

◀11
◀9
◀7
◀5(6코-2코)
◀3(8코-2코)
◀1(8코)

모자의 시작단끼리 연결 후
모자의 옆면에서 코줍기 8코

〈모자의 턱끈〉×2

入 :안쪽면에서 겉뜨기로
2코 모아뜨기

(2코-1코)6▶
(4코-1코)4▶
(5코)2▶
시작코 5코

◀5(3코-1코)
◀3(5코-1코)
◀1(5코)

〈뾰족한 조각〉×3

137

14. 베스트 인 쇼 Best in Show

이 강아지는 매력적인 표정으로 심사위원들의 마음을 얻어 베스트 인 쇼 상과 거대한 뼈다귀를 따냈습니다. 텍스처가 있는 실로 만들어 덥수룩한 모습이 더욱 귀엽습니다.

준비물
- 푹신한 연갈색 실(10ply, Aran) 80m
- 빨간색과 검은색 실(4ply, fingering) 약간
- 장난감용 구름솜
- 인형눈: 10mm 검은색 기둥단추 2개
- 검은색 면사와 봉제용 바늘
- 안 쓰는 카드 조각 약간

바늘
- 대바늘 4.5mm(영국 7호, 미국 7호)
- 대바늘 2.75mm(영국 12호, 미국 2호)

게이지
- 대바늘 4.5mm와 10ply실(Aran)을 사용하여 메리야스뜨기로 10cm=15코

완성 사이즈
- 앉아 있을 때 높이(오른쪽 사진 참고): 21cm

⚠ 주의

이 개는 귀를 제외한 모든 조각을 메리야스뜨기로 뜹니다. 봉제할 때는 안뜨기면의 털이 더 복슬거리므로 안뜨기면을 겉면으로 사용합니다.

몸통과 바닥

연갈색 실(10ply, Aran)과 대바늘 5mm를 사용하여 시작코 20코를 만든다.

- 1~2단: 겉뜨기로 시작하여 메리야스뜨기 2단
- 3단: 겉뜨기 1코, 1코 만들기, 겉뜨기 8코, 1코 만들기, 겉뜨기 2코, 1코 만들기, 겉뜨기 8코, 1코 만들기, 겉뜨기 1코(총 24코)
- 4단: 안뜨기 1단
- 5단: 겉뜨기 11코, [1코 늘리기] 2회 반복, 겉뜨기 11코(총 26코)
- 6단: 안뜨기 1단
- 7단: 겉뜨기 12코, [1코 늘리기] 2회 반복, 겉뜨기 12코(총 28코)
- 8단: 안뜨기 1단

- 9단: 겉뜨기 13코, [1코 늘리기] 2회 반복, 겉뜨기 13코(총 30코)
- 10단: 안뜨기 1단
- 11단: 겉뜨기 14코, [1코 늘리기] 2회 반복, 겉뜨기 14코(총 32코)
- 12단: 안뜨기 1단
- 13단: 겉뜨기 15코, [1코 늘리기] 2회 반복, 겉뜨기 15코(총 34코)
- 14단: 안뜨기 1단
- 15단: 겉뜨기 16코, [1코 늘리기] 2회 반복, 겉뜨기 16코(총 36코)
- 16~24단: 메리야스뜨기 9단
- 25단: 14코 코막음, 단의 끝까지 겉뜨기(총 22코)
- 26단: 14코 코막음, 단의 끝까지 안뜨기(총 8코)
- 27~28단: 메리야스뜨기 2단
- 29단: 겉뜨기 1코, 1코 만들기, 1코 남을 때까지 겉뜨기, 1코 만들기, 겉뜨기 1코(총 10코)
- 30~36단: 메리야스뜨기 7단
- 37단: 겉뜨기 1코, 2코 모아뜨기, 3코 남을 때까지 겉뜨기, 2코 모아뜨기, 겉뜨기 1코(총 8코)
- 38단: 안뜨기 1단
- 39~40단: 37~38단을 반복(총 6코)

모든 코를 코막음한다.

앞다리(2개)

연갈색 실(10ply, Aran)과 대바늘 5mm를 사용하여 시작코 9코를 만든다.

- 1단: 겉뜨기 6코, (편물을 뒤집는다)
- 2단: 안뜨기 3코, (편물을 뒤집는다)
- 3단: 겉뜨기 3코, (편물을 뒤집는다)
- 4단: 안뜨기 3코, (편물을 뒤집는다)
- 5단: 단의 끝까지 겉뜨기
- 6단: 안뜨기 1단
- 7~20단: 메리야스뜨기 14단
- 21단: 1코 코막음, 단의 끝까지 겉뜨기(총 8코)
- 22단: 1코 코막음, 단의 끝까지 안뜨기(총 7코)
- 23단: 2코 코막음, 단의 끝까지 겉뜨기(총 5코)
- 24단: 2코 코막음, 단의 끝까지 안뜨기(총 3코)

모든 코를 코막음한다.

뒷다리(2개)

연갈색 실(10ply, Aran)과 대바늘 5mm를 사용하여 시작코 9코를 만든다.

- 1단: 겉뜨기 6코, (편물을 뒤집는다)
- 2단: 안뜨기 3코, (편물을 뒤집는다)
- 3단: 겉뜨기 3코, (편물을 뒤집는다)
- 4단: 안뜨기 3코, (편물을 뒤집는다)
- 5단: 단의 끝까지 겉뜨기
- 6단: 안뜨기 1단
- 7~14단: 메리야스뜨기 8단

모든 코를 코막음한다.

머리

연갈색 실(10ply, Aran)과 대바늘 5mm를 사용하여 시작코 10코를 만든다.

- 1단: 안뜨기 1단
- 2단(겉면): 겉뜨기 1코, 1코 만들기, 1코 남을 때까지 겉뜨기, 1코 만들기, 겉뜨기 1코(총 12코)
- 3단: 안뜨기 1코, 1코 만들기, 1코 남을 때까지 안뜨기, 1코 만들기, 안뜨기 1코(총 14코)
- 4~5단: 2~3단을 반복(총 18코)
- 6~7단: 메리야스뜨기 2단
- 8단: 겉뜨기 8코, 1코 만들기, 겉뜨기 2코, 1코 만들기, 겉뜨기 8코(총 20코)
- 9단: 안뜨기 9코, 1코 만들기, 안뜨기 2코, 1코 만들기, 안뜨기 9코(총 22코)
- 10단: 겉뜨기 10코, 1코 만들기, 겉뜨기 2코, 1코 만들기, 겉뜨기 10코(총 24코)
- 11단: 안뜨기 11코, 1코 만들기, 안뜨기 2코, 1코 만들기, 안뜨기 11코(총 26코)
- 12단: 겉뜨기 12코, 1코 만들기, 겉뜨기 2코, 1코 만들기, 겉뜨기 12코(총 28코)
- 13단: 안뜨기 13코, 1코 만들기, 안뜨기 2코, 1코 만들기, 안뜨기 13코(총 30코)
- 14~19단: 메리야스뜨기 6단
- 20단: 겉뜨기 1코, 오른코 모아뜨기, 겉뜨기 9코, 2코 모아뜨기, 겉뜨기 2코, 오른코 모아뜨기, 겉뜨기 9코, 2코 모아뜨기, 겉뜨기 1코(총 26코)
- 21단: 안뜨기 1단
- 22단: 겉뜨기 1코, 오른코 모아뜨기, 겉뜨기 7코, 2코 모아뜨기, 겉뜨기 2코, 오른코 모아뜨기, 겉뜨기 7코, 2코 모아뜨기, 겉뜨기 1코(총 22코)
- 23단: 안뜨기 1코, 안뜨기로 2코 모아뜨기, 안뜨기 5코, 안뜨기로 2코 모아 꼬아뜨기, 안뜨기 2코, 안뜨기로 2코 모아뜨기, 안뜨기 5코, 안뜨기로 2코 모아 꼬아뜨기, 안뜨기 1코(총 18코)

- 24단: 겉뜨기 1코, 오른코 모아뜨기, 겉뜨기 3코, 2코 모아뜨기, 겉뜨기 2코, 오른코 모아뜨기, 겉뜨기 3코, 2코 모아뜨기, 겉뜨기 1코(총 14코)

〈대바늘로 떠서 잇기(p.13 참고)〉 기법으로 대바늘 3개를 사용하여 코막음한다.

귀(2개)

연갈색 실(10ply, Aran)과 대바늘 5mm를 사용하여 시작코 7코를 만든다.

- 1~8단: 가터뜨기로 8단
- 9단: 겉뜨기 1코, 오른코 모아뜨기, 겉뜨기 1코, 2코 모아뜨기, 겉뜨기 1코(총 5코)
- 10단: 겉뜨기 1단
- 11단: 오른코 모아뜨기, 겉뜨기 1코, 2코 모아뜨기(총 3코)
- 12단: 오른코 3코 모아뜨기(총 1코)

실을 자르고 남은 실을 코 사이로 뺀 후 잡아당겨 마무리한다.

코

검은색 실(4ply, fingering)과 대바늘 2.75mm를 사용하여 시작코 6코를 만든다.

- 1~4단: 겉뜨기로 시작하여 메리야스뜨기 4단
- 5단: 2코 모아뜨기, 겉뜨기 2코, 2코 모아뜨기(총 4코)
- 6단: [안뜨기로 2코 모아뜨기] 2회 반복(총 2코)
- 7단: 2코 모아뜨기

입을 수놓을 만큼 충분히 실을 남기고 자른다. 남은 코 사이로 실을 뺀 후 잡아당겨 마무리한다.

꼬리

연갈색 실(10ply, Aran)과 대바늘 5mm를 사용하여 시작코 8코를 만든다.

- 1~6단: 겉뜨기로 시작하여 메리야스뜨기 6단
- 7단: 겉뜨기 5코, (되돌아뜨기하고 편물을 뒤집는다)
- 8단: 안뜨기 3코, (되돌아뜨기하고 편물을 뒤집는다)
- 9단: 단의 끝까지 겉뜨기
- 10단: 안뜨기 1단
- 11~14단: 7~10단을 반복한다.
- 15단: 겉뜨기 1코, 2코 모아뜨기, 겉뜨기 2코, 2코 모아뜨기, 겉뜨기 1코(총 6코)

실을 자르고 돗바늘에 끼운 후, 남은 코 사이로 통과시키고 단단히 잡아당겨 마무리한다.

장미모양 리본

중심

빨간색 실(4ply, fingering)과 대바늘 2.75mm를 사용하여 시작
코 5코를 만든다.

- 1단: 안뜨기 1단
- 2단(겉면): 겉뜨기 1코, 1코 만들기, 1코 남을 때까지 겉뜨기,
  1코 만들기, 겉뜨기 1코(총 7코)
- 3단: 안뜨기 1단
- 4~5단: 2~3단을 반복(총 9코)
- 6~9단: 메리야스뜨기 4단
- 10단: 겉뜨기 1코, 오른코 모아뜨기, 3코 남을 때까지 겉뜨
  기, 2코 모아뜨기, 겉뜨기 1코(총 7코)
- 11단: 안뜨기 1단
- 12~13단: 10~11단을 반복(총 5코)
- 14단: 안뜨기 1단(겉면에서 이 부분이 접는 선이 된다)
- 15~27단: 1~13단을 반복(총 5코)

남은 5코를 코막음한다.

프릴

빨간색 실(4ply, fingering)과 대바늘 2.75mm를 사용하여 시작
코 7코를 만든다.

다음 20단을 총 6번 반복한 후 모든 코를 코막음한다.

- 1단: 겉뜨기 1단(총 7코)
- 2단: 안뜨기 1단
- 3단: 겉뜨기 4코, (되돌아뜨기하고 편물을 뒤집는다)
- 4단: 단의 끝까지 안뜨기
- 5단: 겉뜨기 5코, (되돌아뜨기하고 편물을 뒤집는다)
- 6단: 단의 끝까지 안뜨기
- 7단: 겉뜨기 4코, (되돌아뜨기하고 편물을 뒤집는다)
- 8단: 단의 끝까지 안뜨기
- 9단: 겉뜨기 1단
- 10단: 안뜨기 1단
- 11단: 안뜨기 1단
- 12단: 겉뜨기 1단
- 13단: 안뜨기 4코, (되돌아뜨기하고 편물을 뒤집는다)
- 14단: 단의 끝까지 겉뜨기
- 15단: 안뜨기 5코, (되돌아뜨기하고 편물을 뒤집는다)
- 16단: 단의 끝까지 겉뜨기
- 17단: 안뜨기 4코, (되돌아뜨기하고 편물을 뒤집는다)
- 18단: 단의 끝까지 겉뜨기
- 19단: 안뜨기 1단
- 20단: 겉뜨기 1단

리본테이프(2개)

빨간색 실(4ply, fingering)과 대바늘 2.75mm를 사용하여 시작
코 2코를 만든다.

- 1단: 겉뜨기 1단
- 2단: 겉뜨기 1코, 1코 만들기, 단의 끝까지 겉뜨기(총 3코)
- 3단: 겉뜨기 1단
- 4~11단: [2~3단] 4회 반복(총 7코)

길이가 5cm 될 때까지 가터뜨기로 이어뜬 후, 모든 코를 코
막음한다.

연결하기

강아지의 모든 조각은 안뜨기면이 겉면이 되도록 꿰맨다.

❶ 몸통의 안뜨기면이 겉면이 되도록 옆솔기를 꿰맨다. 시작단이 위쪽이 된다. 솜을 채워 넣고, 바닥을 위로 접어서 몸통에 시침핀으로 고정한 후 꿰맨다.

❷ 머리는 모양이 잡힌 부분이 머리 윗부분이 되고 코막음한단이 뒤통수가 되도록 놓고 머리 아랫부분과 앞솔기를 이어 꿰맨다. 진행하면서 솜을 채운다.

❸ 검은색 면사를 사용하여 검은색 단추를 꿰매어 눈을 만든다. 한쪽 눈의 안쪽과 머리 아랫단을 한 땀씩 꿰맨 후 실을 아래쪽으로 약간 잡아당겨 고정한다. 실을 마무리하기 전에 두 번째 눈도 같은 방법으로 작업한다. 이렇게 하면 눈이 훨씬 더 사실적으로 보인다.

❹ 머리 위에 귀를 시침핀으로 고정한 후 꿰맨다.

❺ 검은색 실(4ply, fingering)을 사용하여 얼굴 정면에 코를 꿰맨다. 코에서 남은 실로 코끝에 스트레이트 스티치로 입을 수놓는다.

❻ 작품 사진을 참고하여 머리를 몸통에 꿰맨다.

❼ 앞다리의 뒷솔기를 꿰매고 솜을 채운다. 두 번째 다리도 같은 방법으로 작업한 후 작품 사진을 참고하여 몸통 앞쪽에 다리를 시침핀으로 고정한다. 이때 발바닥이 바닥에 닿도록 자리잡는다.

❽ 뒷다리의 뒷솔기를 꿰매고 솜을 채운 후, 코막음한 단을 좌우로 닫아서 꿰맨다. 이때 솔기가 다리의 뒷중심이 되었는지 확인한다. 두 번째 다리도 같은 방법으로 작업한다. 작품 사진을 참고하여 몸통 바로 아래에 뒷다리를 시침핀으로 고정한 후 꿰맨다.

❾ 꼬리의 옆솔기를 꿰맨 후 솔기가 위로 가도록 하여 뒷몸통에 꿰맨다.

❿ 카드를 장미 모양 리본의 중심에 들어가도록 동그랗게 자른다. 장미 모양 리본의 중심을 반으로 접어 카드에 씌우고 가장자리를 꿰맨다. 프릴의 시작단과 코막음한 단을 함께 꿰매고 중심의 둘레에 시침핀으로 고정한 후 꿰맨다. 리본테이프를 프릴 뒤에 있는 중심의 아래쪽 가장자리에 꿰맨다. 작품 사진을 참고하여 두 번째 리본테이프도 같은 방법으로 반복한다. 검은색 실(4ply, fingering)을 사용하여 장미 정중앙에 스트레이트 스티치로 숫자 1을 수놓는다.

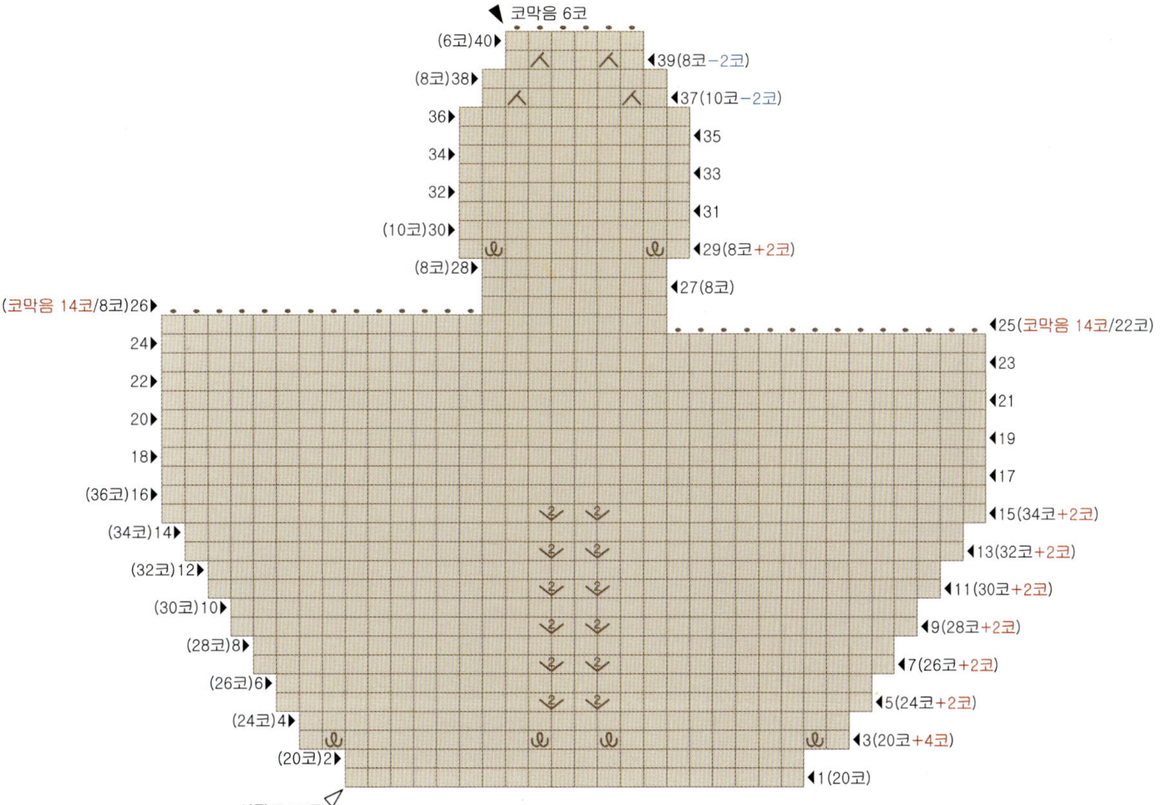

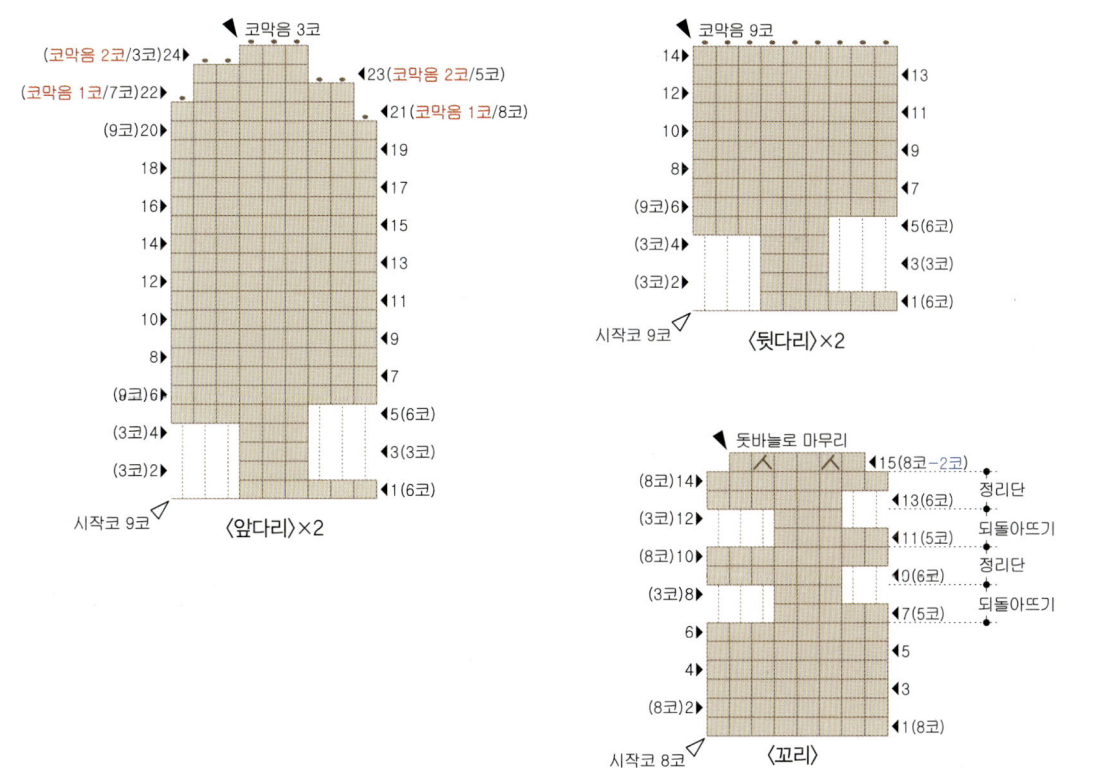

〈몸통과 바닥〉

◀ 코막음 6코

(6코)40▶
(8코)38▶
36▶
34▶
32▶
(10코)30▶
(8코)28▶

◀39(8코−2코)
◀37(10코−2코)
◀35
◀33
◀31
◀29(8코+2코)
◀27(8코)

(코막음 14코/8코)26▶
24▶
22▶
20▶
18▶
(36코)16▶
(34코)14▶
(32코)12▶
(30코)10▶
(28코)8▶
(26코)6▶
(24코)4▶
(20코)2▶

25(코막음 14코/22코)▶
◀23
◀21
◀19
◀17
◀15(34코+2코)
◀13(32코+2코)
◀11(30코+2코)
◀9(28코+2코)
◀7(26코+2코)
◀5(24코+2코)
◀3(20코+4코)
◀1(20코)

시작코 20코

〈앞다리〉×2

◀ 코막음 3코

(코막음 2코/3코)24▶
(코막음 1코/7코)22▶
(9코)20▶
18▶
16▶
14▶
12▶
10▶
8▶
(9코)6▶
(3코)4▶
(3코)2▶

◀23(코막음 2코/5코)
◀21(코막음 1코/8코)
◀19
◀17
◀15
◀13
◀11
◀9
◀7
◀5(6코)
◀3(3코)
◀1(6코)

시작코 9코

〈뒷다리〉×2

◀ 코막음 9코

14▶
12▶
10▶
8▶
(9코)6▶
(3코)4▶
(3코)2▶

◀13
◀11
◀9
◀7
◀5(6코)
◀3(3코)
◀1(6코)

시작코 9코

〈꼬리〉

◀ 돗바늘로 마무리

(8코)14▶
(3코)12▶
(8코)10▶
(3코)8▶
6▶
4▶
(8코)2▶

◀15(8코−2코)
◀13(6코) ····· 정리단
◀11(5코) ····· 되돌아뜨기
◀9(6코) ····· 정리단
◀7(5코) ····· 되돌아뜨기
◀5
◀3
◀1(8코)

시작코 8코

143

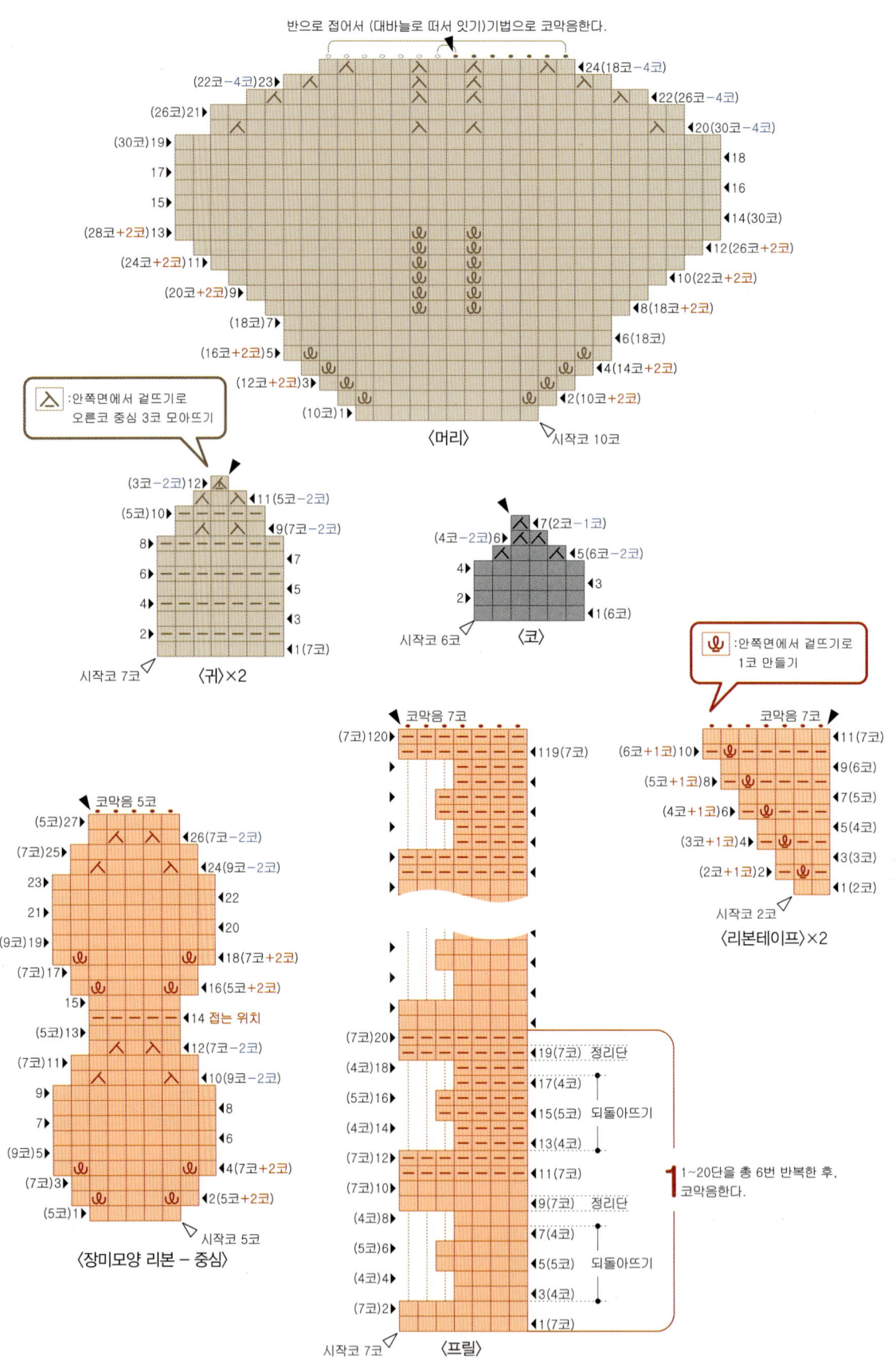

반으로 접어서 (대바늘로 떠서 잇기)기법으로 코막음한다.

(22코-4코)23▶
(26코)21▶
(30코)19▶
17▶
15▶
(28코+2코)13▶
(24코+2코)11▶
(20코+2코)9▶
(18코)7▶
(16코+2코)5▶
(12코+2코)3▶
(10코)1▶

◀24(18코-4코)
◀22(26코-4코)
◀20(30코-4코)
◀18
◀16
◀14(30코)
◀12(26코+2코)
◀10(22코+2코)
◀8(18코+2코)
◀6(18코)
◀4(14코+2코)
◀2(10코+2코)

〈머리〉   ▷시작코 10코

入 :안쪽면에서 겉뜨기로 오른코 중심 3코 모아뜨기

(3코-2코)12▶
(5코)10▶
8▶
6▶
4▶
2▶

◀11(5코-2코)
◀9(7코-2코)
◀7
◀5
◀3
◀1(7코)

▷시작코 7코   〈귀〉×2

(4코-2코)6▶
4▶
2▶

◀7(2코-1코)
◀5(6코-2코)
◀3
◀1(6코)

▷시작코 6코   〈코〉

♨ :안쪽면에서 겉뜨기로 1코 만들기

코막음 7코
(7코)120▶
▶
▶
▶

◀119(7코)
◀
◀
◀

(6코+1코)10▶
(5코+1코)8▶
(4코+1코)6▶
(3코+1코)4▶
(2코+1코)2▶

코막음 7코
◀11(7코)
◀9(6코)
◀7(5코)
◀5(4코)
◀3(3코)
◀1(2코)

▷시작코 2코   〈리본테이프〉×2

코막음 5코
(5코)27▶
(7코)25▶
23▶
21▶
(9코)19▶
(7코)17▶
15▶
(5코)13▶
(7코)11▶
9▶
7▶
(9코)5▶
(7코)3▶
(5코)1▶

◀26(7코-2코)
◀24(9코-2코)
◀22
◀20
◀18(7코+2코)
◀16(5코+2코)
◀14 접는 위치
◀12(7코-2코)
◀10(9코-2코)
◀8
◀6
◀4(7코+2코)
◀2(5코+2코)

▷시작코 5코   〈장미모양 리본 – 중심〉

(7코)20▶
(4코)18▶
(5코)16▶
(4코)14▶
(7코)12▶
(7코)10▶
(4코)8▶
(5코)6▶
(4코)4▶
(7코)2▶

◀19(7코) 정리단
◀17(4코)
◀15(5코) 되돌아뜨기
◀13(4코)
◀11(7코)
◀9(7코) 정리단
◀7(4코)
◀5(5코) 되돌아뜨기
◀3(4코)
◀1(7코)

1 1~20단을 총 6번 반복한 후, 코막음한다.

▷시작코 7코   〈프릴〉

144

15. 조그마한 아기 강아지 Teeny Tiny Doglet

까불이 작은 아기 강아지는 놀 준비가 되어 있답니다. 다리는 움직일 수 있도록 PP 알갱이로 채웠습니다. 강아지로 포즈를 취하며 즐겨보세요.

준비물
- 연갈색 실(4ply, fingering) 46m
- 빨간색 실(4ply, fingering) 약간
- 장난감용 구름솜
- PP 알갱이
- 검은색 단추눈: 4mm 2개, 6mm 1개
- 검은색 면사와 봉제용 바늘
- 마커링 2개
- 안전핀 또는 여분의 바늘
- 굵은 빨대(선택 사항)

바늘
- 대바늘 2.75mm(영국 12호, 미국 2호)

게이지
- 대바늘 2.75mm와 4ply실(fingering)을 사용하여 메리야스뜨기로 2.5cm=7~8코

완성 사이즈
- 머리부터 앞발바닥까지 높이: 9.5cm
- 코부터 꼬리까지 길이: 8cm

⚠️ 주의

위에 제시된 실은 강아지 한 마리를 뜨는 양입니다. 다른 강아지를 뜨고 싶다면 연갈색 대신에 베이지색, 빨간색 대신에 파란색 실을 사용하세요.

몸통과 앞다리

오른쪽 앞다리의 아래 가장자리부터 시작한다.
연갈색 실(4ply, fingering)과 대바늘 2.75mm를 사용하여 시작코 10코를 만든다.

- 1단: 겉뜨기 2코, [1코 늘리기] 3회 반복, 겉뜨기 5코(총 13코)
- 2단: 안뜨기 1단
- 3단: 겉뜨기 2코, [2코 모아뜨기] 3회 반복, 겉뜨기 5코(총 10코)
- 4~12단: 메리야스뜨기 9단
- 13단: 5코 코막음, 단의 끝까지 겉뜨기(총 5코)
- 14단: 2코 코막음, 단의 끝까지 안뜨기(총 3코)
- 15단: 겉뜨기 1코, 1코 만들기, 단의 끝까지 겉뜨기(총 4코)

- 16단: 12코 만들기, 1코 남을 때까지 안뜨기, 1코 만들기, 안뜨기 1코(총 17코)
- 17단: 1코 남을 때까지 겉뜨기, 1코 만들기, 겉뜨기 1코(총 18코)
- 18~36단: 메리야스뜨기 19단, 이 과정에서 27번째 단의 첫 코(그림 도안의 ★)와 마지막 코(그림 도안의 ☆)에 마커링을 끼운다.
- 37단: 3코 남을 때까지 겉뜨기, 2코 모아뜨기, 겉뜨기 1코(총 17코)
- 38단: 12코 코막음, 3코 남을 때까지 안뜨기, 안뜨기로 2코 모아 꼬아뜨기, 안뜨기 1코(총 4코)
- 39단: 겉뜨기 1코, 2코 모아뜨기, 겉뜨기 1코(총 3코)
- 40단: 2코 만들기, 단의 끝까지 안뜨기(총 5코)
- 41단: 5코 만들기, 단의 끝까지 겉뜨기(총 10코)
- 42~50단: 메리야스뜨기 9단
- 51단: 겉뜨기 2코, [1코 늘리기] 3회 반복, 겉뜨기 5코(총 13코)
- 52단: 안뜨기 1단
- 53단: 겉뜨기 2코, [2코 모아뜨기] 3회 반복, 겉뜨기 5코(총 10코)

모든 코를 코막음한다.

배

연갈색 실(4ply, fingering)과 대바늘 2.75mm를 사용하여 시작코 5코를 만든다.

- 1~6단: 겉뜨기로 시작하여 메리야스뜨기 6단
- 7단: 겉뜨기 1코, 1코 만들기, 겉뜨기 3코, 1코 만들기, 겉뜨기 1코(총 7코)
- 8~36단: 메리야스뜨기 29단
- 37단: 겉뜨기 1코, 오른코 모아뜨기, 겉뜨기 1코, 2코 모아뜨기, 겉뜨기 1코(총 5코)
- 38~40단: 메리야스뜨기 3단

모든 코를 코막음한다.

머리

머리 아랫부분부터 시작한다.
연갈색 실(4ply, fingering)과 대바늘 2.75mm를 사용하여 시작코 9코를 만든다.

- 1~2단: 겉뜨기로 시작하여 메리야스뜨기 2단

이 코들을 안전핀이나 여분의 바늘에 걸어 둔다(그림 도안의 ⓐ). 두 번째 조각을 위해서 연갈색 실(4ply, fingering)과 대바늘 2.75mm를 사용하여 시작코 9코를 만든다.

- 1~2단: 겉뜨기로 시작하여 메리야스뜨기 2단
- 3단: 겉면에서 바늘에 걸린 9코를 겉뜨기, 안전핀에 걸린 9코(그림 도안의 ⓐ)를 겉뜨기(총 18코)
- 4단: 안뜨기 1단
- 5단: 겉뜨기 1코, 1코 만들기, 겉뜨기 7코, 1코 만들기, 겉뜨기 2코, 1코 만들기, 겉뜨기 7코, 1코 만들기, 겉뜨기 1코 (총 22코)
- 6단: 안뜨기 1코, 1코 만들기, 안뜨기 9코, 1코 만들기, 겉뜨기 2코, 1코 만들기, 안뜨기 9코, 1코 만들기, 안뜨기 1코 (총 26코)
- 7~8단: 메리야스뜨기 2단
- 9단: 겉뜨기 10코, 오른코 모아뜨기, 겉뜨기 2코, 2코 모아뜨기, 겉뜨기 10코(총 24코)
- 10단: 안뜨기 9코, 안뜨기로 2코 모아뜨기, 안뜨기 2코, 안뜨기로 2코 모아 꼬아뜨기, 안뜨기 9코(총 22코)
- 11단: 겉뜨기 8코, 오른코 모아뜨기, 겉뜨기 2코, 2코 모아뜨기, 겉뜨기 8코(총 20코)
- 12단: 안뜨기 7코, 안뜨기로 2코 모아뜨기, 안뜨기 2코, 안뜨기로 2코 모아 꼬아뜨기, 안뜨기 7코(총 18코)
- 13단: 겉뜨기 6코, 오른코 모아뜨기, 겉뜨기 2코, 2코 모아뜨기, 겉뜨기 6코(총 16코)
- 14단: 안뜨기 1단
- 15단: 겉뜨기 5코, 오른코 모아뜨기, 겉뜨기 2코, 2코 모아뜨기, 겉뜨기 5코(총 14코)
- 16단: 안뜨기 1코, 안뜨기로 2코 모아뜨기, 안뜨기 1코, 안뜨기로 2코 모아 꼬아뜨기, 안뜨기 2코, 안뜨기로 2코 모아뜨기, 안뜨기 1코, 안뜨기로 2코 모아 꼬아뜨기, 안뜨기 1코 (총 10코)

모든 코를 코막음한다.

오른쪽 뒷다리

연갈색 실(4ply, fingering)과 대바늘 2.75mm를 사용하여 시작코 10코를 만든다.

- 1단: 겉뜨기 2코, [1코 늘리기] 3회 반복, 겉뜨기 5코(총 13코)
- 2단: 안뜨기 1단
- 3단: 겉뜨기 2코, [2코 모아뜨기] 3회 반복, 겉뜨기 5코(총 10코)
- 4~12단: 메리야스뜨기 9단
- 13단: 겉뜨기 1코, 1코 만들기, [겉뜨기 3코, 1코 만들기] 2회 반복, 겉뜨기 3코(총 13코)
- 14단: 안뜨기 1단
- 15단: 9코 코막음, 1코 만들기, 겉뜨기 3코(총 5코)
- 16단: 2코 코막음, 1코 만들기, 안뜨기 1코, 1코 만들기, 안뜨기 1코(총 5코)

- 17단: 겉뜨기 1코, 1코 만들기, 1코 남을 때까지 겉뜨기, 1코 만들기, 겉뜨기 1코(총 7코)
- 18단: 안뜨기 1코, 1코 만들기, 1코 남을 때까지 안뜨기, 1코 만들기, 안뜨기 1코(총 9코)
- 19~22단: 메리야스뜨기 4단
- 23단: 겉뜨기 1코, 오른코 모아뜨기, 3코 남을 때까지 겉뜨기, 2코 모아뜨기, 겉뜨기 1코(총 7코)
- 24단: 안뜨기 1코, 안뜨기로 2코 모아뜨기, 안뜨기 1코, 안뜨기로 2코 모아 꼬아뜨기, 안뜨기 1코(총 5코)

모든 코를 코막음한다.

왼쪽 뒷다리

연갈색 실(4ply, fingering)과 대바늘 2.75mm를 사용하여 시작코 10코를 만든다.

- 1단: 겉뜨기 5코, [1코 늘리기] 3회 반복, 겉뜨기 2코(총 13코)
- 2단: 안뜨기 1단
- 3단: 겉뜨기 5코, [2코 모아뜨기] 3회 반복, 겉뜨기 2코(총 10코)
- 4~12단: 메리야스뜨기 9단
- 13단: [겉뜨기 3코, 1코 만들기] 3회 반복, 겉뜨기 1코(총 13코)
- 14단: 안뜨기 1단
- 15단: 2코 코막음, 1코 만들기, 단의 끝까지 겉뜨기(총 12코)
- 16단: 9코 코막음, 1코 만들기, 안뜨기 1코, 1코 만들기, 안뜨기 1코(총 5코)

17단부터 끝까지 오른쪽 뒷다리의 17단 이후와 같은 방법으로 작업한다.

귀(2개)

연갈색 실(4ply, fingering)과 대바늘 2.75mm를 사용하여 시작코 5코를 만든다.

- 1~4단: 겉뜨기로 시작하여 메리야스뜨기 4단
- 5단: 오른코 모아뜨기, 겉뜨기 1코, 2코 모아뜨기(총 3코)
- 6단: 안뜨기 1단
- 7단: 오른코 3코 모아뜨기(총 1코)

마무리할 실을 남긴 채 자르고 돗바늘에 끼운 후, 남은 코 사이로 통과시키고 단단히 잡아당겨 마무리한다.

꼬리

연갈색 실(4ply, fingering)과 대바늘 2.75mm를 사용하여 시작코 5코를 만든다.
겉뜨기로 시작하여 꼬리 길이가 3cm 될 때까지 메리야스뜨기로 뜨되 마지막 단은 안뜨기로 끝낸다.

- 다음 단: 겉뜨기 1코, 2코 모아뜨기, 겉뜨기 2코(총 4코)
- 다음 단: 메리야스뜨기 3단 뜬다.

실을 꼬리의 옆솔기를 꿰맬 만큼 길게 남겨서 자르고 돗바늘에 끼운 후, 남은 코 사이로 통과시키고 단단히 잡아당겨 마무리한다.

목걸이

빨간색 실(4ply, fingering)과 대바늘 2.75mm를 사용하여 시작 코 3코를 만든다.

겉뜨기로 시작하여 목걸이가 강아지의 목에 둘러질 때까지 메리야 스뜨기로 뜬 후 모든 코를 코막음한다.

연결하기

1 한쪽 앞다리부터 연결하기 시작한다. 앞다리에 남아 있는 실에 돗바늘을 끼우고, 코들을 모아 발바닥 모양을 만든다. 옆솔기를 꿰매고 안에 PP 알갱이를 채운다. 좁은 다리통에 PP 알갱이를 넣을 때는 굵은 빨대를 사용하면 편하다. 두 번째 다리도 같은 방법으로 작업한다.

2 몸통을 연결하기 위해 배의 코막음한 단의 가운데 코를 몸 통 등에 있는 마커링(그림 도안의 ☆)에 맞추고, 배의 시작 단 가운데 코는 몸통 앞에 있는 마커링(그림 도안의 ★)에 맞추어 시침핀을 꽂는다. 배를 몸통에 꿰매면서 솜과 PP 알 갱이를 단단히 채운다.

3 작품 사진을 참고하여 각 앞다리 위쪽에 있는 코막음한 단 을 배에 꿰맨다.

4 각 뒷다리를 앞다리와 같은 방법으로 꿰맨다(PP 알갱이를 채운다). 사진처럼 각 뒷다리 윗부분을 몸통에 시침핀으로 고정한다. 다리 윗부분에 솜을 약간씩 채우면서 다리 위쪽 에 있는 코막음한 단을 배에 꿰맨다. 두 번째 뒷다리도 같 은 방법으로 반복한다.

5 머리의 코막음한 단을 반으로 접어 코들을 함께 꿰맨다. 솜 을 채우고 아래솔기를 꿰맨다.

6 귀의 마지막 단에 남아 있는 실을 돗바늘에 끼우고, 귀의 한 쪽면 가장자리에 홈질을 한 후 살짝 잡아당겨 귀가 앞으로 구부러지게 한다. 두 번째 귀도 같은 방법으로 반복하는데 이번에는 약간 더 세게 잡아당겨서 귀가 더 구부러지게 한 다(사진 참고). 작품 사진을 참고하여 귀를 머리 위에 시침 핀으로 고정한 후 단단히 꿰맨다.

7 검은색 면사를 사용하여 좀 더 작은 크기의 단추눈을 2개 달아 눈을 만든다. 약간 큰 크기의 단추눈은 얼굴 정면에 달 아 코를 만든다. 남은 실을 사용하여 코끝에 스트레이트 스 티치로 입을 수놓는다.

8 몸통 앞쪽에 머리를 단단히 고정한다.

9 꼬리는 반으로 접은 후 옆솔기를 꿰맨다. 시작단이 있는 부 분에 솜을 채운 후, 작품 사진을 참고하여 위치를 잡아 꿰 맨다.

10 목걸이를 강아지 목에 두른 후, 시작단과 마지막단을 서로 꼼꼼하게 꿰맨다.

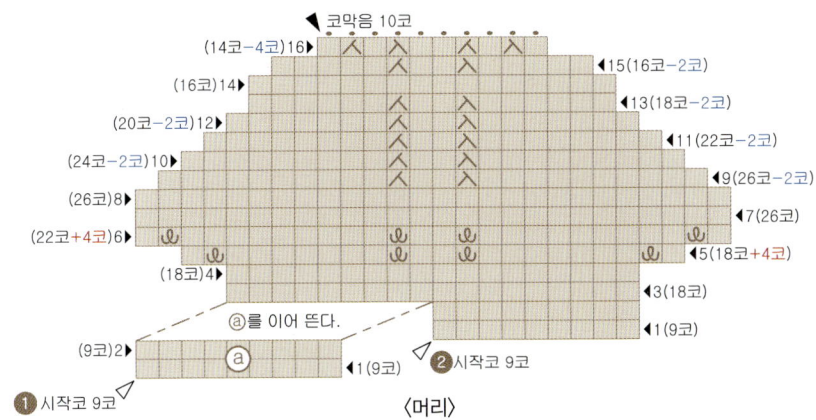

〈머리〉

머리 (Head chart) labels:

- 코막음 10코
- (14코−4코)16▶
- (16코)14▶
- (20코−2코)12▶
- (24코−2코)10▶
- (26코)8▶
- (22코+4코)6▶
- (18코)4▶
- (9코)2▶
- ⓐ를 이어 뜬다.
- ⓐ
- 1(9코)▶
- ❷ 시작코 9코
- ❶ 시작코 9코
- ◀15(16코−2코)
- ◀13(18코−2코)
- ◀11(22코−2코)
- ◀9(26코−2코)
- ◀7(26코)
- ◀5(18코+4코)
- ◀3(18코)
- ◀1(9코)

몸통과 앞다리 (Body and front legs chart):

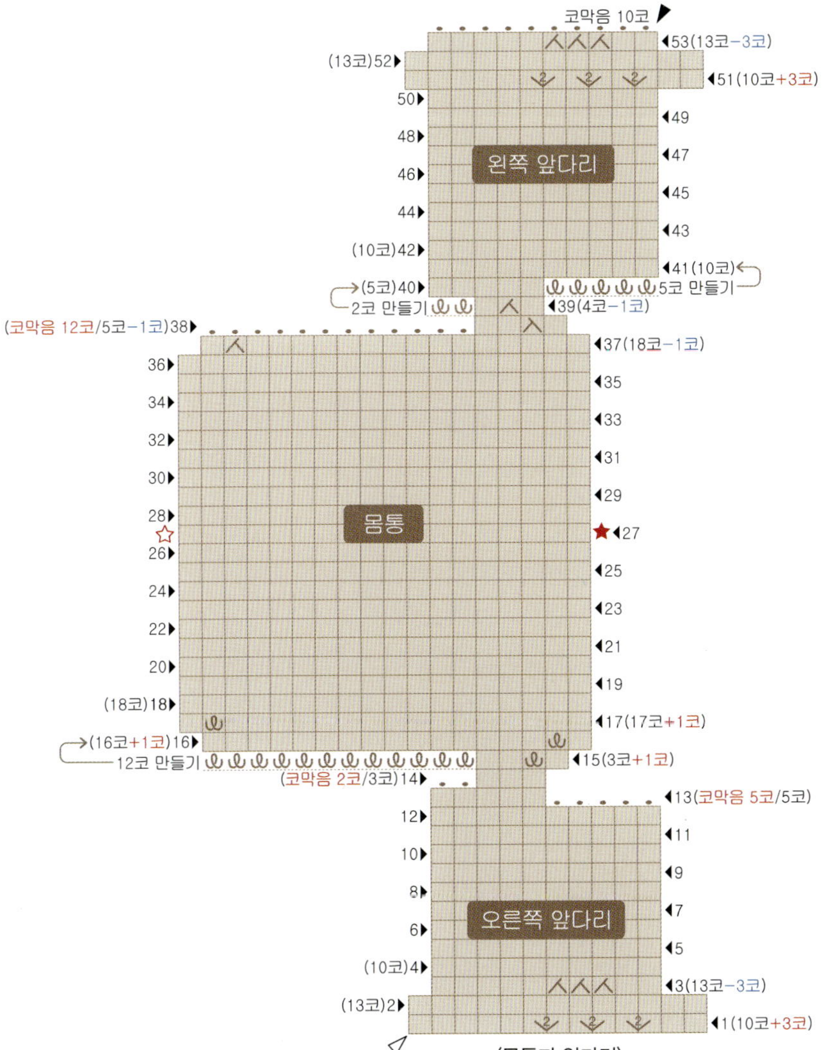

- 코막음 10코▶
- (13코)52▶
- 50▶
- 48▶
- 46▶
- 44▶
- (10코)42▶
- 2코 만들기
- 왼쪽 앞다리
- ◀53(13코−3코)
- 51(10코+3코)
- ◀49
- ◀47
- ◀45
- ◀43
- 41(10코)←
- ◀39(4코−1코)
- 5코 만들기

- (코막음 12코/5코−1코)38▶
- 36▶
- 34▶
- 32▶
- 30▶
- 28▶
- 26▶ ☆
- 24▶
- 22▶
- 20▶
- (18코)18▶
- (16코+1코)16▶→
- 12코 만들기
- (코막음 2코/3코)14▶
- 몸통
- ★◀27
- ◀37(18코−1코)
- ◀35
- ◀33
- ◀31
- ◀29
- ◀25
- ◀23
- ◀21
- ◀19
- ◀17(17코+1코)
- ◀15(3코+1코)
- ◀13(코막음 5코/5코)

- 12▶
- 10▶
- 8▶
- 6▶
- (10코)4▶
- (13코)2▶
- 시작코 10코
- 오른쪽 앞다리
- ◀11
- ◀9
- ◀7
- ◀5
- ◀3(13코−3코)
- ◀1(10코+3코)

〈몸통과 앞다리〉

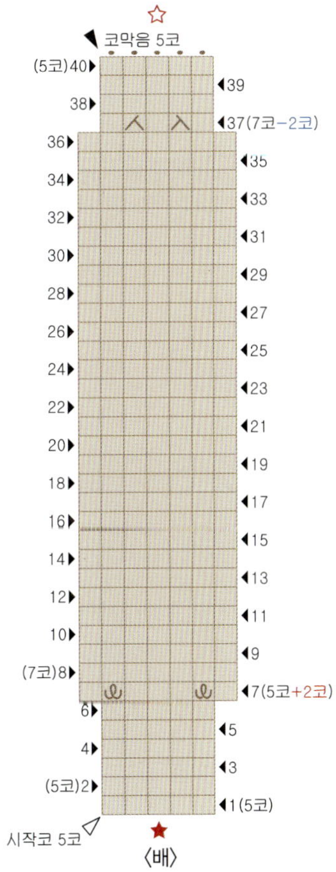

배 (Belly chart):

- ☆
- 코막음 5코▶
- (5코)40▶
- 38▶
- 36▶
- 34▶
- 32▶
- 30▶
- 28▶
- 26▶
- 24▶
- 22▶
- 20▶
- 18▶
- 16▶
- 14▶
- 12▶
- 10▶
- (7코)8▶
- 6▶
- 4▶
- (5코)2▶
- 시작코 5코
- ★
- ◀39
- ◀37(7코−2코)
- ◀35
- ◀33
- ◀31
- ◀29
- ◀27
- ◀25
- ◀23
- ◀21
- ◀19
- ◀17
- ◀15
- ◀13
- ◀11
- ◀9
- ◀7(5코+2코)
- ◀5
- ◀3
- ◀1(5코)

〈배〉

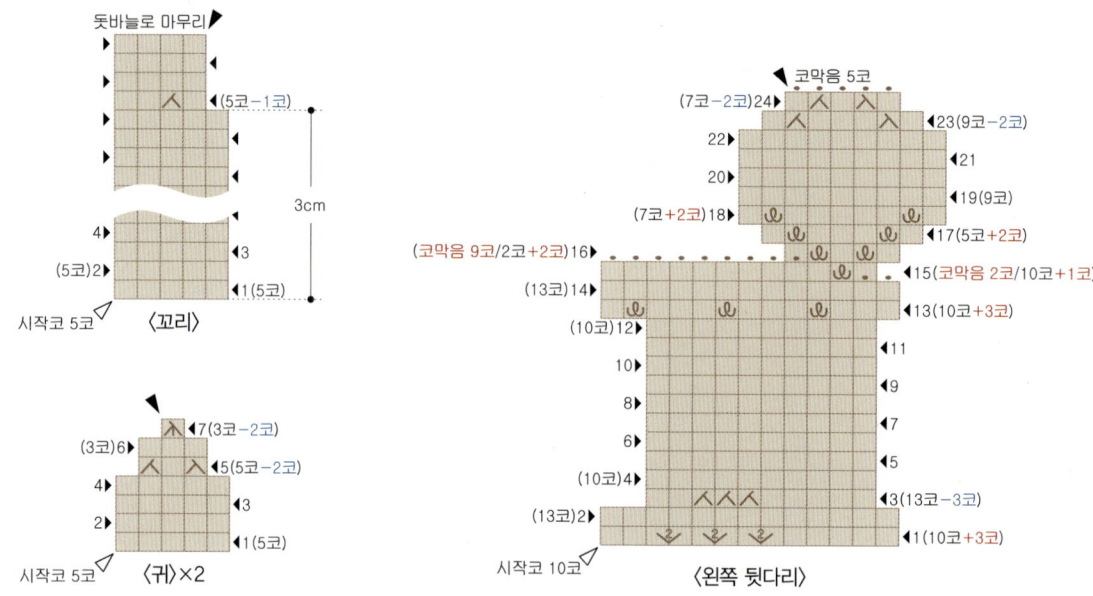

〈꼬리〉
- 돗바늘로 마무리
- (5코−1코)
- 3cm
- 4
- 3
- (5코)2
- 1(5코)
- 시작코 5코

〈귀〉×2
- 7(3코−2코)
- (3코)6
- 5(5코−2코)
- 4
- 3
- 2
- 1(5코)
- 시작코 5코

〈왼쪽 뒷다리〉
- 코막음 5코
- (7코−2코)24
- 23(9코−2코)
- 22
- 21
- 20
- 19(9코)
- (7코+2코)18
- 17(5코+2코)
- (코막음 9코/2코+2코)16
- 15(코막음 2코/10코+1코)
- (13코)14
- 13(10코+3코)
- (10코)12
- 11
- 10
- 9
- 8
- 7
- 6
- 5
- (10코)4
- 3(13코−3코)
- (13코)2
- 1(10코+3코)
- 시작코 10코

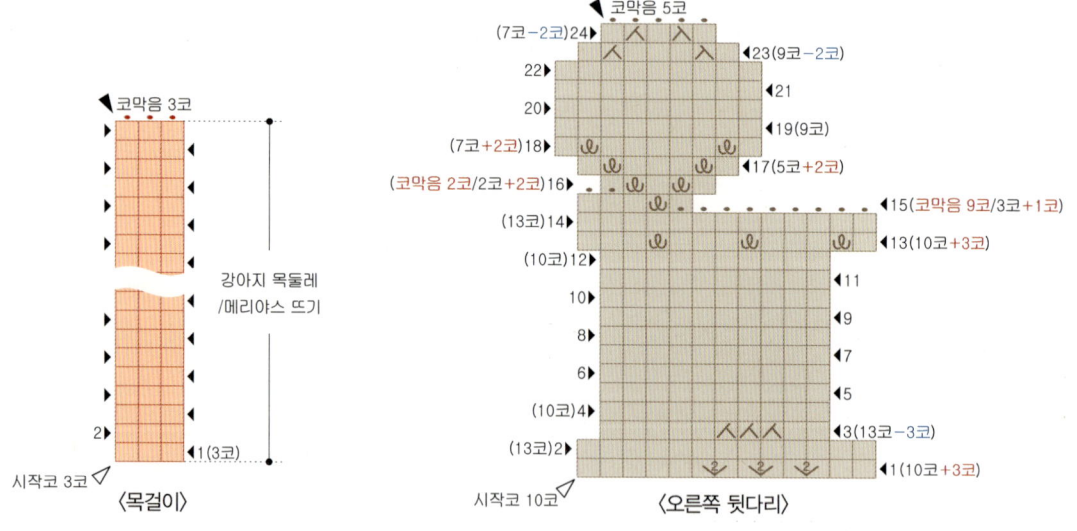

〈목걸이〉
- 코막음 3코
- 강아지 목둘레 /메리야스 뜨기
- 2
- 1(3코)
- 시작코 3코

〈오른쪽 뒷다리〉
- 코막음 5코
- (7코−2코)24
- 23(9코−2코)
- 22
- 21
- 20
- 19(9코)
- (7코+2코)18
- 17(5코+2코)
- (코막음 2코/2코+2코)16
- 15(코막음 9코/3코+1코)
- (13코)14
- 13(10코+3코)
- (10코)12
- 11
- 10
- 9
- 8
- 7
- 6
- 5
- (10코)4
- 3(13코−3코)
- (13코)2
- 1(10코+3코)
- 시작코 10코

16. 스위트하트 Sweetheart

사랑을 기다리는 스위트하트는 가터뜨기라(계속 겉뜨기) 금방 뜰 수 있습니다. 추가적인 기법을 배우고 싶어 하는 초보자에게 딱 좋은 작품입니다. 열쇠고리나 가방의 참장식으로 활용해 보세요.

준비물
- 연갈색 실(10ply, Aran) 35m
- 진갈색 실(4ply, fingering) 약간
- 장난감용 구름솜
- 인형눈: 6mm 검은색 단추눈 2개
- 검은색 면사와 봉제용 바늘
- 작은 하트모양 단추
- 열쇠고리(선택사항)

바늘
- 대바늘 4mm(영국 8호, 미국 6호)
- 대바늘 2.75mm(영국 12호, 미국 2호)

게이지
- 대바늘 4mm와 10ply실(Aran)을 사용하여 가터뜨기로 10cm=대략 16코

완성 사이즈
- p.153 사진처럼 앉았을 때 높이: 9cm

몸통

옆선에서 시작하여 가터뜨기로 뜬다.
연갈색 실(10ply, Aran)과 대바늘 4mm를 사용하여 시작코 10코를 만든다.

- 1~6단: 겉뜨기 6단(=가터뜨기)
- 7단: 겉뜨기 6코, (되돌아뜨기하고 편물을 뒤집는다)
- 8단: 단의 끝까지 겉뜨기
- 9~14단: 가터뜨기 6단
- 15단: 겉뜨기 7코, (되돌아뜨기하고 편물을 뒤집는다)
- 16단: 겉뜨기 5코, (되돌아뜨기하고 편물을 뒤집는다)
- 17단: 겉뜨기 6코, (되돌아뜨기하고 편물을 뒤집는다)
- 18단: 겉뜨기 6코, (되돌아뜨기하고 편물을 뒤집는다)
- 19단: 겉뜨기 5코, (되돌아뜨기하고 편물을 뒤집는다)
- 20단: 단의 끝까지 겉뜨기
- 21~26단: 가터뜨기 6단
- 27단: 겉뜨기 5코, (되돌아뜨기하고 편물을 뒤집는다)
- 28단: 단의 끝까지 겉뜨기
- 29~34단: 가터뜨기 6단

모든 코를 코막음한다.

바닥

연갈색 실(10ply, Aran)과 대바늘 4mm를 사용하여 시작코 6코를 만든다.

- 1~8단: 겉뜨기 8단(=가터뜨기)
- 9단: 겉뜨기 1코, [2코 모아뜨기] 2회 반복, 겉뜨기 1코(총 4코)
- 10단: 겉뜨기 1단

모든 코를 코막음한다.

머리

연갈색 실(10ply, Aran)과 대바늘 4mm를 사용하여 시작코 14코를 만든다.

- 1~8단: 겉뜨기 8단(=가터뜨기)
- 9단: 겉뜨기 5코, [1코 늘리기] 4회 반복, 겉뜨기 5코(총 18코)
- 10단: 겉뜨기 1단
- 11단: 겉뜨기 5코, [1코 늘리기] 8회 반복, 겉뜨기 5코(총 26코)
- 12~16단: 겉뜨기 5단
- 17단: 겉뜨기 5코, [2코 모아뜨기] 8회 반복, 겉뜨기 5코(총 18코)
- 18단: 겉뜨기 1단
- 19단: 겉뜨기 5코, [2코 모아뜨기] 4회 반복, 겉뜨기 5코(총 14코)
- 20단: 겉뜨기 1단

모든 코를 코막음한다.

다리(2개)

연갈색 실(10ply, Aran)과 대바늘 4mm를 사용하여 시작코 7코를 만든다.

- 1~8단: 겉뜨기 8단(=가터뜨기)
- 9단: 겉뜨기 3코, 1코 만들기, 겉뜨기 1코, 1코 만들기, 겉뜨기 3코(총 9코)
- 10단: 겉뜨기 4코, 1코 만들기, 겉뜨기 1코, 1코 만들기, 겉뜨기 4코(총 11코)
- 11단: 겉뜨기 5코, 1코 만들기, 겉뜨기 1코, 1코 만들기, 겉뜨기 5코(총 13코)
- 12단: 겉뜨기 6코, 1코 만들기, 겉뜨기 1코, 1코 만들기, 겉뜨기 6코(총 15코)
- 13~14단: 겉뜨기 2단

모든 코를 코막음한다.

팔(2개)

연갈색 실(10ply, Aran)과 대바늘 4mm를 사용하여 시작코 6코를 만든다.

- 1~8단: 겉뜨기 8단(=가터뜨기)
- 9단: 겉뜨기 1코, 1코 만들기, 1코 남을 때까지 겉뜨기, 1코 만들기, 겉뜨기 1코(총 8코)
- 10~12단: 겉뜨기 3단
- 13단: [2코 모아뜨기] 4회 반복(총 4코)

실을 자르고 돗바늘에 끼운 후, 남은 코 사이로 통과시키고 단단히 잡아당겨 마무리한다.

귀(2개)

연갈색 실(10ply, Aran)과 대바늘 4mm를 사용하여 시작코 4코를 만든다.

- 1~12단: 겉뜨기 12단(=가터뜨기)
- 13단: 겉뜨기 1코, 2코 모아뜨기, 겉뜨기 1코(총 3코)

모든 코를 코막음한다.

꼬리

연갈색 실(10ply, Aran)과 대바늘 4mm를 사용하여 시작코 5코를 만든다.

- 1~6단: 겉뜨기 6단(=가터뜨기)

실을 자르고 돗바늘에 끼운 후, 남은 코 사이로 통과시키고 단단히 잡아당겨 마무리한다.

코

메리야스뜨기로 뜬다.

갈색 실(4ply, fingering)과 대바늘 2.75mm를 사용하여 시작코 5코를 만든다.

- 1단: 안뜨기 1단
- 2단(겉면): 겉뜨기 1코, 1코 만들기, 겉뜨기 3코, 1코 만들기, 겉뜨기 1코(총 7코)
- 3~4단: 메리야스뜨기 2단
- 5단: 안뜨기 1코, 안뜨기로 2코 모아뜨기, 안뜨기 1코, 안뜨기로 2코 모아 꼬아뜨기, 안뜨기 1코(총 5코)
- 6단: 오른코 모아뜨기, 겉뜨기 1코, 2코 모아뜨기(총 3코)

모든 코를 코막음한다.

연결하기

❶ 몸통의 시작단과 코막음한 단을 함께 꿰매면 뒷솔기가 된다. 몸통에 솜을 채우고, 바닥의 시작단이 앞쪽으로 오도록 몸통에 시침핀으로 고정한 후 꿰맨다.

❷ 머리의 코막음한 단을 반으로 접어 솔기를 함께 꿰매면 뒷솔기가 된다. 시작단의 코를 모아 얼굴 정면을 만든다. 머리 솔기를 따라 앞에서 뒤까지 꿰매다가 뒷부분에서 코를 모아 뒤통수를 더욱 동그랗게 만든다.

❸ 머리 위에 귀를 시침핀으로 고정한 후 꿰맨다. 작품 사진을 참고하여 코를 얼굴 정면에 시침핀으로 고정한 후 꿰맨다.

❹ 검은색 면사와 봉제용 바늘을 사용하여 검은색 단추눈을 머리 모양이 시작되는 곳에 꿰매어 눈을 만든다.

❺ 작품 사진을 참고하여 머리의 뒷솔기를 몸통의 뒷솔기에 맞추어 시침핀으로 고정한 후 꿰맨다.

❻ 한쪽 다리의 뒷솔기를 꿰매고 솜을 채운다. 발바닥 둘레의 솔기를 꿰맨다. 두 번째 다리도 같은 방법으로 반복한다. 작품 사진을 참고하여 다리를 몸통에 시침핀으로 고정한 후 꿰맨다.

❼ 팔의 옆솔기를 꿰매고 솜을 채운 후, 두 번째 팔도 같은 방법으로 작업한다. 작품 사진을 참고하여 팔의 솔기가 아래로 가도록 몸통에 꿰맨다.

❽ 꼬리는 길이 방향으로 반으로 접은 후 솔기를 꿰맨다. 작품 사진을 참고하여 강아지 엉덩이에 꿰맨다.

❾ 연갈색 실(10ply, Aran)을 사용하여 강아지 정면에 하트 모양 단추를 단다.

❿ 원한다면 아래 사진처럼 강아지 뒷목 바로 아래에 열쇠고리를 연갈색 실(10ply, Aran)로 꿰맨다.

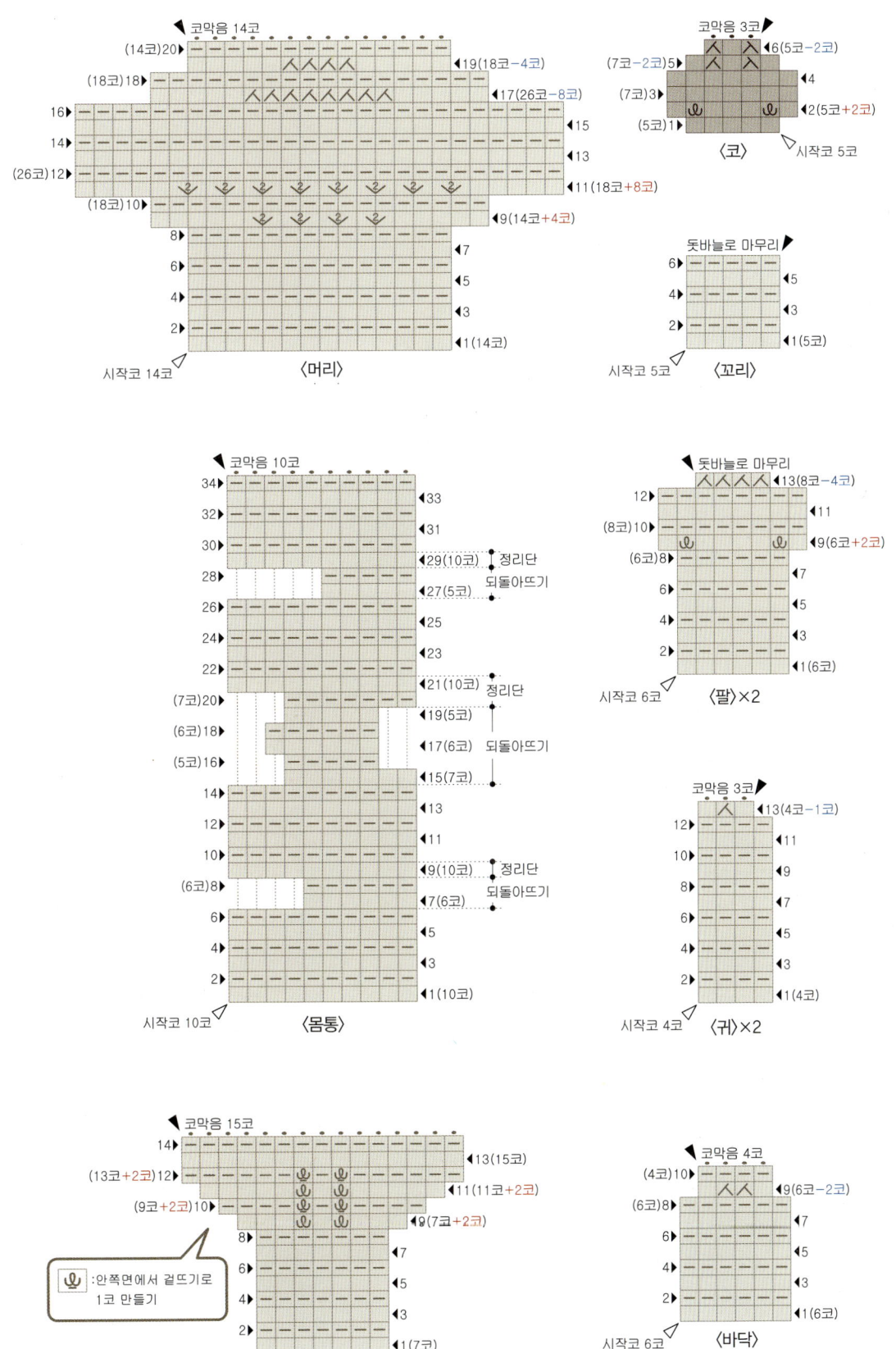

코막음 14코

(14코)20 ▶ ◀19(18코−4코)

(18코)18 ◀17(26코−8코)

16 ▶ ◀15

14 ▶ ◀13

(26코)12 ▶ ◀11(18코+8코)

(18코)10 ▶ ◀9(14코+4코)

8 ▶ ◀7

6 ▶ ◀5

4 ▶ ◀3

2 ▶ ◀1(14코)

시작코 14코

〈머리〉

코막음 3코

(7코−2코)5 ◀6(5코−2코)

(7코)3 ◀4

(5코)1 ◀2(5코+2코)

시작코 5코

〈코〉

돗바늘로 마무리

6 ▶ ◀5

4 ▶ ◀3

2 ▶ ◀1(5코)

시작코 5코

〈꼬리〉

코막음 10코

34 ▶ ◀33

32 ▶ ◀31

30 ▶ ◀29(10코) 정리단

28 ▶ ◀27(5코) 되돌아뜨기

26 ▶ ◀25

24 ▶ ◀23

22 ▶ ◀21(10코) 정리단

(7코)20 ▶ ◀19(5코)

(6코)18 ◀17(6코) 되돌아뜨기

(5코)16 ◀15(7코)

14 ▶ ◀13

12 ▶ ◀11

10 ▶ ◀9(10코) 정리단

(6코)8 ▶ ◀7(6코) 되돌아뜨기

6 ▶ ◀5

4 ▶ ◀3

2 ▶ ◀1(10코)

시작코 10코

〈몸통〉

돗바늘로 마무리

◀13(8코−4코)

12 ▶ ◀11

(8코)10 ▶ ◀9(6코+2코)

(6코)8 ▶ ◀7

6 ▶ ◀5

4 ▶ ◀3

2 ▶ ◀1(6코)

시작코 6코

〈팔〉×2

코막음 3코

◀13(4코−1코)

12 ▶ ◀11

10 ▶ ◀9

8 ▶ ◀7

6 ▶ ◀5

4 ▶ ◀3

2 ▶ ◀1(4코)

시작코 4코

〈귀〉×2

코막음 15코

14 ▶ ◀13(15코)

(13코+2코)12 ◀11(11코+2코)

(9코+2코)10 ▶ ◀9(7코+2코)

8 ▶ ◀7

6 ▶ ◀5

4 ▶ ◀3

2 ▶ ◀1(7코)

ლ :안쪽면에서 겉뜨기로 1코 만들기

시작코 7코

〈다리〉×2

코막음 4코

(4코)10 ▶ ◀9(6코−2코)

(6코)8 ▶ ◀7

6 ▶ ◀5

4 ▶ ◀3

2 ▶ ◀1(6코)

시작코 6코

〈바닥〉

17. 래브라도 Labrador

작은 래브라도를 누군가에게 선물하고 싶어질 거예요. 어디에서나 사랑받을 것 같은 귀여운 모습. 꼭 껴안고 싶게 토실토실한 이 녀석과 도저히 떨어질 수 없다면, 선물하지 않고 곁에 두어도 좋아요! 끈으로 만든 큰 리본 매듭이 인형을 더욱 멋지게 만들어 줍니다.

준비물
- 황갈색 실(10ply, Aran) 115m
- 검은색 실(4ply, fingering) 약간
- 인형눈: 8mm 검은색 기둥단추 2개
- 장난감용 구름솜
- 빨간색 리본테이프 60cm

바늘
- 대바늘 4mm(영국 8호, 미국 6호)
- 대바늘 2.75mm(영국 12호, 미국 2호)

게이지
- 대바늘 4mm와 10ply실(Aran)을 사용하여 메리야스 뜨기로 2.5cm=4~5코

완성 사이즈
- 코부터 꼬리까지 길이: 21cm
- 머리부터 발바닥까지 높이: 18cm

몸통

황갈색 실(10ply, Aran)과 대바늘 4mm를 사용하여 시작코 14코를 만든다.

- 1단: 안뜨기 1단
- 2단(겉면): 겉뜨기 1코, [1코 늘리기, 겉뜨기 1코, 1코 늘리기] 1코 남을 때까지 반복, 겉뜨기 1코(총 22코)
- 3단: 안뜨기 1단
- 4단: 겉뜨기 1코, [1코 늘리기, 겉뜨기 3코, 1코 늘리기] 1코 남을 때까지 반복, 겉뜨기 1코(총 30코)
- 5단: 안뜨기 1단
- 6단: 겉뜨기 1코, [1코 늘리기, 겉뜨기 5코, 1코 늘리기] 1코 남을 때까지 반복, 겉뜨기 1코(총 38코)
- 7단: 안뜨기 1단
- 8단: 겉뜨기 1코, [1코 늘리기, 겉뜨기 7코, 1코 늘리기] 1코 남을 때까지 반복, 싵뜨기 1코(총 46코)
- 9단: 안뜨기 1단
- 10~35단: 메리야스뜨기 26단
- 36단: 겉뜨기 1코, 오른코 모아뜨기, 겉뜨기 17코, 2코 모아뜨기, 겉뜨기 2코, 오른코 모아뜨기, 겉뜨기 17코, 2코 모아뜨기, 겉뜨기 1코(총 42코)

- 37단: 안뜨기 1단
- 38단: 겉뜨기 1코, 오른코 모아뜨기, 겉뜨기 15코, 2코 모아뜨기, 겉뜨기 2코, 오른코 모아뜨기, 겉뜨기 15코, 2코 모아뜨기, 겉뜨기 1코(총 38코)
- 39단: 안뜨기 1코, 안뜨기로 2코 모아뜨기, 안뜨기 13코, 안뜨기로 2코 모아 꼬아뜨기, 안뜨기 2코, 안뜨기로 2코 모아뜨기, 안뜨기 13코, 안뜨기로 2코 모아 꼬아뜨기, 안뜨기 1코(총 34코)
- 40단: 겉뜨기 1코, 오른코 모아뜨기, 겉뜨기 11코, 2코 모아뜨기, 겉뜨기 2코, 오른코 모아뜨기, 겉뜨기 11코, 2코 모아뜨기, 겉뜨기 1코(총 30코)
- 41단: 안뜨기 1코, 안뜨기로 2코 모아뜨기, 안뜨기 9코, 안뜨기로 2코 모아 꼬아뜨기, 안뜨기 2코, 안뜨기로 2코 모아뜨기, 안뜨기 9코, 안뜨기로 2코 모아 꼬아뜨기, 안뜨기 1코(총 26코)
- 42단: 겉뜨기 1코, 오른코 모아뜨기, 겉뜨기 7코, 2코 모아뜨기, 겉뜨기 2코, 오른코 모아뜨기, 겉뜨기 7코, 2코 모아뜨기, 겉뜨기 1코(총 22코)

〈대바늘로 떠서 잇기(p.21 참고)〉기법으로 대바늘 3개를 사용하여 코막음한다.

머리

황갈색 실(10ply, Aran)과 대바늘 4mm를 사용하여 시작코 14코를 만든다.

- 1단: 안뜨기 1단
- 2단(겉면): 겉뜨기 1코, 1코 만들기, 1코 남을 때까지 겉뜨기, 1코 만들기, 겉뜨기 1코(총 16코)
- 3단: 안뜨기 1코, 1코 만들기, 1코 남을 때까지 안뜨기, 1코 만들기, 안뜨기 1코(총 18코)
- 4~7단: [2~3단] 2회 반복(총 26코)
- 8단: 겉뜨기 1코, 1코 만들기, 1코 남을 때까지 겉뜨기, 1코 만들기, 겉뜨기 1코(총 28코)
- 9단: 안뜨기 1단
- 10단: 겉뜨기 13코, 1코 만들기, 겉뜨기 2코, 1코 만들기, 겉뜨기 13코(총 30코)
- 11단: 안뜨기 14코, 1코 만들기, 안뜨기 2코, 1코 만들기, 안뜨기 14코(총 32코)
- 12단: 겉뜨기 15코, 1코 만들기, 겉뜨기 2코, 1코 만들기, 겉뜨기 15코(총 34코)
- 13단: 안뜨기 16코, 1코 만들기, 안뜨기 2코, 1코 만들기, 안뜨기 16코(총 36코)

- **14단**: 겉뜨기 17코, 1코 만들기, 겉뜨기 2코, 1코 만들기, 겉뜨기 17코(총 38코)
- **15단**: 안뜨기 18코, 1코 만들기, 안뜨기 2코, 1코 만들기, 안뜨기 18코(총 40코)
- **16단**: 겉뜨기 19코, 1코 만들기, 겉뜨기 2코, 1코 만들기, 겉뜨기 19코(총 42코)
- **17~23단**: 메리야스뜨기 7단
- **24단**: 겉뜨기 1코, 오른코 모아뜨기, 겉뜨기 15코, 2코 모아뜨기, 겉뜨기 2코, 오른코 모아뜨기, 겉뜨기 15코, 2코 모아뜨기, 겉뜨기 1코(총 38코)
- **25단**: 안뜨기 1단
- **26단**: 겉뜨기 1코, 오른코 모아뜨기, 겉뜨기 13코, 2코 모아뜨기, 겉뜨기 2코, 오른코 모아뜨기, 겉뜨기 13코, 2코 모아뜨기, 겉뜨기 1코(총 34코)
- **27단**: 안뜨기 1코, 안뜨기로 2코 모아뜨기, 안뜨기 11코, 안뜨기로 2코 모아 꼬아뜨기, 안뜨기 2코, 안뜨기로 2코 모아뜨기, 안뜨기 11코, 안뜨기로 2코 모아 꼬아뜨기, 안뜨기 1코(총 30코)
- **28단**: 겉뜨기 1코, 오른코 모아뜨기, 겉뜨기 9코, 2코 모아뜨기, 겉뜨기 2코, 오른코 모아뜨기, 겉뜨기 9코, 2코 모아뜨기, 겉뜨기 1코(총 26코)
- **29단**: 안뜨기 1코, 안뜨기로 2코 모아뜨기, 안뜨기 7코, 안뜨기로 2코 모아 꼬아뜨기, 안뜨기 2코, 안뜨기로 2코 모아뜨기, 안뜨기 7코, 안뜨기로 2코 모아 꼬아뜨기, 안뜨기 1코(총 22코)
- **30단**: 겉뜨기 1코, 오른코 모아뜨기, 겉뜨기 5코, 2코 모아뜨기, 겉뜨기 2코, 오른코 모아뜨기, 겉뜨기 5코, 2코 모아뜨기, 겉뜨기 1코(총 18코)

〈대바늘로 떠서 잇기(p.21 참고)〉 기법으로 대바늘 3개를 사용하여 코막음한다.

왼쪽 다리(2개)

황갈색 실(10ply, Aran)과 대바늘 4mm를 사용하여 시작코 6코를 만든다.

- **1단**: 안뜨기 1단
- **2단(겉면)**: 2코 만들기, 끝까지 겉뜨기(총 8코)
- **3단**: 2코 만들기, 끝까지 안뜨기(총 10코)
- **4단**: 2코 만들기, 끝까지 겉뜨기(총 12코)
- **5단**: 2코 만들기, 끝까지 안뜨기(총 14코)
- **6~7단**: 메리야스뜨기 2단
- **8단**: 겉뜨기 1코, 1코 만들기, 1코 남을 때까지 겉뜨기, 1코 만들기, 겉뜨기 1코(총 16코)
- **9~13단**: 메리야스뜨기 5단
- **14단**: 겉뜨기 2코, [1코 늘리기] 5회 반복, 겉뜨기 9코(총 21코)
- **15~18단**: 메리야스뜨기 4단
- **19단**: 안뜨기 9코, [안뜨기로 2코 모아뜨기] 5회 반복, 안뜨기 2코(총 16코)
- **20단**: [2코 모아뜨기] 8회 반복(총 8코)
- **21단**: 안뜨기 1단

- **22단**: [2코 모아뜨기] 4회 반복(총 4코)

실을 자르고 돗바늘에 끼운 후, 남은 코 사이로 통과시키고 단단히 잡아당겨 마무리한다.

오른쪽 다리(2개)

황갈색 실(10ply, Aran)과 대바늘 4mm를 사용하여 시작코 6코를 만든다.

- **1단**: 안뜨기 1단
- **2단(겉면)**: 2코 만들기, 끝까지 겉뜨기(총 8코)
- **3단**: 2코 만들기, 끝까지 안뜨기(총 10코)
- **4단**: 2코 만들기, 끝까지 겉뜨기(총 12코)
- **5단**: 2코 만들기, 끝까지 안뜨기(총 14코)
- **6~7단**: 메리야스뜨기 2단
- **8단**: 겉뜨기 1코, 1코 만들기, 1코 남을 때까지 겉뜨기, 1코 만들기, 겉뜨기 1코(총 16코)
- **9~13단**: 메리야스뜨기 5단
- **14단**: 겉뜨기 9코, [1코 늘리기] 5회 반복, 겉뜨기 2코(총 21코)
- **15~18단**: 메리야스뜨기 5단
- **19단**: 안뜨기 2코, [안뜨기로 2코 모아뜨기] 5회 반복, 안뜨기 9코(총 16코)
- **20단**: [2코 모아뜨기] 8회 반복(총 8코)
- **21단**: 안뜨기 1단
- **22단**: [2코 모아뜨기] 4회 반복(총 4코)

실을 자르고 돗바늘에 끼운 후, 남은 코 사이로 통과시키고 단단히 잡아당겨 마무리한다.

코

검은색 실(4ply, fingering)과 대바늘 2.75mm를 사용하여 시작코 7코를 만든다.

- **1~5단**: 겉뜨기로 시작하여 메리야스뜨기 5단
- **6단**: 안뜨기로 2코 모아뜨기, 2코 남을 때까지 안뜨기, 안뜨기로 2코 모아뜨기(총 5코)
- **7단**: 2코 모아뜨기, 겉뜨기 1코, 2코 모아뜨기(총 3코)
- **8단**: 안뜨기로 오른코 3코 모아뜨기(총 1코)

입을 수놓을 만큼 충분히 실을 남기고 자른다. 남은 코 사이로 실을 뺀 후 잡아당겨 마무리한다.

귀(4개)

황갈색 실(10ply, Aran)과 대바늘 4mm를 사용하여 시작코 8코를 만든다.

- 1~6단: 겉뜨기로 시작하여 메리야스뜨기 6단
- 7단: 겉뜨기 1코, 1코 만들기, 1코 남을 때까지 겉뜨기, 1코 만들기, 겉뜨기 1코(총 10코)
- 8~12단: 메리야스뜨기 5단
- 13단: 겉뜨기 1코, 1코 만들기, 1코 남을 때까지 겉뜨기, 1코 만들기, 겉뜨기 1코(총 12코)
- 14~16단: 메리야스뜨기 3단
- 17단: 겉뜨기 1코, 오른코 모아뜨기, 3코 남을 때까지 겉뜨기, 2코 모아뜨기, 겉뜨기 1코(총 10코)
- 18단: 안뜨기 1코, 안뜨기로 2코 모아뜨기, 3코 남을 때까지 안뜨기, 안뜨기로 2코 모아 꼬아뜨기, 안뜨기 1코(총 8코)

모든 코를 코막음한다.

꼬리

황갈색 실(10ply, Aran)과 대바늘 4mm를 사용하여 시작코 12코를 만든다.

- 1~8단: 겉뜨기로 시작하여 메리야스뜨기 8단
- 9단: 겉뜨기 1코, 오른코 모아뜨기, 3코 남을 때까지 겉뜨기, 2코 모아뜨기, 겉뜨기 1코(총 10코)
- 10단: 안뜨기 1단
- 11~16단: [9~10단] 3회 반복(총 4코)

꼬리의 옆솔기를 꿰맬 만큼 실을 남긴 채 자르고 돗바늘에 끼운 후, 남은 코 사이로 통과시키고 단단히 잡아당겨 마무리한다.

연결하기

1. 몸통의 코막음한 단부터 시작하여 솔기를 꿰매고 솜을 채운다. 시작단의 코를 모아 단단히 고정한다.
2. 머리도 몸통과 같은 방법으로 꿰매고, 시작단의 코를 모아 코의 모양을 만든다. 〈코 모양 만들기(p.23)〉를 참고하여 머리를 완성한다.
3. 귀 2장을 안쪽면끼리 맞대고 가장자리를 꿰매어 귀 1개를 만든다. 두 번째 귀도 같은 방법으로 작업한다. 머리 위의 정중앙에서 양쪽으로 네 번째 코에 각 귀를 시침핀으로 고정한 후 꿰맨다.
4. 검은색 단추를 눈 위치에 달고, 눈 안쪽과 머리의 아랫단을 한 땀씩 꿰맨 후 실을 아래쪽으로 약간 잡아당겨 고정한다. 두 번째 눈도 같은 방법으로 작업한다. 이렇게 하면 눈이 훨씬 더 사실적으로 보인다.
5. 검은색 실(4ply, fingering)을 사용하여 얼굴 정면에 코를 꿰매고, 남은 실을 사용하여 코끝에 스트레이트 스티치로 입을 수놓는다.
6. 작품 사진을 참고하여 몸통의 코막음한 단에 머리를 놓고 꿰맨다.
7. 발바닥의 코를 모으고 발바닥과 다리의 옆선을 꿰맨다. 솜을 채우고 나머지 다리 3개도 같은 방법으로 반복한다. 작품 사진을 참고하여 다리를 몸통에 고정한다. 다리 모양은 몸통의 굴곡에 맞도록 모양이 잡혀 있으므로 이에 유의하여 정확한 위치에 고정한다.
8. 꼬리의 옆솔기를 꿰매고 솜을 채운다. 꼬리의 솔기가 위로 가도록 몸통에 시침핀으로 고정한 후 꿰맨다.
9. 강아지 목에 리본테이프를 사용하여 리본 매듭을 묶는다.

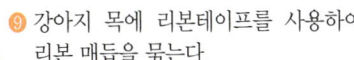

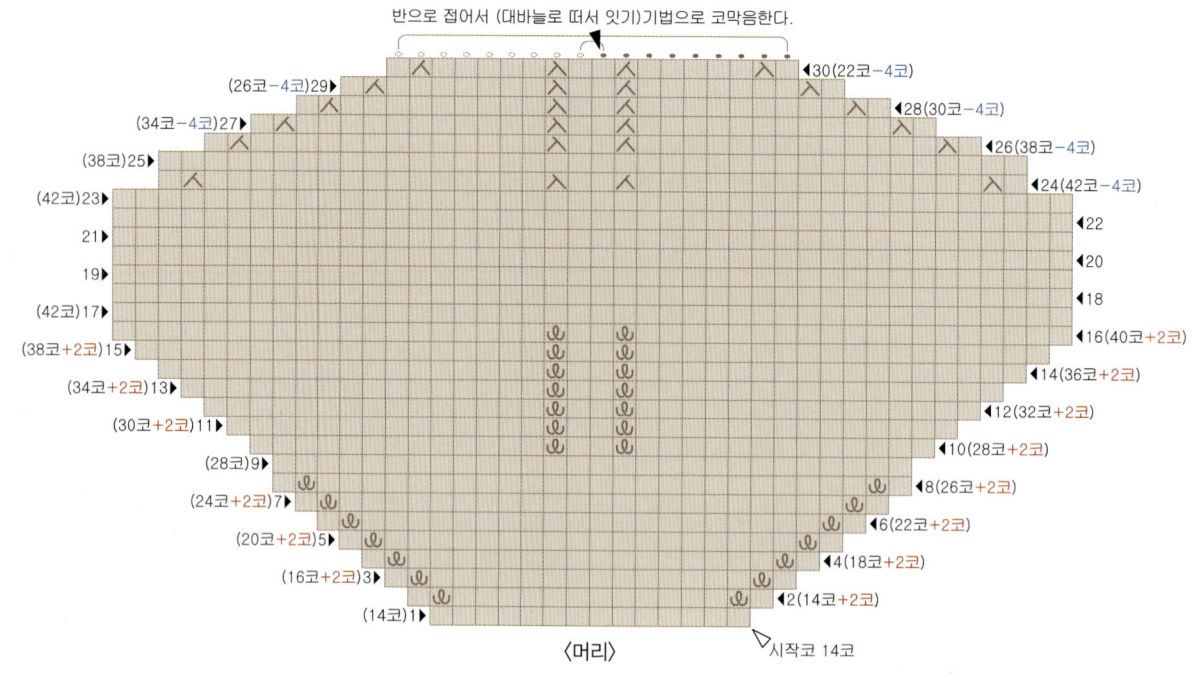

반으로 접어서 (대바늘로 떠서 잇기)기법으로 코막음한다.

(26코−4코)29▶
(34코−4코)27▶
(38코)25▶
(42코)23▶
21▶
19▶
(42코)17▶
(38코+2코)15▶
(34코+2코)13▶
(30코+2코)11▶
(28코)9▶
(24코+2코)7▶
(20코+2코)5▶
(16코+2코)3▶
(14코)1▶

◀30(22코−4코)
◀28(30코−4코)
◀26(38코−4코)
◀24(42코−4코)
◀22
◀20
◀18
◀16(40코+2코)
◀14(36코+2코)
◀12(32코+2코)
◀10(28코+2코)
◀8(26코+2코)
◀6(22코+2코)
◀4(18코+2코)
◀2(14코+2코)

〈머리〉
시작코 14코

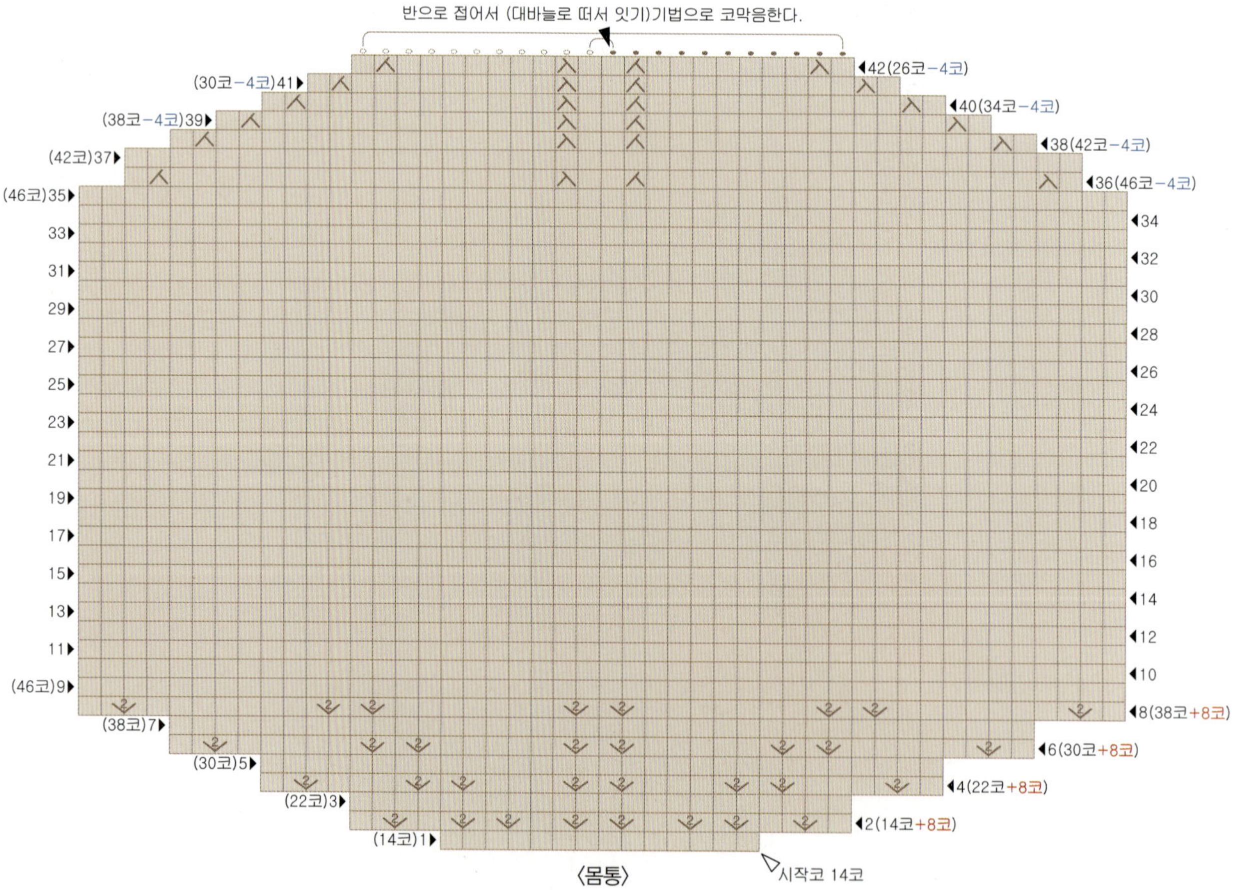

반으로 접어서 (대바늘로 떠서 잇기)기법으로 코막음한다.

(30코−4코)41▶
(38코−4코)39▶
(42코)37▶
(46코)35▶
33▶
31▶
29▶
27▶
25▶
23▶
21▶
19▶
17▶
15▶
13▶
11▶
(46코)9▶
(38코)7▶
(30코)5▶
(22코)3▶
(14코)1▶

◀42(26코−4코)
◀40(34코−4코)
◀38(42코−4코)
◀36(46코−4코)
◀34
◀32
◀30
◀28
◀26
◀24
◀22
◀20
◀18
◀16
◀14
◀12
◀10
◀8(38코+8코)
◀6(30코+8코)
◀4(22코+8코)
◀2(14코+8코)

〈몸통〉
시작코 14코

160

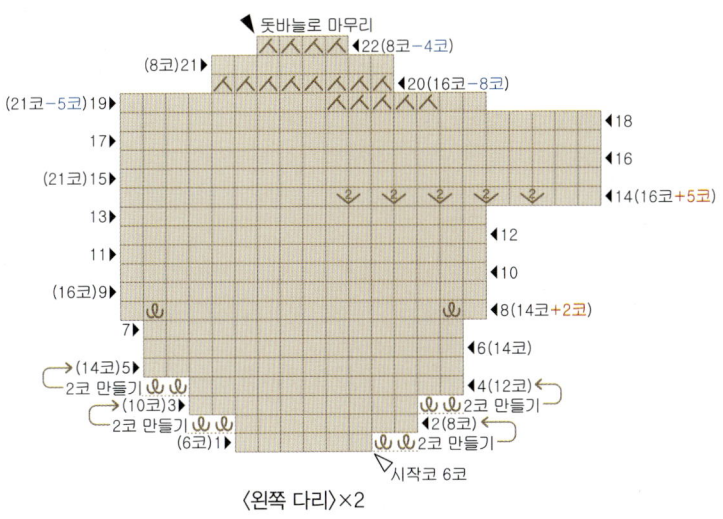

〈왼쪽 다리〉×2

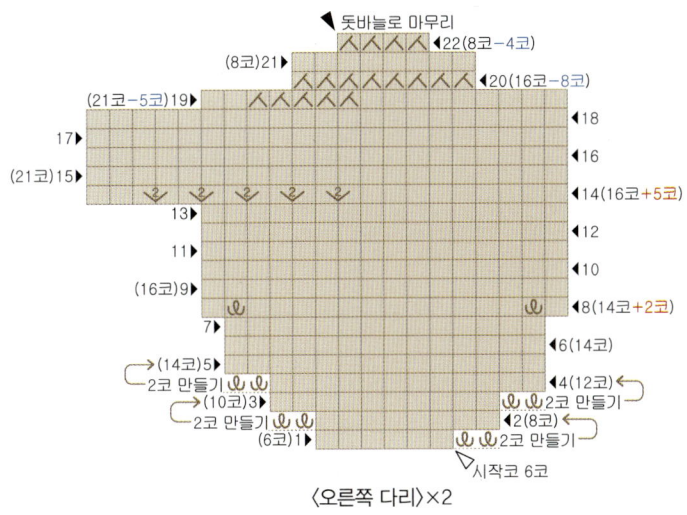

〈오른쪽 다리〉×2

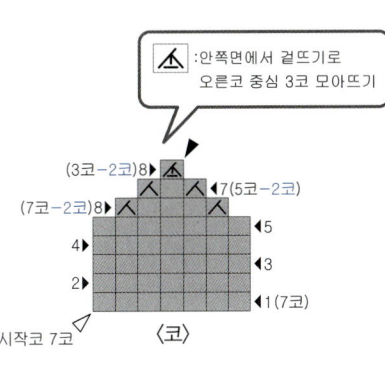

〈코〉

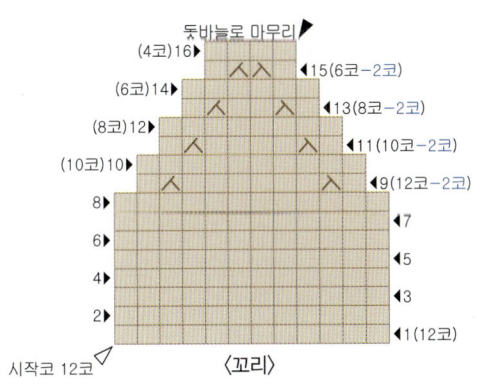

〈꼬리〉

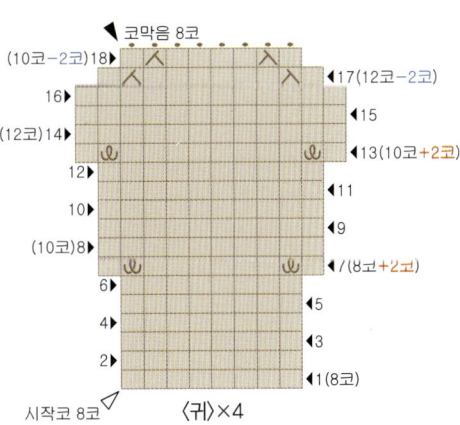

〈귀〉×4

18. 보니 프린스 찰리 Bonnie Prince Charlie

찰스 왕세자에게 매우 사랑을 받아 주인과 같은 이름을 붙인 강아지. 킹 찰스 스패니얼에서 영감을 받아서 찰리라고 지었습니다. 우리 찰리도 그 강아지만큼 사랑받기를 바랍니다. '대바늘 루프 뜨기'를 사용해서 멋진 털 모양을 만듭니다. 절대 찰리에게서 소시지를 빼앗지 마세요!

준비물
- 크림색 실(5ply, sportweight) 35m
- 갈색 실(5ply, sportweight) 56m
- 검은색과 파란색, 금색 실(4ply, fingering) 약간
- 장난감용 구름솜
- 와이어
- 인형눈: 6mm 검은색 단추눈 2개
- 검은색 면사와 봉제용 바늘
- 마커링
- 안전핀 또는 여분의 바늘

바늘
- 대바늘 2.75mm(영국 12호, 미국 2호)
- 대바늘 3.25mm(영국 10호, 미국 3호)

게이지
- 대바늘 3.25mm을 사용하여 메리야스뜨기로 2.5cm =5~6코

완성 사이즈
- 꼬리를 제외한 높이: 11cm, 길이: 13cm

몸통과 앞다리

오른쪽 앞다리 아래 가장자리부터 시작한다.
크림색 실(5ply, sportweight)과 대바늘 3.25mm를 사용하여 시작코 10코를 만든다.

- 1단: 겉뜨기 1단
- 2단: 안뜨기 8코, (편물을 뒤집는다)
- 3단: 겉뜨기 3코, (편물을 뒤집는다)
- 4단: 안뜨기 3코, (편물을 뒤집는다)
- 5단: 겉뜨기 3코, (편물을 뒤집는다)
- 6단: 안뜨기 5코(단의 끝이 된다)
- 7단: 겉뜨기 2코, [3단 아래 코를 끌어올려 겉뜨기로 2코 모아뜨기] 3회 반복, 겉뜨기 5코
- 8~12단: 메리야스뜨기 5단
- 13단: 겉뜨기 6코, 1코 만들기, 겉뜨기 3코, 1코 만들기, 겉뜨기 1코(총 12코)
- 14~15단: 메리야스뜨기 2단
- 16단:(안뜨기로) 1코 코막음, 단의 끝까지 안뜨기(총 11코)

- 17단: 5코 코막음, 겉뜨기 1코, 갈색 실(5ply, sportweight)로 바꾼다, 겉뜨기 4코(총 6코)
- 18단: 갈색 실로 12코 만들기, 안뜨기 16코, 크림색 실로 안뜨기 2코(총 18코)
- 19단: 크림색 실로 겉뜨기 1코, 1코 만들기, 갈색 실로 바꾸기, 겉뜨기 16코, 1코 만들기, 겉뜨기 1코(총 20코)

지금부터 갈색 실(5ply, sportweight)로만 뜬다.

- 20단: 안뜨기 1단
- 21단: 1코 남을 때까지 겉뜨기, 1코 만들기, 겉뜨기 1코(총 21코)
- 22단: 안뜨기 1단
- 23~42단: 메리야스뜨기 20단(32번째 단의 첫코(그림 도안의 ★)와 마지막 코(그림 도안의 ☆)에 마커링을 끼운다)
- 43단: 3코 남을 때까지 겉뜨기, 2코 모아뜨기, 겉뜨기 1코(총 20코)
- 44단: 갈색 실로 안뜨기 18코, 크림색 실을 연결한다, 안뜨기 2코
- 45단: 크림색 실로 겉뜨기 3코, 갈색 실로 바꾼다, 3코 남을 때까지 겉뜨기, 2코 모아뜨기, 겉뜨기 1코(총 19코)
- 46단: 13코 코막음, 안뜨기 2코, 크림색 실로 바꾼다, 안뜨기 3코(총 6코)
- 47단: 5코 만들기, 겉뜨기 8코, 갈색 실로 바꾼다, 겉뜨기 3코(총 11코)

지금부터 크림색 실로만 뜬다.

- 48단: 1코 만들기, 단의 끝까지 안뜨기(총 12코)
- 49~50단: 메리야스뜨기 2단
- 51단: 겉뜨기 5코, 2코 모아뜨기, 겉뜨기 2코, 오른코 모아뜨기, 겉뜨기 1코(총 10코)
- 52~57단: 메리야스뜨기 6단
- 58단: 안뜨기 8코, (편물을 뒤집는다)
- 59단: 겉뜨기 3코, (편물을 뒤집는다)
- 60단: 안뜨기 3코, (편물을 뒤집는다)
- 61단: 겉뜨기 3코, (편물을 뒤집는다)
- 62단: 안뜨기 5코(단의 끝이 된다)
- 63단: 겉뜨기 2코, [3단 아래 코를 끌어올려 겉뜨기로 2코 모아뜨기] 3회 반복, 겉뜨기 5코

남아 있는 10코를 모두 코막음한다.

배

<루프 뜨기>

① 왼쪽 바늘에 걸린 코를 겉뜨기로 뜨는데, 이때 왼쪽 바늘에서 코를 빼지 않고 그대로 둔다.

② 뒤쪽에 있는 실을 앞으로 옮긴다.

③ 왼쪽 엄지손가락을 실 위에 놓고 엄지손가락을 실로 한 바퀴 감아 루프(고리)를 만든 후, 실을 다시 뒤로 보낸다.

④ 엄지손가락에 실을 감은 채로 왼쪽 바늘에서 빼지 않았던 같은 코를 겉뜨기로 뜬다.

⑤ 손가락을 빼면 오른쪽 바늘에 1코에서 [겉뜨기, 루프, 겉뜨기] 가 생긴다. 왼쪽 바늘로 2코를 옮긴 후 한꺼번에 겉뜨기하면 1코가 되고 루프가 고정된다.

배는 <루프 뜨기>로 뜬다. 모든 겉면은 루프를 만들고 안쪽면은 안뜨기로 뜬다.

크림색 실(5ply, sportweight)과 대바늘 3.25mm를 사용하여 시작코 3코를 만든다.

- 1(겉면)~4단: 루프 뜨기로 메리야스뜨기 4단
- 5단: 루프 뜨기 1코, 1코 만들기, 1코 남을 때까지 루프 뜨기, 1코 만들기, 루프 뜨기 1코(총 5코)
- 6~8단: 루프 뜨기로 메리야스뜨기 3단
- 9~12단: 5~8단을 반복(총 7코)
- 13~24단: 루프 뜨기로 메리야스뜨기 12단
- 25단: 2코 모아뜨기, 루프 뜨기 3코, 2코 모아뜨기(총 5코)
- 26~28단: 루프 뜨기로 메리야스뜨기 3단
- 29단: 2코 모아뜨기, 루프 뜨기 1코, 2코 모아뜨기(총 3코)
- 30~39단: 루프 뜨기로 메리야스뜨기 10단

남아 있는 3코를 코막음한다.

머리

머리는 강아지의 턱부터 시작한다. 오른쪽 조각과 왼쪽 조각을 뜬 후, 2조각을 연결하여 나머지 머리를 뜬다.

① 오른쪽 조각

크림색 실(5ply, sportweight)과 대바늘 3.25mm를 사용하여 시작코 5코를 만든다.

- 1단: 겉뜨기 1단

지금부터 **굵은 글씨**는 갈색 5ply(sportweight)로 나머지는 크림색 실로 배색하여 뜬다.

- 2단: 4코 만들기, **안뜨기 5코**, 안뜨기 3코, 1코 만들기, 안뜨기 1코(총 10코)
- 3단: 겉뜨기 1코, 1코 만들기, 겉뜨기 3코, **겉뜨기 4코, 1코 만들기, 겉뜨기 2코**(총 12코)
- 4단: **안뜨기 8코**, 안뜨기 3코, 1코 만들기, 안뜨기 1코(총 13코)

실을 자르고 코들을 안전핀/여분의 바늘에 걸어 둔다(그림 도안의 ⓐ).

② 왼쪽 조각

크림색 실(5ply, sportweight)과 대바늘 3.25mm를 사용하여 시작코 5코를 만든다.

- 1단: 안뜨기 1단

지금부터 **굵은 글씨**는 갈색 5ply(sportweight)로 나머지는 크림색 실로 배색하여 뜬다.

- 2단(겉면): **4코 만들기, 겉뜨기 5코**, 겉뜨기 3코, 1코 만들기, 겉뜨기 1코(총 10코)
- 3단: 안뜨기 1코, 1코 만들기, 안뜨기 3코, **안뜨기 4코, 1코 만들기, 안뜨기 2코**(총 12코)
- 4단: **겉뜨기 8코**, 겉뜨기 3코, 1코 만들기, 겉뜨기 1코(총 13코)

실을 모두 자르고(그림 도안의 ⓑ) 지금부터 갈색 실(5ply, sportweight)로만 뜬다.

겉면에서 봤을 때 크림색으로 뜬 부분이 가운데 오도록 2조각(그림 도안의 ⓐ, ⓑ)을 한 개의 바늘에 옮긴다.

겉면에서 갈색 실(5ply, sportweight)을 사용하여 다음과 같이 뜬다.

- 5~6단: 겉뜨기로 시작하여 메리야스뜨기 2단(총 26코)
- 7단: 겉뜨기 10코, 오른코 모아뜨기, 겉뜨기 2코, 2코 모아뜨기, 겉뜨기 10코(총 24코)
- 8단: 안뜨기 9코, 안뜨기로 2코 모아뜨기, 안뜨기 2코, 안뜨기로 2코 모아 꼬아뜨기, 안뜨기 9코(총 22코)
- 9단: 겉뜨기 8코, 오른코 모아뜨기, 겉뜨기 2코, 2코 모아뜨기, 겉뜨기 8코(총 20코)
- 10단: 안뜨기 7코, 2코 모아뜨기, 안뜨기 2코, 안뜨기로 2코 모아 꼬아뜨기, 안뜨기 7코(총 18코)
- 11~12단: 메리야스뜨기 2단
- 13단: 겉뜨기 1코, 오른코 모아뜨기, 3코 남을 때까지 겉뜨기, 2코 모아뜨기, 겉뜨기 1코(총 16코)
- 14단: 안뜨기 1코, 안뜨기로 2코 모아뜨기, 3코 남을 때까지 안뜨기, 안뜨기로 2코 모아 꼬아뜨기, 안뜨기 1코(총 14코)
- 15단: 4코 코막음, 단의 끝까지 겉뜨기(총 10코)
- 16단: 4코 코막음, 단의 끝까지 안뜨기(총 6코)
- 17~24단: 메리야스뜨기 8단
- 25단: 겉뜨기 1코, 오른코 모아뜨기, 2코 모아뜨기, 겉뜨기 1코(총 4코)
- 26~28단: 메리야스뜨기 3단
- 29단: 오른코 모아뜨기, 2코 모아뜨기(총 2코)
- 30단: 안뜨기로 2코 모아뜨기(총 1코)

실을 자르고 남은 코 사이로 실을 뺀 후 잡아당겨 마무리한다.

왼쪽 뒷다리

크림색 실(5ply, sportweight)과 대바늘 3.25mm를 사용하여 시작코 10코를 만든다.

- 1단: 겉뜨기 1단
- 2단: 안뜨기 5코, (편물을 뒤집는다)
- 3단: 겉뜨기 3코, (편물을 뒤집는다)
- 4단: 안뜨기 3코, (편물을 뒤집는다)
- 5단: 겉뜨기 3코, (편물을 뒤집는다)
- 6단: 안뜨기 8코(단의 끝이 된다)
- 7단: 겉뜨기 5코, [3단 아래 코를 끌어올려 겉뜨기로 2코 모아뜨기] 3회 반복, 겉뜨기 2코
- 8단: 안뜨기 1단
- 9단: 겉뜨기 6코, 갈색 실(5ply, sportweight)을 연결한다, 갈색 실로 겉뜨기 4코
- 10단: 갈색 실로 안뜨기 6코, 크림색 실로 안뜨기 4코
- 11단: 크림색 실로 겉뜨기 3코, 갈색 실로 겉뜨기 7코

지금부터 갈색 실로만 뜬다.

- 12단: 안뜨기 1단
- 13단: 겉뜨기 4코, (되돌아뜨기하고 편물을 뒤집는다)
- 14단: 안뜨기 3코, (되돌아뜨기하고 편물을 뒤집는다)
- 15단: 겉뜨기 3코, (되돌아뜨기하고 편물을 뒤집는다)
- 16단: 안뜨기 4코(단의 끝이 된다)
- 17단: [겉뜨기 1코, 1코 만들기] 2회 반복, 겉뜨기 3코, 1코 만들기, 겉뜨기 1코, 1코 만들기, 겉뜨기 4코(총 14코)
- 18단: 안뜨기 1단

- 19단: 겉뜨기 2코, 1코 만들기, 겉뜨기 1코, 1코 만들기, 겉뜨기 5코, 1코 만들기, 겉뜨기 1코, 1코 만들기, 겉뜨기 5코 (총 18코)
- 20단: 안뜨기 1단
- 21단: 3코 코막음, 1코 만들기, 1코 남을 때까지 겉뜨기, 1코 만들기, 겉뜨기 1코(총 17코)
- 22단: 6코 코막음, 1코 만들기, 1코 남을 때까지 안뜨기, 1코 만들기, 안뜨기 1코(총 13코)
- 23~26단: 메리야스뜨기 4단
- 27단: 겉뜨기 1코, 오른코 모아뜨기, 3코 남을 때까지 겉뜨기, 2코 모아뜨기, 겉뜨기 1코(총 11코)
- 28단: 안뜨기 1코, 2코 모아뜨기, 3코 남을 때까지 안뜨기, 안뜨기로 2코 모아 꼬아뜨기, 안뜨기 1코(총 9코)
- 29~30단: 27~28단을 반복(총 5코)

남아 있는 모든 코를 코막음한다.

오른쪽 뒷다리

크림색 실(5ply, sportweight)과 대바늘 3.25mm를 사용하여 시작코 10코를 만든다.

- 1단: 겉뜨기 1단
- 2단: 안뜨기 8코, (편물을 뒤집는다)
- 3단: 겉뜨기 3코, (편물을 뒤집는다)
- 4단: 안뜨기 3코, (편물을 뒤집는다)
- 5단: 겉뜨기 3코, (편물을 뒤집는다)
- 6단: 안뜨기 5코(단의 끝이 된다)
- 7단: 겉뜨기 2코, [3단 아래 코를 끌어올려 겉뜨기로 2코 모아뜨기] 3회 반복, 겉뜨기 5코
- 8단: 안뜨기 1단
- 9단: 갈색 실(5ply, sportweight)을 연결하고 겉뜨기 4코, 크림색 실로 겉뜨기 6코
- 10단: 크림색 실로 안뜨기 5코, 갈색 실로 안뜨기 5코
- 11단: 갈색 실로 겉뜨기 7코, 크림색 실로 겉뜨기 3코

지금부터 갈색 실로만 뜬다.

- 12단: 안뜨기 1단

- 13단: 겉뜨기 9코, (되돌아뜨기하고 편물을 뒤집는다)
- 14단: 안뜨기 3코, (되돌아뜨기하고 편물을 뒤집는다)
- 15단: 겉뜨기 3코, (되돌아뜨기하고 편물을 뒤집는다)
- 16단: 안뜨기 9코(단의 끝이 된다)
- 17단: 겉뜨기 4코, 1코 만들기, 겉뜨기 1코, 1코 만들기, 겉뜨기 3코 [1코 만들기, 겉뜨기 1코] 2회 반복(총 14코)
- 18단: 안뜨기 1단
- 19단: 겉뜨기 5코, 1코 만들기, 겉뜨기 1코, 1코 만들기, 겉뜨기 5코, 1코 만들기, 겉뜨기 1코, 1코 만들기, 겉뜨기 2코(총 18코)
- 20단: 안뜨기 1단
- 21단: 6코 코막음, 1코 만들기, 1코 남을 때까지 겉뜨기, 1코 만들기, 겉뜨기 1코(총 14코)
- 22단: 3코 코막음, 1코 만들기, 1코 남을 때까지 안뜨기, 1코 만들기, 안뜨기 1코(총 13코)
- 23~26단: 메리야스뜨기 4단
- 27단: 겉뜨기 1코, 오른코 모아뜨기, 3코 남을 때까지 겉뜨기, 2코 모아뜨기, 겉뜨기 1코(총 11코)
- 28단: 안뜨기 1코, 2코 모아뜨기, 3코 남을 때까지 안뜨기, 안뜨기로 2코 모아 꼬아뜨기, 안뜨기 1코(총 9코)
- 29~30단: 27~28단을 반복(총 5코)

남아 있는 5코를 코막음한다.

꼬리

모든 겉면은 루프 뜨기로 뜨고 안쪽면은 안뜨기로 뜬다.
갈색 실(5ply, sportweight)과 대바늘 3.25mm를 사용하여 시작코 7코를 만든다.
겉면으로 시작하여 길이가 4.5cm 될 때까지 뜬다. 마지막 단은 안뜨기면으로 끝낸다.

- 다음 단(겉면): 루프 뜨기 2코, 2코 모아뜨기, 루프 뜨기 3코(총 6코)

루프 뜨기로 메리야스뜨기 3단
크림색 실(5ply, sportweight)로 바꾸고 메리야스뜨기 3단
실을 자르고 돗바늘에 끼운 후, 남은 코 사이로 통과시키고 단단히 잡아당겨 마무리한다.

귀(2개)

갈색 실(5ply, sportweight)과 대바늘 3.25mm를 사용하여 시작코 5코를 만든다.

- 1~6단: 겉뜨기로 시작하여 메리야스뜨기 6단
- 7단: 겉뜨기 1코, 1코 만들기, 1코 남을 때까지 겉뜨기, 1코 만들기, 겉뜨기 1코(총 7코)
- 8~10단: 메리야스뜨기 3단
- 11~14단: 7~10단을 반복(총 9코)
- 15단: 겉뜨기 1코, 오른코 모아뜨기, 겉뜨기 3코, 2코 모아뜨기, 겉뜨기 1코(총 7코)
- 16단: 안뜨기 1코, 안뜨기로 2코 모아뜨기, 안뜨기 1코, 안뜨기로 2코 모아 꼬아뜨기, 안뜨기 1코(총 5코)
- 17단: 안뜨기 1단(이 단이 접는 선이 된다)
- 18단: 안뜨기 1코, 1코 만들기, 1코 남을 때까지 안뜨기, 1코 만들기, 안뜨기 1코(총 7코)
- 19단: 겉뜨기 1코, 1코 만들기, 1코 남을 때까지 겉뜨기, 1코 만들기, 겉뜨기 1코(총 9코)
- 20~22단: 메리야스뜨기 3단
- 23단: 겉뜨기 1코, 오른코 모아뜨기, 겉뜨기 3코, 2코 모아뜨기, 겉뜨기 1코(총 7코)
- 24~26단: 메리야스뜨기 3단
- 27단: 겉뜨기 1코, 오른코 모아뜨기, 겉뜨기 1코, 2코 모아뜨기, 겉뜨기 1코(총 5코)
- 28~33단: 메리야스뜨기 6단

모든 코를 코막음한다.

얼굴의 앞조각

크림색 실(5ply, sportweight)과 대바늘 3.25mm를 사용하여 시작코 10코를 만든다.

- 1단: 안뜨기 1단
- 2단(겉면): 겉뜨기 1코, 1코 만들기, 1코 남을 때까지 겉뜨기, 1코 만들기, 겉뜨기 1코(총 12코)
- 3단: 안뜨기 1코, 1코 만들기, 1코 남을 때까지 안뜨기, 1코 만들기, 안뜨기 1코(총 14코)
- 4단: 겉뜨기 1단
- 5단: 안뜨기 1코, 안뜨기로 2코 모아뜨기, 3코 남을 때까지 안뜨기, 안뜨기로 2코 모아 꼬아뜨기, 안뜨기 1코(총 12코)
- 6단: 겉뜨기 1코, 오른코 모아뜨기, 3코 남을 때까지 겉뜨기, 2코 모아뜨기, 겉뜨기 1코(총 10코)
- 7단: 안뜨기로 2코 모아뜨기, 2코 코막음, 단의 끝까지 안뜨기(총 7코)
- 8단: 2코 모아뜨기, 2코 코막음, 단의 끝까지 겉뜨기(총 4코)
- 9단: [안뜨기로 2코 모아뜨기] 2회 반복(총 2코)
- 10~11단: 메리야스뜨기 2단
- 12단: 겉뜨기 1코, 1코 만들기, 겉뜨기 1코(총 3코)
- 13단: 안뜨기 1단
- 14단: [겉뜨기 1코, 1코 만들기] 2회 반복, 겉뜨기 1코(총 5코)
- 15~20단: 메리야스뜨기 6단
- 21단: 안뜨기로 2코 모아뜨기, 안뜨기 1코, 안뜨기로 2코 모아 꼬아뜨기(총 3코)
- 22단: 오른코 중심 3코 모아뜨기(총 1코)

실을 자르고 남은 코 사이로 실을 뺀 후 잡아당겨 마무리한다.

눈썹(2개)

갈색 실(5ply, sportweight)과 대바늘 3.25mm를 사용하여 시작코 4코를 만든다.

- 1단: 겉뜨기 1단
- 2단: 안뜨기 3코, (편물을 뒤집는다)
- 3단: 겉뜨기 2코, (편물을 뒤집는다)
- 4단: 안뜨기 3코(단의 끝이 된다)

모든 코를 코막음한다.

코

검은색 실(4ply, fingering)과 대바늘 2.75mm를 사용하여 시작코 1코를 만든다.

- 1단: 2코 늘리기(총 3코)
- 2단(겉면): [겉뜨기 1코, 1코 만들기] 2회 반복, 겉뜨기 1코(총 5코)
- 3~6단: 메리야스뜨기 4단
- 7단: 안뜨기로 2코 모아뜨기, 안뜨기 1코, 안뜨기로 2코 모아뜨기(총 3코)
- 8단: 오른코 중심 3코 모아뜨기(총 1코)

실을 자르고 남은 코 사이로 실을 뺀 후 잡아당겨 마무리한다.

목걸이

파란색 실(4ply, fingering)과 대바늘 2.75mm를 사용하여 시작코 4코를 만든다.
목걸이가 강아지의 목에 둘러질 때까지 뜬 후 모든 코를 코막음한다.
참고: 장갑용 대바늘을 사용하여 아이코드로 뜰 수도 있다.

강아지 태그

금색 실(4ply, fingering)과 대바늘 2.75mm를 사용하여 시작코 4코를 만든다.

- 1단: 겉뜨기 1단
- 2단: 겉뜨기 1코, 1코 만들기, 겉뜨기 2코, 1코 만들기, 겉뜨기 1코(총 6코)
- 3~4단: 겉뜨기 2단
- 5단: 겉뜨기 1코, 오른코 모아뜨기, 2코 모아뜨기, 겉뜨기 1코(총 4코)
- 6단: 겉뜨기 1단

모든 코를 코막음한다.

연결하기

❶ 머리의 뒷솔기를 꿰매고 머리의 턱과 아랫부분을 이어 꿰 맨다. 턱은 머리에서 크림색으로 되어 있는 부분이다. 솜을 약간 넣어서 머리 모양을 만든다. 'T'자 모양으로 된 얼굴 앞조각에서 시작단의 대략 3단을 안으로 접어 넣고 머리에 꿰맨다. 이때 얼굴 앞조각의 시작단이 머리의 크림색 부분 에 겹치고 통이 좁은 부분이 머리 위로 간다. p.150의 사진 에서 잘 보인다.

❷ 코의 가장자리를 홈질하여 살짝 모으고 안에 솜을 약간 넣 은 후, 머리의 주된 조각이 있는 얼굴 정면에 꿰맨다.

❸ 사진처럼 검은색 면사를 사용하여 검은색 단추를 꿰매서 눈 을 만든다. 눈의 안쪽과 머리 아랫단을 한 땀씩 꿰맨 후 실 을 아래쪽으로 약간 잡아당겨 고정한다. 이렇게 하면 눈이 훨씬 더 사실적으로 보인다.

❹ 눈썹의 시작단을 코막음한 단에 꿰맨다. 두 번째 눈썹도 같 은 방법으로 반복한 후 눈썹을 눈 바로 위에 꿰맨다.

❺ 귀의 옆솔기와 윗솔기를 꿰맨 후 머리 윗부분, 크림색으로 된 부분의 양쪽으로 꿰맨다.

❻ 한쪽 앞다리부터 연결하기 시작한다. 앞다리 끝에 남아 있 는 실에 돗바늘을 끼우고, 코들을 모아 발바닥 모양을 만든 다. 옆솔기를 꿰매고 안에 솜을 넣은 후 솜 안에 와이어를 넣는다. 두 번째 다리도 같은 방법으로 작업한다.

❼ 배의 코막음한 단의 가운데 코를 몸통의 등에 있는 마커링 (그림 도안의 ★)에 맞추고, 배의 시작단의 가운데 코는 몸 통 앞에 있는 마커링(그림 도안의 ☆)에 맞추어 시침핀을 꽂 는다. 배를 몸통에 꿰매면서 몸통에 솜을 단단히 채운다. 각 앞다리 위쪽에 있는 코막음한 단을 배에 꿰맨다.

❽ 몸통 아랫부분에 와이어를 넣고, 양쪽 앞다리로 와이어의 양쪽 끝을 밀어 넣는다. 발끝에 있는 코들을 홈질하여 동 글게 모으고 다리의 옆선을 꿰맨다. 솜을 넣고 다리 윗부 분을 배에 꿰맨다. 두 번째 앞다리와 발도 같은 방법으로 작업한다.

❾ 뒷다리의 발과 다리의 솔기를 앞다리와 같은 방법으로 꿰맨 다. 각 다리 안에 와이어를 넣고 솜을 채운 후, 작품 사진을 참고하여 다리 윗부분을 몸통에 꿰매고 와이어의 끝부분은 몸통으로 밀어 넣어 뾰족한 끝이 튀어나오지 않도록 한다.

❿ 꼬리의 솔기를 꿰매고 안에 와이어를 넣은 후 사진에 보이 는 것처럼 몸통 엉덩이에 꿰맨다.

⓫ 목걸이를 강아지 목에 두른 후, 시작단과 마지막단을 서로 꿰맨다. 강아지 태그를 목걸이 앞쪽에 꿰맨다.

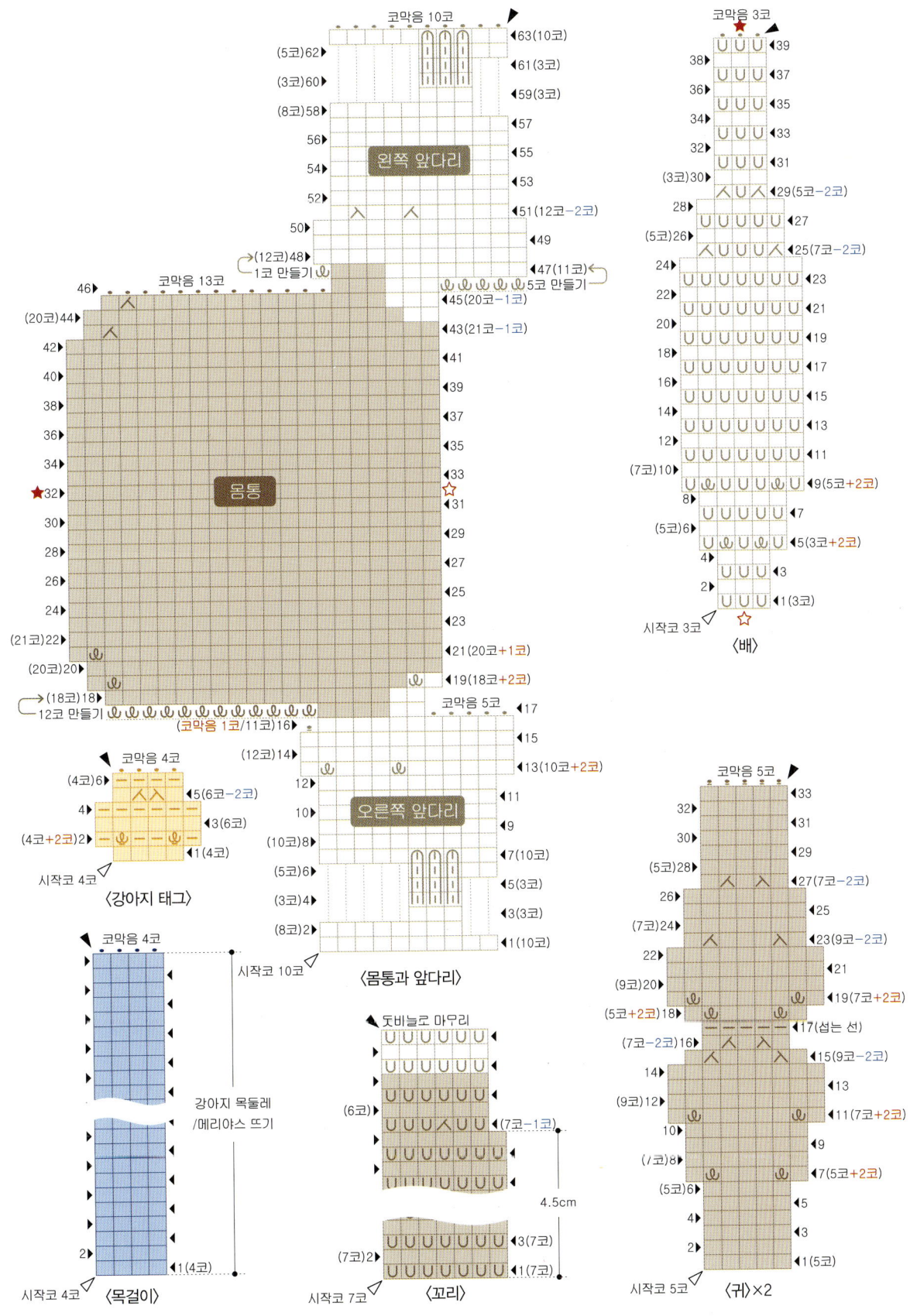

코막음 10코

(5코)62▶　◀63(10코)
◀61(3코)
(3코)60▶　◀59(3코)
(8코)58▶　◀57
56▶　왼쪽 앞다리　◀55
54▶　◀53
52▶　◀51(12코-2코)
50▶　◀49
→(12코)48▶　◀47(11코)←
1코 만들기　5코 만들기
◀45(20코-1코)
◀43(21코-1코)

46▶　코막음 13코
(20코)44▶　◀41
42▶　◀39
40▶　◀37
38▶　◀35
36▶　◀33
34▶　몸통　☆◀31
★32▶　◀29
30▶　◀27
28▶　◀25
26▶　◀23
24▶　◀21(20코+1코)
(21코)22▶　◀19(18코+2코)
(20코)20▶
→(18코)18▶　코막음 5코　◀17
12코 만들기　◀15
(코막음 1코/11코)16▶　◀13(10코+2코)
12▶
(12코)14▶　오른쪽 앞다리　◀11
10▶　◀9
(10코)8▶　◀7(10코)
(5코)6▶　◀5(3코)
(3코)4▶　◀3(3코)
(8코)2▶　◀1(10코)

〈몸통과 앞다리〉

코막음 4코
(4코)6▶　◀5(6코-2코)
4▶　◀3(6코)
(4코+2코)2▶　◀1(4코)
시작코 4코
〈강아지 태그〉

코막음 4코
강아지 목둘레
/메리야스 뜨기
2▶　◀1(4코)
시작코 4코　〈목걸이〉

돗비늘로 마무리
(6코)▶　◀(7코-1코)
4.5cm
(7코)2▶　◀3(7코)
◀1(7코)
시작코 7코　〈꼬리〉

코막음 3코　★
38▶　◀39
36▶　◀37
34▶　◀35
32▶　◀33
(3코)30▶　◀31
28▶　◀29(5코-2코)
(5코)26▶　◀27
24▶　◀25(7코-2코)
22▶　◀23
20▶　◀21
18▶　◀19
16▶　◀17
14▶　◀15
12▶　◀13
(7코)10▶　◀11
8▶　◀9(5코+2코)
(5코)6▶　◀7
4▶　◀5(3코+2코)
2▶　◀3
◀1(3코)
시작코 3코　☆
〈배〉

코막음 5코
32▶　◀33
30▶　◀31
(5코)28▶　◀29
26▶　◀27(7코-2코)
(7코)24▶　◀25
22▶　◀23(9코-2코)
(9코)20▶　◀21
(5코+2코)18▶　◀19(7코+2코)
◀17(섭는 선)
(7코-2코)16▶　◀15(9코-2코)
14▶　◀13
(9코)12▶　◀11(7코+2코)
10▶　◀9
(7코)8▶　◀7(5코+2코)
(5코)6▶　◀5
4▶　◀3
2▶　◀1(5코)
시작코 5코　〈귀〉×2

169

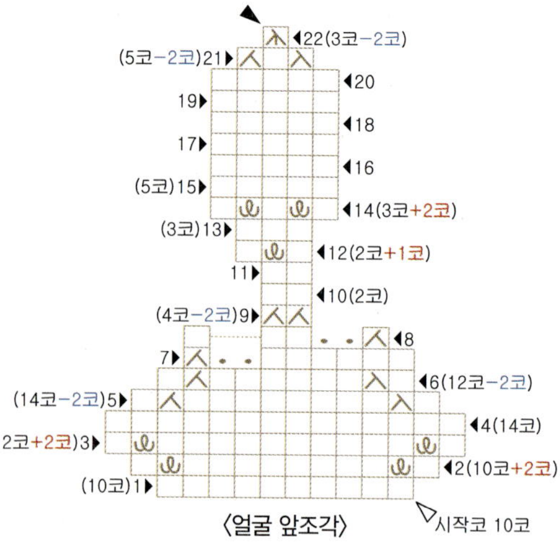

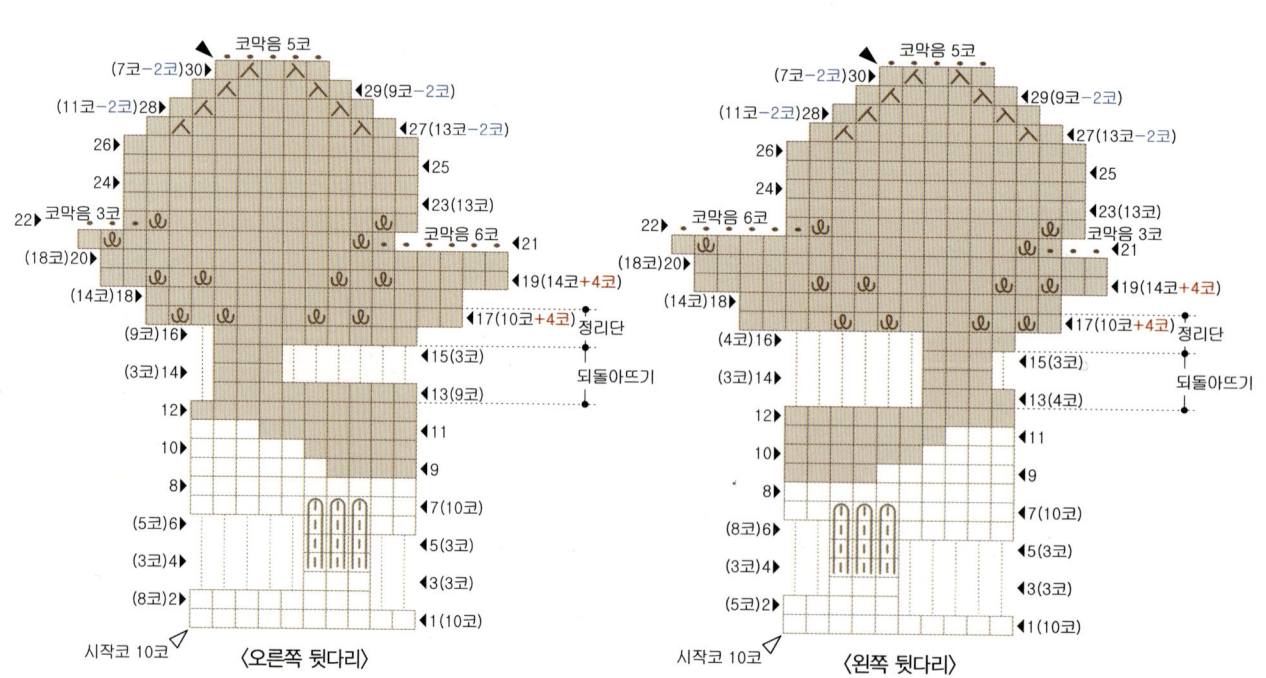

〈얼굴 앞조각〉

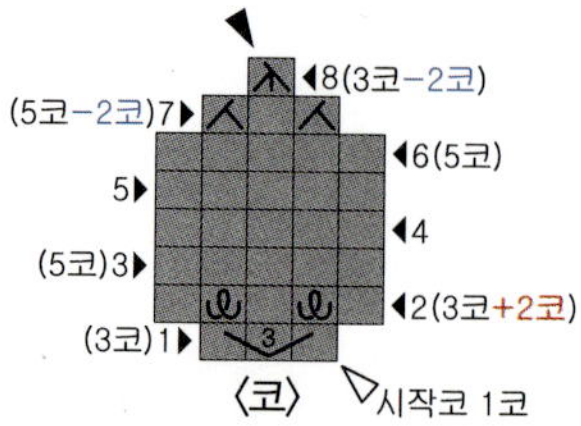

〈코〉

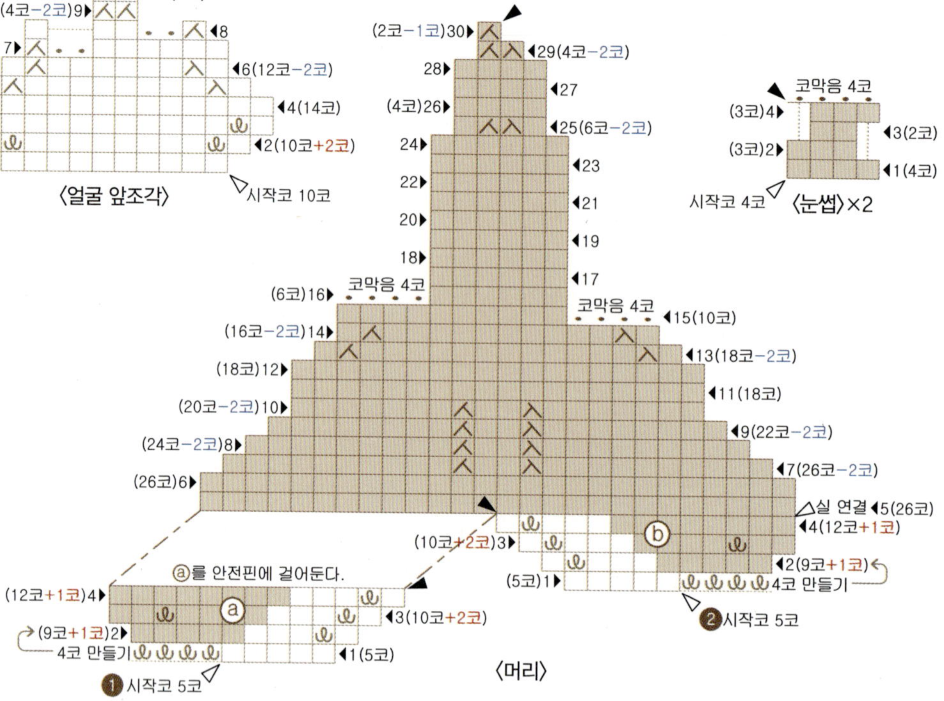

〈눈썹〉×2

〈머리〉

〈오른쪽 뒷다리〉

〈왼쪽 뒷다리〉

170

19. 포옹 강아지 Cuddle Pup

포옹 강아지는 뜨기도 쉽고, 멀티컬러 실을 활용하기에도 좋습니다. 포옹하기 좋도록 팔이 밖으로 돌출되어 있어 뜨개질 초보를 위한 훌륭한 작품입니다. 웃는 모양의 입을 수놓으면 완벽하게 마무리됩니다.

준비물

- 12ply실(chunky) 140m
- 귀의 안쪽면을 위한 실(10ply, Aran) 약간
- 코를 위한 검은색 실(4ply, fingering) 약간
- 장난감용 구름솜
- 인형눈: 8mm 검은색 기둥단추 2개
- 검은색 면사와 봉제용 바늘

바늘

- 대바늘 2.75mm(영국 12호, 미국 2호)
- 대바늘 4.5mm(영국 7호, 미국 7호)
- 대바늘 5.5mm(영국 5호, 미국 9호)

게이지

- 대바늘 5.5mm와 12ply실(chunky)을 사용하여 메리야스뜨기로 10cm=13코

완성 사이즈

- 머리부터 바닥까지 높이: 24cm

몸통(2개)

12ply실(chunky)과 대바늘 5.5mm를 사용하여 시작코 26코를 만든다.

- 1~2단: 겉뜨기로 시작하여 메리야스뜨기 2단
- 3단: 겉뜨기 1코, 1코 만들기, 1코 남을 때까지 겉뜨기, 1코 만들기, 겉뜨기 1코(총 28코)
- 4단: 안뜨기 1단
- 5~8단: [3~4단] 2회 반복(총 32코)
- 9~30단: 메리야스뜨기 22단
- 31단: 겉뜨기 1코, 오른코 모아뜨기, 3코 남을 때까지 겉뜨기, 2코 모아뜨기, 겉뜨기 1코(총 30코)
- 32~34단: 메리야스뜨기 3단
- 35~42단: [31~34단] 2회 반복(총 26코)
- 43단: 겉뜨기 1코, 오른코 모아뜨기, 3코 남을 때까지 겉뜨기, 2코 모아뜨기, 겉뜨기 1코(총 24코)
- 44단: 안뜨기 1단
- 45~50단: [43~44단] 3회 반복(총 18코)
- 51단: 겉뜨기 1코, 오른코 모아뜨기, 3코 남을 때까지 겉뜨기, 2코 모아뜨기, 겉뜨기 1코(총 16코)

- 52단: 안뜨기 1코, 안뜨기로 2코 모아뜨기, 3코 남을 때까지 안뜨기, 안뜨기로 2코 모아 꼬아뜨기, 안뜨기 1코(총 14코)
- 53단: 겉뜨기 1코, 오른코 모아뜨기, 3코 남을 때까지 겉뜨기, 2코 모아뜨기, 겉뜨기 1코(총 12코)

모든 코를 코막음한다.

바닥

12ply실(chunky)과 대바늘 5.5mm를 사용하여 시작코 10코를 만든다.

- 1단: 안뜨기 1단
- 2단(겉면): 겉뜨기 1코, 1코 만들기, 1코 남을 때까지 겉뜨기, 1코 만들기, 겉뜨기 1코(총 12코)
- 3단: 안뜨기 1코, 1코 만들기, 1코 남을 때까지 안뜨기, 1코 만들기, 안뜨기 1코(총 14코)
- 4~7단: [2~3단] 2회 반복(총 22코)
- 8~11단: 메리야스뜨기 4단
- 12단: 겉뜨기 1코, 오른코 모아뜨기, 3코 남을 때까지 겉뜨기, 2코 모아뜨기, 겉뜨기 1코(총 20코)
- 13단: 안뜨기 1코, 안뜨기로 2코 모아뜨기, 3코 남을 때까지 안뜨기, 안뜨기로 2코 모아 꼬아뜨기, 안뜨기 1코(총 18코)
- 14~17단: [12~13단] 2회 반복(총 10코)
- 18단: 겉뜨기 1단

모든 코를 코막음한다.

주둥이

12ply실(chunky)과 대바늘 5.5mm를 사용하여 시작코 20코를 만든다.

- 1단: 안뜨기 1단
- 2단(겉면): 겉뜨기 1코, 오른코 모아뜨기, 3코 남을 때까지 겉뜨기, 2코 모아뜨기, 겉뜨기 1코(총 18코)
- 3단: 안뜨기 1코, 안뜨기로 2코 모아뜨기, 3코 남을 때까지 안뜨기, 안뜨기로 2코 모아 꼬아뜨기, 안뜨기 1코(총 16코)
- 4~5단: 2~3단을 반복(총 12코)
- 6단: 2단을 반복(총 10코)

모든 코를 코막음한다.

귀의 겉면(2개)

12ply실(chunky)과 대바늘 5.5mm를 사용하여 시작코 8코를 만든다.

- 1~4단: 겉뜨기로 시작하여 메리야스뜨기 4단
- 5단: 겉뜨기 1코, 1코 만들기, 1코 남을 때까지 겉뜨기, 1코 만들기, 겉뜨기 1코(총 10코)
- 6~14단: 메리야스뜨기 9단
- 15단: 겉뜨기 1코, 오른코 모아뜨기, 3코 남을 때까지 겉뜨기, 2코 모아뜨기, 겉뜨기 1코(총 8코)
- 16단: 안뜨기 1코, 안뜨기로 2코 모아뜨기, 3코 남을 때까지 안뜨기, 안뜨기로 2코 모아 꼬아뜨기, 안뜨기 1코(총 6코)

모든 코를 코막음한다.

귀의 안쪽면(2개)

10ply실(Aran)과 대바늘 4.5mm를 사용하여 시작코 8코를 만든다.

- 1~6단: 겉뜨기로 시작하여 메리야스뜨기 6단
- 7단: 겉뜨기 1코, 1코 만들기, 1코 남을 때까지 겉뜨기, 1코 만들기, 겉뜨기 1코(총 10코)
- 8~14단: 메리야스뜨기 7단
- 15단: 겉뜨기 1코, 오른코 모아뜨기, 3코 남을 때까지 겉뜨기, 2코 모아뜨기, 겉뜨기 1코(총 8코)
- 16단: 안뜨기 1단
- 17~18단: 메리야스뜨기 2단

모든 코를 코막음한다.

코

검은색 실(4ply, fingering)과 대바늘 2.75mm를 사용하여 시작코 3코를 만든다.

- 1단: 안뜨기 1단
- 2단: 겉뜨기 1코, 1코 만들기, 1코 남을 때까지 겉뜨기, 1코 만들기, 겉뜨기 1코(총 5코)
- 3단: 안뜨기 1단
- 4~5단: 2~3단을 반복(총 7코)
- 6~7단: 메리야스뜨기 2단
- 8단: 겉뜨기 1코, 오른코 모아뜨기, 겉뜨기 1코, 2코 모아뜨기, 겉뜨기 1코(총 5코)

모든 코를 코막음한다.

팔(2개)

12ply실(chunky)과 대바늘 5.5mm를 사용하여 시작코 14코를 만든다.

- 1~12단: 겉뜨기로 시작하여 메리야스뜨기 12단
- 13단: 겉뜨기 1코, 오른코 모아뜨기, 겉뜨기 1코, 2코 모아뜨기, 겉뜨기 2코, 오른코 모아뜨기, 겉뜨기 1코, 2코 모아뜨기, 겉뜨기 1코(총 10코)
- 14단: 안뜨기 1단

모든 코를 코막음한다.

발(2개)

12ply실(chunky)과 대바늘 5.5mm를 사용하여 시작코 16코를 만든다.

- 1~6단: 겉뜨기로 시작하여 메리야스뜨기 6단
- 7단: 겉뜨기 1코, 오른코 모아뜨기, 겉뜨기 2코, 2코 모아뜨기, 겉뜨기 2코, 오른코 모아뜨기, 겉뜨기 2코, 2코 모아뜨기, 겉뜨기 1코(총 12코)
- 8단: 안뜨기 1단

모든 코를 코막음한다.

꼬리

12ply실(chunky)과 대바늘 5.5mm를 사용하여 시작코 10코를 만든다.

- 1~10단: 겉뜨기로 시작하여 메리야스뜨기 10단
- 11단: [2코 모아뜨기] 5회 반복(총 5코)

실을 자르고 돗바늘에 끼운 후, 남은 코 사이로 통과시키고 단단히 잡아당겨 마무리한다.

연결하기

❶ 2장의 몸통을 맞대고 솔기를 꿰맨 후 솜을 채운다. 시작단이 아래로 간다. 바닥을 몸통에 시침핀으로 고정한 후 꿰맨다.

❷ 주둥이의 코막음한 단을 반으로 접고 코막음한 코들을 함께 꿰맨다. 코의 옆솔기를 이어 꿰매고 작품 사진을 참고하여 주둥이의 솔기가 아래로 가게 하여 몸통에 시침핀으로 고정한다. 주둥이에 솜을 채우고 꿰맨다.

❸ 팔을 반으로 접고 옆솔기를 꿰맨다. 솜을 채우고 시작단끼리 꿰맨다. 두 번째 팔도 같은 방법으로 반복한다. 작품 사진을 참고하여 팔을 약간 사선으로 몸통에 시침핀으로 고정한 후 꿰맨다. 이때 팔의 솔기가 겨드랑이 쪽으로 가게 한다.

❹ 발을 반으로 접고 옆솔기를 꿰맨다. 솜을 채우고 시작단끼리 꿰맨다. 두 번째 다리도 같은 방법으로 반복한다. 몸통과 바닥이 연결된 솔기에 발을 시침핀으로 고정한 후 꿰맨다.

❺ 꼬리를 반으로 접고 옆솔기를 꿰맨 후 솜을 약간 채운다. 바닥에서 약 3cm 올라온 위치에 꼬리를 꿰맨다.

❻ 귀의 겉면과 안쪽면을 안뜨기면끼리 맞대고 가장자리를 꿰맨다. 두 번째 귀도 같은 방법으로 작업한다. 작품 사진을 참고하여 머리 위에 귀를 시침핀으로 고정한 후 꿰맨다.

❼ 주둥이 정면에 코를 꿰맨다. 이때 코의 코막음한 단이 위로 간다. 작품 사진을 참고하여 검은색 실(4ply, fingering)을 사용하여 스트레이트 스티치로 입을 수놓는다.

❽ 검은색 면사를 사용하여 주둥이 위쪽에 단추를 달아 눈을 만든다. 맞은편 사진에 보이는 것처럼 눈 사이 간격을 약 4코 정도 띄운다.

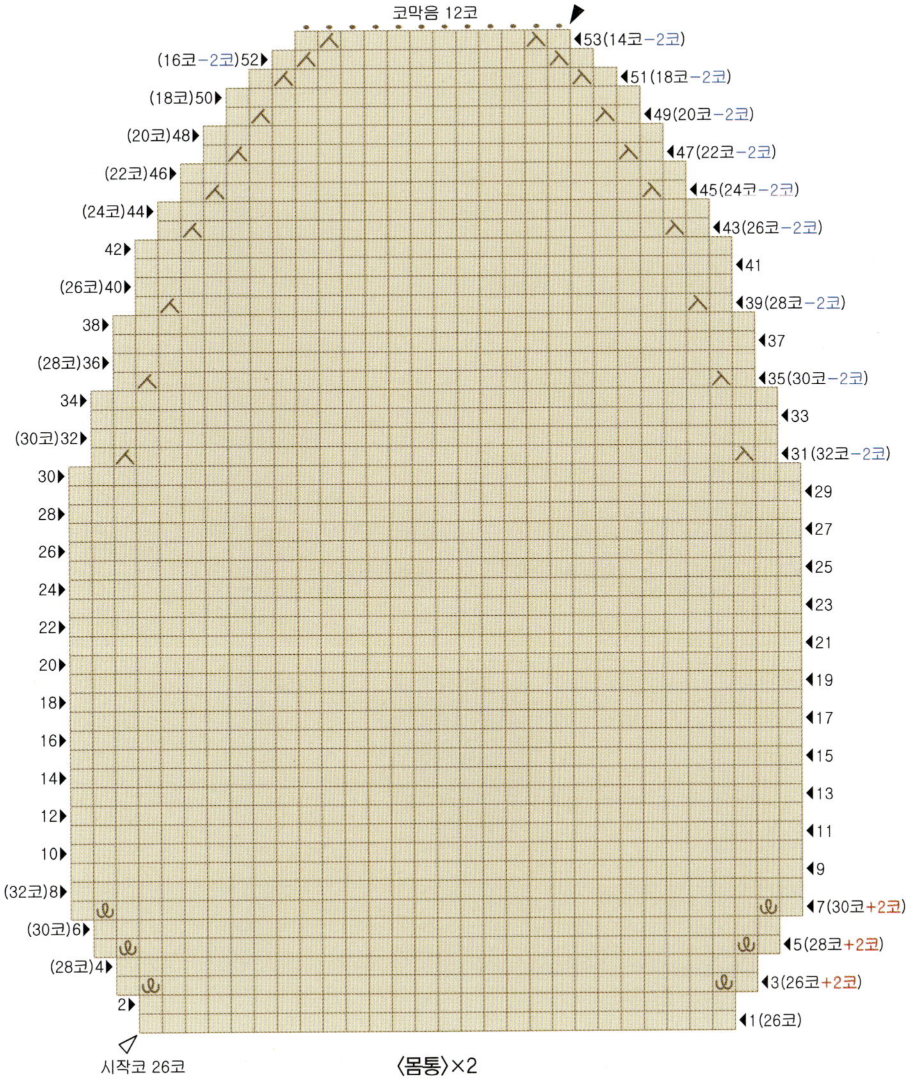

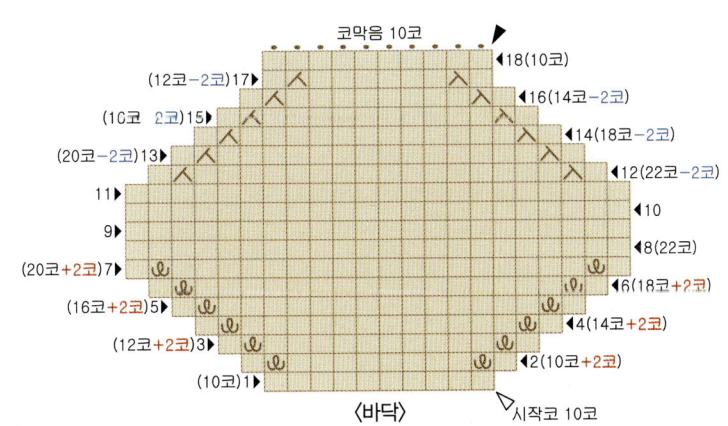

코막음 12코

(16코-2코)52▶ ◀53(14코-2코)
(18코)50▶ ◀51(18코-2코)
(20코)48▶ ◀49(20코-2코)
(22코)46▶ ◀47(22코-2코)
(24코)44▶ ◀45(24코-2코)
42▶ ◀43(26코-2코)
(26코)40▶ ◀41
38▶ ◀39(28코-2코)
(28코)36▶ ◀37
34▶ ◀35(30코-2코)
(30코)32▶ ◀33
30▶ ◀31(32코-2코)
28▶ ◀29
26▶ ◀27
24▶ ◀25
22▶ ◀23
20▶ ◀21
18▶ ◀19
16▶ ◀17
14▶ ◀15
12▶ ◀13
10▶ ◀11
(32코)8▶ ◀9
(30코)6▶ ◀7(30코+2코)
(28코)4▶ ◀5(28코+2코)
2▶ ◀3(26코+2코)
◀1(26코)

시작코 26코   〈몸통〉×2

코막음 10코

(12코-2코)17▶ ◀18(10코)
(10코 2코)15▶ ◀16(14코-2코)
(20코-2코)13▶ ◀14(18코-2코)
11▶ ◀12(22코-2코)
9▶ ◀10
◀8(22코)
(20코+2코)7▶ ◀6(18코+2코)
(16코+2코)5▶ ◀4(14코+2코)
(12코+2코)3▶ ◀2(10코+2코)
(10코)1▶

〈바닥〉   시작코 10코

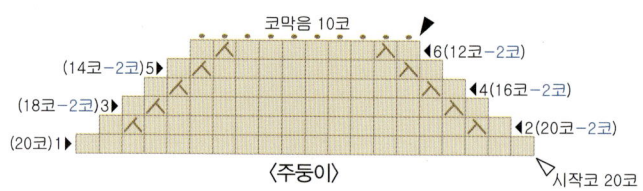

코막음 10코

(14코−2코)5▶ ◀6(12코−2코)

(18코−2코)3▶ ◀4(16코−2코)

(20코)1▶ ◀2(20코−2코)

〈주둥이〉 ▽시작코 20코

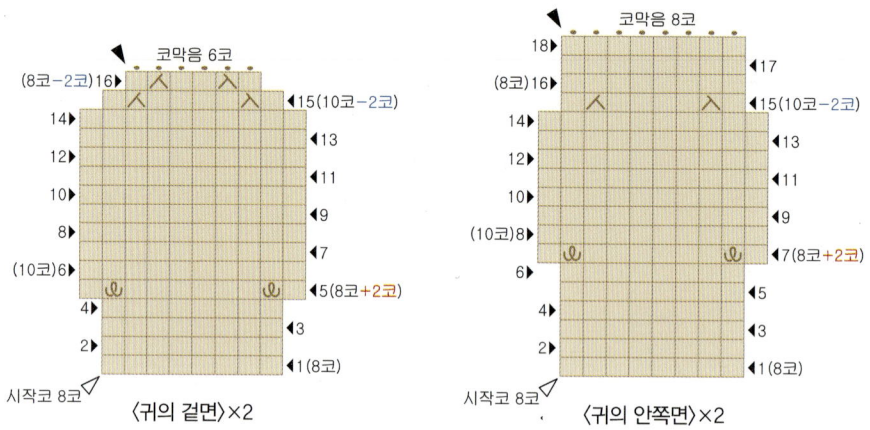

코막음 6코

(8코−2코)16▶ ◀15(10코−2코)

14▶ ◀13
12▶ ◀11
10▶ ◀9
8▶ ◀7
(10코)6▶ ◀5(8코+2코)
4▶ ◀3
2▶ ◀1(8코)

시작코 8코▽ 〈귀의 겉면〉×2

코막음 8코

18▶
(8코)16▶ ◀17
◀15(10코−2코)
14▶ ◀13
12▶ ◀11
10▶ ◀9
(10코)8▶ ◀7(8코+2코)
6▶ ◀5
4▶ ◀3
2▶ ◀1(8코)

시작코 8코▽ 〈귀의 안쪽면〉×2

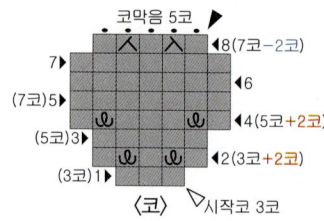

코막음 5코

7▶ ◀8(7코−2코)
(7코)5▶ ◀6
◀4(5코+2코)
(5코)3▶ ◀2(3코+2코)
(3코)1▶

〈코〉 ▽시작코 3코

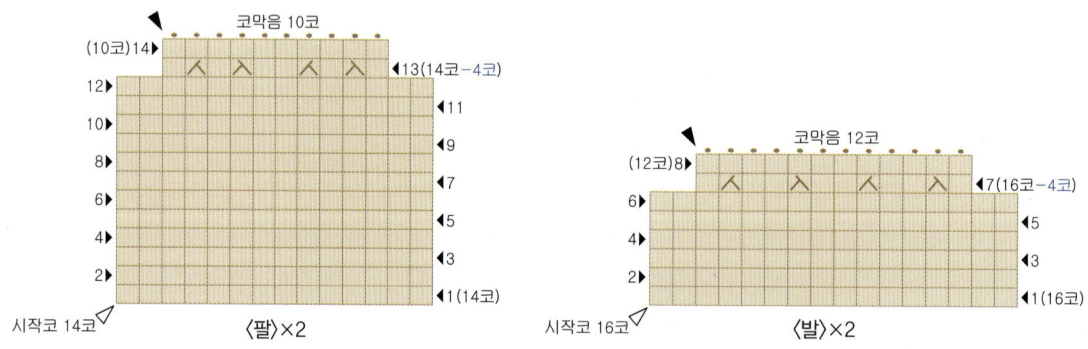

코막음 10코

(10코)14▶
◀13(14코−4코)
12▶ ◀11
10▶ ◀9
8▶ ◀7
6▶ ◀5
4▶ ◀3
2▶ ◀1(14코)

시작코 14코▽ 〈팔〉×2

코막음 12코

(12코)8▶
◀7(16코−4코)
6▶ ◀5
4▶ ◀3
2▶ ◀1(16코)

시작코 16코▽ 〈발〉×2

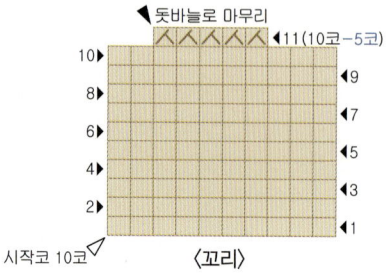

돗바늘로 마무리

◀11(10코−5코)
10▶ ◀9
8▶ ◀7
6▶ ◀5
4▶ ◀3
2▶ ◀1

시작코 10코▽ 〈꼬리〉

20. 강아지 용품 Doggy Treats

모든 착한 강아지에게는 맛있는 식사를 대접받을 권리가 있습니다. 큰 그릇은 작은 강아지들을 위한 작은 침대로 쓸 수도 있으니 강아지들이 말썽을 부리면 보내버릴 곳도 생겼네요!

뼈다귀들

모든 뼈다귀는 크림색 실(4ply, fingering)을 사용하여 같은 도안으로 작업한다. 작은 뼈다귀는 실 한 겹과 대바늘 2.75mm를 사용하고, 큰 뼈다귀는 실 두 겹과 대바늘 4mm로 뜬다.

뼈다귀

시작코 12코를 만든다.

- 1단: 안뜨기 1단
- 2단(겉면): 겉뜨기 1코, 1코 만들기, 겉뜨기 4코, 1코 만들기, 겉뜨기 2코, 1코 만들기, 겉뜨기 4코, 1코 만들기, 겉뜨기 1코(총 16코)
- 3단: 안뜨기 1코, 1코 만들기, 안뜨기 6코, 1코 만들기, 안뜨기 2코, 1코 만들기, 안뜨기 6코, 1코 만들기, 안뜨기 1코(총 20코)
- 4단: 겉뜨기 1단
- 5단: 안뜨기 1코, 안뜨기로 2코 모아뜨기, 안뜨기 4코, 안뜨기로 2코 모아 꼬아뜨기, 안뜨기 2코, 안뜨기로 2코 모아뜨기, 안뜨기 4코, 안뜨기로 2코 모아 꼬아뜨기, 안뜨기 1코(총 16코)
- 6단: 겉뜨기 1코, 오른코 모아뜨기, 겉뜨기 2코, 2코 모아뜨기, 겉뜨기 2코, 오른코 모아뜨기, 겉뜨기 2코, 2코 모아뜨기, 겉뜨기 1코(총 12코)
- 7단: 안뜨기 1코, 안뜨기로 2코 모아뜨기, 안뜨기로 2코 모아 꼬아뜨기, 안뜨기 2코, 안뜨기로 2코 모아뜨기, 안뜨기로 2코 모아 꼬아뜨기, 안뜨기 1코(총 8코)
- 8~15단: 겉뜨기로 시작하여 메리야스뜨기 8단
- 16단: 겉뜨기 1코, 1코 만들기, 겉뜨기 2코, 1코 만들기, 겉뜨기 2코, 1코 만들기, 겉뜨기 2코, 1코 만들기, 겉뜨기 1코(총 12코)
- 17단: 안뜨기 1코, 1코 만들기, 안뜨기 4코, 1코 만들기, 안뜨기 2코, 1코 만들기, 안뜨기 4코, 1코 만들기, 안뜨기 1코(총 16코)
- 18단: 겉뜨기 1코, 1코 만들기, 겉뜨기 6코, 1코 만들기, 겉뜨기 2코, 1코 만들기, 겉뜨기 6코, 1코 만들기, 겉뜨기 1코(총 20코)
- 19단: 안뜨기 1단
- 20단: 겉뜨기 1코, 2코 모아뜨기, 겉뜨기 4코, 2코 모아 꼬아뜨기, 겉뜨기 2코, 2코 모아뜨기, 겉뜨기 4코, 2코 모아 꼬아뜨기, 겉뜨기 1코(총 16코)

준비물

- 크림색 실(4ply, fingering) 약간
- 로얄블루색 실(4ply, fingering) 75m
- 하늘색 실(4ply, fingering) 16m
- 갈색 실(10ply, Aran) 약간
- 장난감용 구름솜

바늘

- 대바늘 2.75mm(영국 12호, 미국 2호)
- 대바늘 4mm(영국 8호, 미국 6호)

게이지

- 작은 뼈다귀: 대바늘 2.75mm와 4ply실(fingering)을 사용하여 메리야스뜨기로 2.5cm=3~4코
- 큰 뼈다귀: 대바늘 4mm와 4ply실(fingering) 두 겹을 사용하여 메리야스뜨기로 2.5cm=7~8코

완성 사이즈

- 큰 뼈다귀 길이: 7.5cm, 작은 뼈다귀 길이: 5cm
- 큰 그릇 지름: 7.5cm, 작은 그릇 지름: 4cm
- 소시지 1개 길이: 3cm

- 21단: 안뜨기 1코, 안뜨기로 2코 모아뜨기, 안뜨기 2코, 안뜨기로 2코 모아 꼬아뜨기, 안뜨기 2코, 안뜨기로 2코 모아뜨기, 안뜨기 2코, 안뜨기로 2코 모아 꼬아뜨기, 안뜨기 1코(총 12코)
- 22단: 겉뜨기 1단

모든 코를 코막음한다.

연결하기

1. 뼈다귀를 반으로 접고 코막음한 단을 함께 꿰맨다. 옆선을 이어 꿰매면서 솜을 채운다.

2. 크림색 실(4ply, fingering)을 사용하여 뼈다귀의 양쪽 끝 중앙에서 내탁 4~5코 아래로 내려간 곳까지 스티치를 하고 세게 당긴 후 고정한다. 이렇게 하면 뼈다귀 양쪽 끝의 모양이 멋있어진다. 작품 사진을 참고한다.

큰 그릇

바닥

로얄 블루색 실(4ply, fingering) 두 겹과 대바늘 4mm를 사용하여 시작코 7코를 만든다.

- **1단**: 겉뜨기 1코, 1코 만들기, 1코 남을 때까지 겉뜨기, 1코 만들기, 겉뜨기 1코(총 9코)
- **2단**: 겉뜨기 1단
- **3단**: 겉뜨기 1코, 1코 만들기, 1코 남을 때까지 겉뜨기, 1코 만들기, 겉뜨기 1코(총 11코)
- **4~8단**: 3단을 5회 반복(총 21코)
- **9~24단**: 가터뜨기 16단
- **25단**: 겉뜨기 1코, 2코 모아뜨기, 3코 남을 때까지 겉뜨기, 2코 모아뜨기, 겉뜨기 1코(총 19코)
- **26~30단**: 25단을 5회 반복(총 9코)
- **31단**: 겉뜨기 1단
- **32단**: 겉뜨기 1코, 2코 모아뜨기, 3코 남을 때까지 겉뜨기, 2코 모아뜨기, 겉뜨기 1코(총 7코)

모든 코를 코막음한다.

옆면

로얄 블루색 실(4ply, fingering) 두 겹과 대바늘 4mm를 사용하여 시작코 8코를 만든다.

그릇의 옆면이 바닥 둘레를 두를 만한 길이가 될 때까지 가터뜨기로 뜬 후 모든 코를 코막음한다.

발바닥 모양 장식

크림색 실(4ply, fingering) 한 겹과 대바늘 2.75mm를 사용하여 시작코 5코를 만든다.

- **1단**: 안뜨기 1단
- **2단(겉면)**: 겉뜨기 1코, 1코 만들기, 1코 남을 때까지 겉뜨기, 1코 만들기, 겉뜨기 1코(총 7코)
- **3단**: 안뜨기 1단
- **4단**: 2코 코막음, 단의 끝까지 겉뜨기(총 5코)
- **5단**: 2코 코막음, 단의 끝까지 안뜨기(총 3코)
- **6~7단**: 메리야스뜨기 2단
- **8단**: 오른코 3코 모아뜨기(총 1코)

실을 자른 후 남은 코 사이로 실을 뺀 후 잡아당겨 마무리한다.

연결하기

❶ 로얄블루색 실(4ply, fingering)을 사용하여 그릇 옆면의 긴 솔기를 바닥 둘레에 꿰맨 후, 남은 솔기를 꿰맨다.

❷ 크림색 실을 사용하여 발바닥 장식을 꿰맨 후, 4개의 프렌치노트 스티치를 수놓아 발가락을 표현한다.

작은 그릇

바닥

하늘색 실(4ply, fingering) 한 겹과 대바늘 2.75mm를 사용하여 시작코 7코를 만든다.

- **1단**: 겉뜨기 1코, 1코 만들기, 1코 남을 때까지 겉뜨기, 1코 만들기, 겉뜨기 1코(총 9코)
- **2단**: 겉뜨기 1단
- **3단**: 겉뜨기 1코, 1코 만들기, 1코 남을 때까지 겉뜨기, 1코 만들기, 겉뜨기 1코(총 11코)
- **4~8단**: 3단을 5회 반복(총 21코)
- **9~24단**: 가터뜨기 16단
- **25단**: 겉뜨기 1코, 2코 모아뜨기, 3코 남을 때까지 겉뜨기, 2코 모아뜨기, 겉뜨기 1코(총 19코)
- **26~30단**: 25단을 5회 반복(총 9코)
- **31단**: 겉뜨기 1단
- **32단**: 겉뜨기 1코, 2코 모아뜨기, 3코 남을 때까지 겉뜨기, 2코 모아뜨기, 겉뜨기 1코(총 7코)

모든 코를 코막음한다.

옆면

하늘색 실(4ply, fingering) 한 겹과 대바늘 2.75mm를 사용하여 시작코 5코를 만든다.

그릇 옆면이 바닥 둘레를 두를 만한 길이가 될 때까지 가터뜨기로 뜬 후 모든 코를 코막음한다.

뼈다귀 장식

크림색 실(4ply, fingering) 한 겹과 대바늘 2.75mm를 사용하여 시작코 5코를 만든다.

- **1단**: 안뜨기 1단
- **2단(겉면)**: 겉뜨기 1코, 1코 만들기, 1코 남을 때까지 겉뜨기, 1코 만들기, 겉뜨기 1코(총 7코)
- **3단**: 안뜨기 1단
- **4단**: 2코 코막음, 단의 끝까지 겉뜨기(총 5코)
- **5단**: 2코 코막음, 단의 끝까지 안뜨기(총 3코)
- **6~7단**: 메리야스뜨기 2단
- **8단**: 겉뜨기 1코, 1코 만들기, 1코 남을 때까지 겉뜨기, 1코 만들기, 겉뜨기 1코(총 5코)
- **9단**: 안뜨기 1단
- **10~11단**: 8~9단을 반복(총 7코)
- **12단**: 겉뜨기 1코, 오른코 모아뜨기, 겉뜨기 1코, 2코 모아뜨기, 겉뜨기 1코(총 5코)

모든 코를 코막음한다.

연결하기

❶ 하늘색 실(4ply, fingering)을 사용하여 그릇 옆면의 긴 솔기를 바닥 둘레에 꿰맨 후, 남은 솔기를 꿰맨다.

❷ 크림색 실을 사용하여 뼈다귀 장식을 꿰매는데, 시작단과 코막음한 단을 안으로 밀어 넣어 깔끔하게 마무리한다.

줄줄이 소시지

갈색 실(10ply, Aran)과 대바늘 4mm를 사용하여 시작코 5코를 만든다.

- 1단: [겉뜨기 1코, 1코 만들기] 4회 반복, 겉뜨기 1코(총 9코)
- 2~8단: 안뜨기로 시작하여 메리야스뜨기 7단
- 9단: [2코 모아뜨기] 2회 반복, 겉뜨기 1코, [2코 모아뜨기] 2회 반복(총 5코)
- 10단: 안뜨기 1단
- 11~60단: [1~10단] 5회 반복한다.

실을 자르고 돗바늘에 끼운 후, 남은 코 사이로 통과시키고 단단히 잡아당겨 마무리한다.

연결하기

소시지의 솔기를 따라 꿰맨다. 진행하면서 솜을 채운다. 각 소시지가 연결된 부위는 단단하게 꿰매서 구분 짓는다.

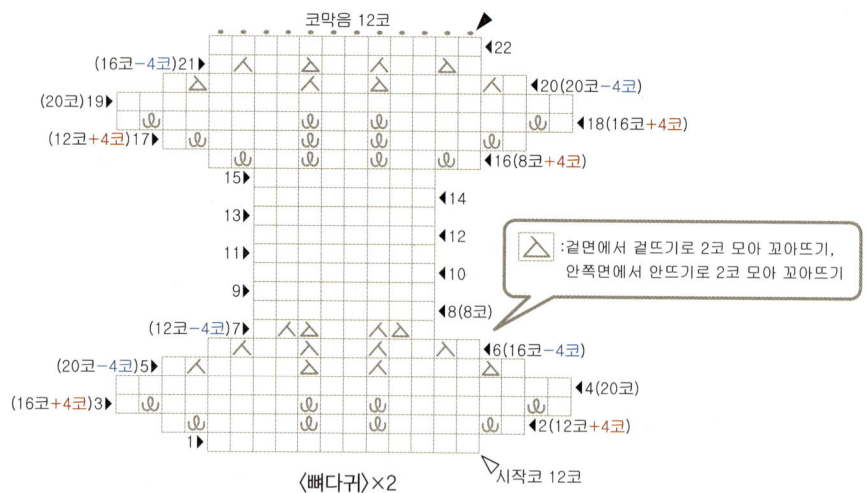

코막음 12코

(16코−4코)21▶ ◀22
(20코)19▶ ◀20(20코−4코)
(12코+4코)17▶ ◀18(16코+4코)
15▶ ◀16(8코+4코)
13▶ ◀14
11▶ ◀12
9▶ ◀10
(12코−4코)7▶ ◀8(8코)
(20코−4코)5▶ ◀6(16코−4코)
(16코+4코)3▶ ◀4(20코)
1▶ ◀2(12코+4코)

⚠ :겉면에서 겉뜨기로 2코 모아 꼬아뜨기,
안쪽면에서 안뜨기로 2코 모아 꼬아뜨기

〈뼈다귀〉×2

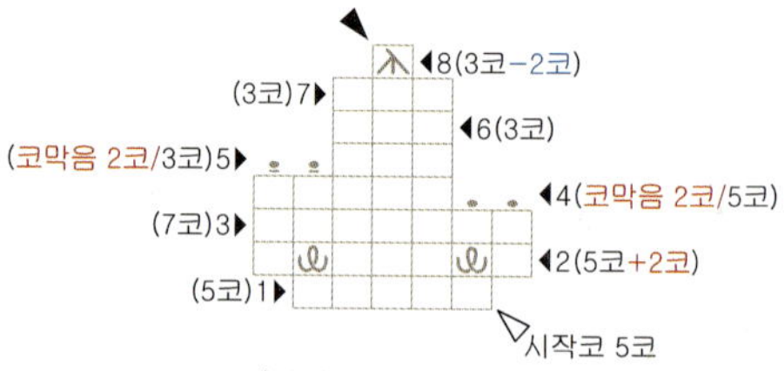

시작코 12코

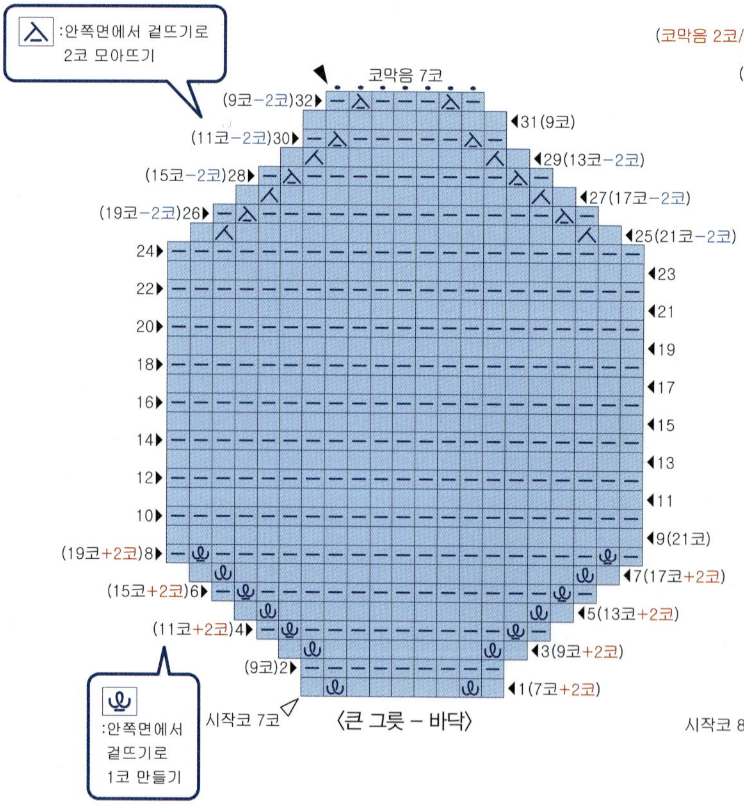

⚠ :안쪽면에서 겉뜨기로
2코 모아뜨기

코막음 7코

(9코−2코)32▶ ◀31(9코)
(11코−2코)30▶ ◀29(13코−2코)
(15코−2코)28▶ ◀27(17코−2코)
(19코−2코)26▶ ◀25(21코−2코)
24▶ ◀23
22▶ ◀21
20▶ ◀19
18▶ ◀17
16▶ ◀15
14▶ ◀13
12▶ ◀11
10▶ ◀9(21코)
(19코+2코)8▶ ◀7(17코+2코)
(15코+2코)6▶ ◀5(13코+2코)
(11코+2코)4▶ ◀3(9코+2코)
(9코)2▶ ◀1(7코+2코)

Ⓤ :안쪽면에서
겉뜨기로
1코 만들기

시작코 7코

〈큰 그릇 − 바닥〉

〈발바닥 모양 장식〉

(3코)7▶ ◀8(3코−2코)
(코막음 2코/3코)5▶ ◀6(3코)
(7코)3▶ ◀4(코막음 2코/5코)
(5코)1▶ ◀2(5코+2코)

시작코 5코

코막음 8코

4▶ ◀3
2▶ ◀1(8코)

시작코 8코

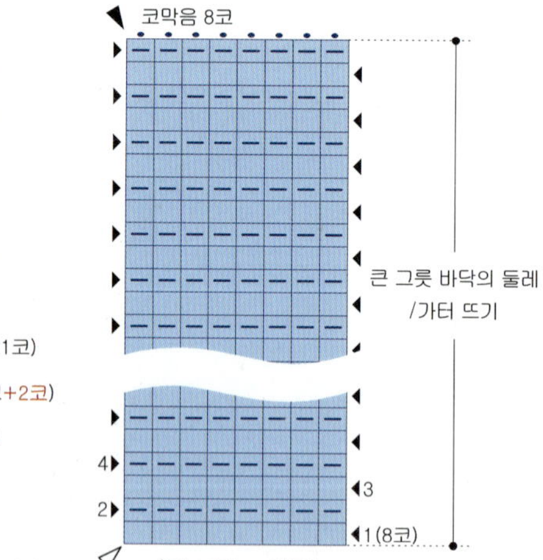

〈큰 그릇 − 옆면〉

큰 그릇 바닥의 둘레
/가터 뜨기

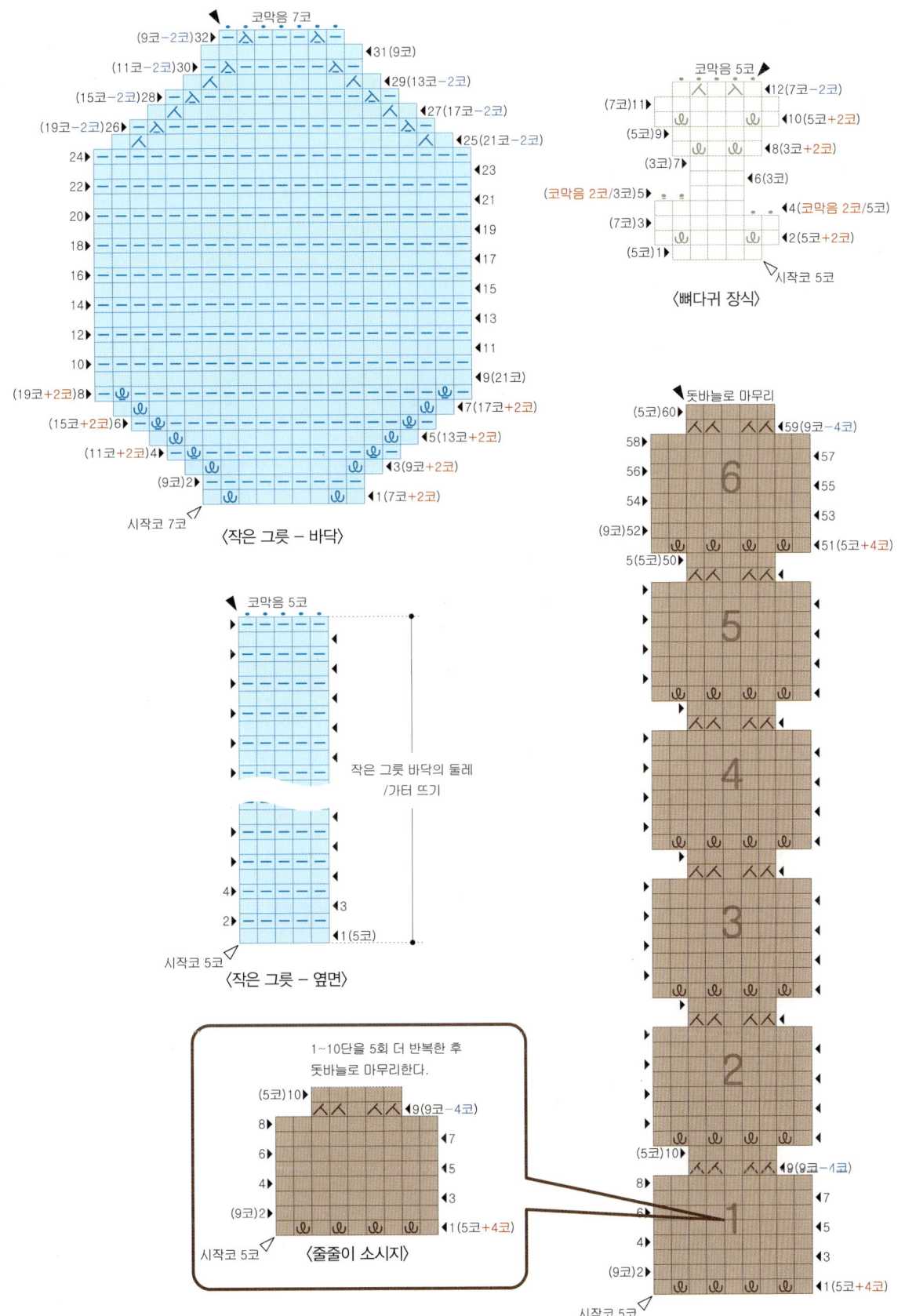

코막음 7코

(9코-2코)32▶ 　　31(9코)◀

(11코-2코)30▶

(15코-2코)28▶ 　　29(13코-2코)◀

(19코-2코)26▶ 　　27(17코-2코)◀

　　25(21코-2코)◀

24▶ 　　23◀

22▶ 　　21◀

20▶ 　　19◀

18▶ 　　17◀

16▶ 　　15◀

14▶ 　　13◀

12▶ 　　11◀

10▶ 　　9(21코)◀

(19코+2코)8▶ 　　7(17코+2코)◀

(15코+2코)6▶ 　　5(13코+2코)◀

(11코+2코)4▶ 　　3(9코+2코)◀

(9코)2▶ 　　1(7코+2코)◀

시작코 7코

〈작은 그릇 – 바닥〉

코막음 5코

(7코)11 　　12(7코-2코)◀

(5코)9 　　10(5코+2코)◀

(3코)7 　　8(3코+2코)◀

　　6(3코)◀

(코막음 2코/3코)5 　　4(코막음 2코/5코)◀

(7코)3 　　2(5코+2코)◀

(5코)1

시작코 5코

〈뼈다귀 장식〉

코막음 5코

작은 그릇 바닥의 둘레
/가터 뜨기

4▶ 　　3◀

2▶ 　　1(5코)◀

시작코 5코

〈작은 그릇 – 옆면〉

돗바늘로 마무리

(5코)60 　　59(9코-4코)◀

58▶ 　　57◀

56▶ 　　55◀

54▶ 　　53◀

(9코)52▶ 　　51(5코+4코)◀

5(5코)50▶

6

5

4

3

2

(5코)10 　　9(9코-4코)◀

8▶ 　　7◀

6▶ 　　5◀

4▶ 　　3◀

(9코)2▶ 　　1(5코+4코)◀

시작코 5코

1~10단을 5회 더 반복한 후
돗바늘로 마무리한다.

(5코)10 　　9(9코-4코)◀

8▶ 　　7◀

6▶ 　　5◀

4▶ 　　3◀

(9코)2▶ 　　1(5코+4코)◀

시작코 5코

〈줄줄이 소시지〉